BEDROHTE TIERE

BEDROHTE TIERE

Aussterbende Arten
und die Gefährdung ihres Lebensraums

WILLI DOLDER · URSULA DOLDER-PIPPKE

Parragon
Bath New York Singapore Hong Kong Cologne Delhi Melbourne

Queen Street House
4 Queen Street
Bath BA1 1HE UK

Producing: ditter.projektagentur GmbH
Redaktion und Lektorat: Irina Ditter
Bildredaktion: Willi Dolder, CH-Kirchberg
Entwurf und Gestaltung: Ilona Buchholz
Karten und Grafiken: Burga Fillery, Milch | Design und Kommunikation
Lithografie: Klaussner Medien Service GmbH

ISBN 978-1-4075-1147-4

Printed in China

INHALT

VORWORT

Das Leben auf der Erde entwickelte sich über einen extrem langen Zeitraum hinweg, in dem Spezies auftraten und wieder ausstarben – in ihrem eigenen, genetisch verankerten Lebensrhythmus.

Dies änderte sich mit der Entstehung und Ausbreitung des Menschen, der durch zunehmende Eingriffe in die Habitate Einfluss auf Flora und Fauna nahm: Wüsten wurden bewässert, Feuchtgebiete trockengelegt, Savannen und Wälder gerodet, Böden mit Beton und Asphalt versiegelt, Flüsse begradigt sowie Erde, Wasser und Luft mit Schadstoffen verschmutzt. Als Folge davon wurden zahllose Tier- und Pflanzenarten ausgerottet oder drohen zu verschwinden, und heute steht auch die Menschheit selbst vor zunehmenden Problemen: Erde und Atmosphäre erwärmen sich, Anzahl und Intensität von Naturkatastrophen steigen, Trinkwasser und Nahrung werden knapp. Inzwischen hat eine gewisse Sensibilisierung eingesetzt und es gibt Ansätze zu einer Trendwende, sodass möglicherweise zumindest ein Teil der befürchteten Verluste noch abgewendet werden kann.

In Afrika gibt es noch einige großflächige Gebiete, die ein Gefühl der Unberührtheit vermitteln, etwa die Massai Mara, ein kenianisches Naturschutzgebiet.

Eine kleine, immer seltener werdende Idylle: Schafe im schottischen Hochland, die dafür sorgen, dass die offenen Gebiete nicht überwuchert werden.

Die Restwassermengen einst tosender Bergbäche entstehen dort, wo zu viel Wasser in den Stauseen zurückgehalten wird.

Rechts: Der Planet Erde wird von einer hauchdünnen Atmosphäre umgeben, die der Mensch seit rund 200 Jahren unbedacht zerstört.

Unten: Die für das Klima lebenswichtigen Primärwälder in Südamerika, Asien und Afrika schwinden in atemberaubendem Tempo. Zurück bleibt unfruchtbares Ödland.

Aufbau und Schwerpunkte des Buchs

Fakt ist, dass derzeit Tausende von Tierarten heute in ihrem Bestand gefährdet oder gar von der Ausrottung bedroht sind, sodass die hier vorgestellten Tiere lediglich einen Querschnitt darstellen.

Der Aufbau des Buchs folgt der zoologischen Systematik, wobei angesichts von zwei Millionen wissenschaftlich beschriebenen Tierarten nicht einmal ansatzweise alle Tierklassen berücksichtigt werden konnten. Das Augenmerk liegt auf den Wirbeltieren, während die Gewichtung der einzelnen Klassen einerseits danach ausgerichtet ist, wie gut diese wissenschaftlich untersucht sind, und andererseits danach, wie hoch ihr „Publikumswert" ist. Aus diesem Grund nehmen die Klassen der Säugetiere und der Vögel den größten Raum in diesem Buch ein und sind – im Gegensatz zu den allgemeiner gefassten Kapiteln Fische, Amphibien und Reptilien – kleinteiliger, nämlich überwiegend nach Tierfamilien, aufgebaut. Sie sind am ausführlichsten untersucht, sodass man über ihre Bestände und die Gefährdungssituation am besten Bescheid weiß. Des Weiteren stehen sie dem Menschen üblicherweise emotional näher als Tiere wie Borstenwürmer oder Flusskrebse.

Wirbellose Tiere sind ebenfalls bedroht

Aufgrund der Schwerpunktsetzung auf Wirbeltiere musste man die größte Tierklasse, die zudem als eines der kleinsten Glieder in der Nahrungskette für das Tierreich von immenser Bedeutung ist, außer Acht lassen: die Insekten (Insecta) aus der Gruppe der Wirbellosen (Invertebrata). Etwa eine Million Insektenarten wurden bisher wissenschaftlich erfasst, die meisten Arten aber – man geht von bis zu 20 Millionen aus – leben bis heute unbekannt vor allem in den riesigen Urwäldern Südamerikas, Zentralafrikas und des tropischen Asiens. Damit gehören mehr als 99 Prozent aller bekannten und vermutlich 99,9 Prozent aller noch unentdeckten Lebewesen zu dieser Klasse. In den letzten Jahrzehnten haben vor allem Monokulturen

Selbst im einst überaus tierreichen Afrika ist die Fauna nur noch in einigen großen Nationalparks – etwa Serengeti-, Krüger- und Etosha-Nationalpark – einigermaßen intakt.

und der flächendeckende Einsatz von Insektiziden dazu geführt, dass Insekten milliardenfach vernichtet wurden, sodass sich auch ihre Situation verschärft. Im Jahr 2007 führte die Rote Liste der IUCN (International Union for Conservation of Nature and Natural Resources), einer internationalen Naturschutzorganisation, 50 Prozent der untersuchten Insektenarten als bedroht – wobei von den knapp eine Million Arten nur ein Bruchteil, nämlich knapp 1300, untersucht wurden. Ähnlich verhält es sich mit anderen Wirbellosen wie Mollusken (Weichtiere), Krustentieren oder Korallen, die alle mehr oder weniger stark bedroht sind.

Schlechte Aussichten für Flora und Fauna

Bei der hier dargestellten Gefährdungssituation der einzelnen Ordnungen, Familien und Arten haben sich die Autoren zum überwiegenden Teil nach den Richtlinien der IUCN und deren Roter Liste der bedrohten Tierarten gerichtet, gleichzeitig aber neuere und neueste Untersuchungen anderer Naturschutzorganisationen und Wissenschaftler berücksichtigt. Grundsätzlich soll festgehalten werden, dass in den vergangenen 500 Jahren nachweislich mindestens 1500 Arten ausgerottet worden sind, und dass mittel- und langfristig gesehen – wobei „langfristig" einen Zeitraum von etwa 100 Jahren umfasst – 90 Prozent aller Wirbeltierarten gefährdet bis stark gefährdet sind.

Oben: Die beiden Polkappen sind besonders empfindliche Habitate für einige wenige, äußerst spezialisierte Tierarten wie Eisbär, Polarfuchs und diverse Robbenarten.

Unten: Das Verschwinden kleiner und kleinster Tierarten – hier ein *Ornithoptera priamus*– geht oft unbemerkt vor sich.

Wann ist eine Tierart bedroht?

Eine Tierart gilt dann als gefährdet oder bedroht, wenn sich ihr Bestand bzw. – im Fall weit auseinanderliegender Populationen wie beim Orang-Utan – ihre Bestände nicht auf einer für das Überleben der Art notwendigen Größe halten. Oder anders ausgedrückt: sobald weniger Tiere geboren werden als sterben. Die Ursachen hierfür sind vielfältig: Biotopzerstörung, Umweltverschmutzung oder direkte Verfolgung durch Jagd bzw. Wilderei aus verschiedensten Gründen.

Besonders gefährdet sind grundsätzlich die Kleinstbestände, die unter der kritischen Grenze von 200–500 Tieren liegen. Das ist häufig bei Inselpopulationen der Fall sowie bei Tieren mit kleinem Verbreitungsgebiet oder starker Anpassung (Spezialisierung) an ihren Lebensraum.

Verwendete Terminologie

Die IUCN veröffentlicht jährlich die Rote Liste gefährdeter Arten und hat zu diesem Zweck eine Terminologie eingeführt, an die sich viele andere Naturschutzorganisationen und Behörden – zumindest ansatzweise – ebenfalls halten und auf der auch die in diesem Buch verwendete Einstufung basiert:

Potenziell gefährdet – Eine Art ist nicht unmittelbar gefährdet, wird aber bereits auf der Roten Liste geführt. Die diversen Vorstufen der direkten Gefährdung, die von der IUCN unterschieden werden – fast bedroht (near threatened), geringeres Risiko (lower risk) und geringste Bedenken (least concern) –, sind in diesem Buch zusammengefasst.

Gefährdet (Vulnerable) – die Bestände sind stark zurückgegangen und gelten nicht mehr als gesichert.

Stark gefährdet (Endangered) – die Bestände stehen global und lokal unter großem Druck und müssen dringend geschützt werden. Inselartige Vorkommen erlöschen.

Vom Aussterben bedroht (Critically Endangered) – die Bestände umfassen – in den meisten Fällen – weniger als 1000 Tiere weltweit. Ihr Überleben in freier Wildbahn ohne besonderen Schutz durch den Menschen ist unwahrscheinlich. (Richtigerweise müsste die Kategorie „von der Ausrottung bedroht" heißen, denn es handelt sich nie um ein natürliches Aussterben).

In freier Wildbahn ausgestorben (Extinct in the Wild) – die Art ist in freier Wildbahn ausgerottet, es gibt aber noch – überwiegend kleine – Bestände in Gefangenschaft, die zum Teil mehr oder weniger erfolgreich wieder ausgewildert werden.

Ausgestorben (Extinct) – eine Art ist unwiederbringlich ausgerottet worden, es existieren auch keine Tiere mehr in Gefangenschaft.

Für manche Völker sind Vieh- und Eselherden die einzigen Reichtümer. Deren unkontrollierte Vermehrung trägt dazu bei, die oft sehr fragile Pflanzendecke zu zerstören.

Oben: Die Verschmutzung und Erwärmung der Weltmeere gefährden die tropischen Korallenriffe.

Rechts: Vor gut 70 Jahren, 1936, starb im Zoo von Hobart/Tasmanien der wahrscheinlich letzte Beutelwolf. Schon zuvor gab es keine verbürgten Meldungen von Sichtungen in Freiheit mehr.

Bei all den Auflistungen zur Bedrohung von Tieren sollte man sich darüber im Klaren sein, dass sie lediglich einen Hinweis auf den Bestand einer Tierart zum Zeitpunkt einer Untersuchung, Zählung, Schätzung oder Feldstudie darstellen und – von wenigen Ausnahmen abgesehen – nicht zwingend einen definitiven Zustand ausdrücken. Darüber hinaus sind viele Bestandszahlen oft zehn und mehr Jahre alt und daher nicht besonders aussagekräftig; regelmäßige Untersuchungen scheitern in den meisten Fällen an ungenügender Finanzierung.

Globale Erwärmung

Genetischer Flaschenhals

Faunenverfälschung

EINFÜHRUNG

Seit Anbeginn der Erdzeit sind zwischen 500 und 600 Millionen Arten ausgestorben, aber soweit man weiß, hat nie eine Art eine andere oder gar sich selbst vom Erdboden getilgt – bis der Mensch kam.

Während der Steinzeit und bis weit hinein ins Mittelalter existierten die Menschen und Tiere noch überwiegend friedlich nebeneinander. Das Bild änderte sich ab etwa 1500 aus zwei Gründen: Zum einen nahm die Bevölkerung sprunghaft zu – und damit der Land- und Nahrungsbedarf des Menschen –, zum anderen ermöglichte die Entwicklung erster Feuerwaffen den Menschen die Jagd auf wehrhaftes Wild in bedeutendem Umfang.

So lange die Tiere noch genügend Rückzugsgebiete hatten, konnten sie überleben; in den folgenden Jahrhunderten schwanden diese aber zunehmend, während gleichzeitig die Feuerwaffen und Jagdmethoden immer wirkungsvoller wurden. Viele Arten wurden ab diesem Zeitpunkt vernichtet, andere gerieten an den Rand der Ausrottung. In Europa verschwand beispielsweise der Auerochse Anfang des 17. Jahrhunderts. Der Tarpan, ein Wildpferd, folgte gegen Ende des 19. Jahrhunderts, zum gleichen Zeitpunkt wurden die Bestände des Bisons in Nordamerika extrem dezimiert.

Bis heute hat der Mensch Tausende Spezies ausgerottet, und die Zerstörung der Fauna und Flora geht ungebremst weiter: Jeden Tag verschwinden zwei bis drei Pflanzen- und Tierarten. Die Weltnaturschutzunion IUCN führt in ihrer letzten „Roten Liste der bedrohten Arten“ 16 000 mehr oder weniger stark vom Aussterben bedrohte Pflanzen- und Tierarten – von 40 000 untersuchten. Da es bislang 1,5 Millionen beschriebene Tierarten gibt und zahlreiche Arten noch gar nicht bekannt sind, kann man davon ausgehen, dass diese Zahlen nur die Spitze des Eisbergs darstellen.

Buschfleisch

Luftverschmutzung

Bodenverschmutzung

Monokulturen

DIE ANFÄNGE DES LEBENS

Erstes Leben auf der Erde

Beinahe so alt wie die Erde, nämlich 4,5 Milliarden Jahre, ist das Leben auf unserem Planeten. Damals, in der Erdurzeit, wurden die Meere nur von einzelligen Bakterien besiedelt, und es dauerte zwei Milliarden Jahre, bis die ersten Vielzeller auftauchten – Hohltiere, die ebenfalls in den Urmeeren lebten. Die ersten Wirbeltiere, kieferlose Fische, lassen sich erst im Kambrium, vor rund 540 Millionen Jahren, nachweisen.

Eine rasante Entwicklung

Dann nahm die Evolution – gemessen an der vorherigen Entwicklung – einen rasanten Verlauf: Vor 500 Millionen Jahren besiedelten die ersten Pflanzen das Festland, 100 Millionen Jahre später die ersten Wirbeltiere, vorwiegend Niedere Tiere, sogenannte Gliederfüßer wie Insekten, Skorpione und Spinnen. Im Karbon – vor 350 Millionen Jahren – tauchten die ersten Amphibien auf, gefolgt von säugetierähnlichen Reptilien, den Vorfahren der modernen Säugetiere. Von den mehr als 1000 bekannten Arten dieser letztgenannten Gruppe hat keine einzige überlebt, aber nicht nur sie starben aus, sondern etwa 75 Prozent aller Land- und 95 Prozent aller in den Meeren lebenden Tierarten.

Das rätselhafte Verschwinden der Saurier

Im Trias, vor etwa 250 Millionen Jahren, tauchten Dinosaurier und Flugsaurier auf, die in fast 1000 Gattungen 200 Millionen Jahre lang die Erde beherrschten. Warum sie ausstarben, ist bis heute nicht geklärt: Die verbreitetste These geht von einem Meteoriteneinschlag in der Nähe der mexikanischen Halbinsel Yukatan aus, eine andere von weltumspannenden Vulkantätigkeiten und -ausbrüchen. Aus welchem Grund auch immer: Die Saurier verschwanden in überraschend kurzer Zeit vor 65 Millionen Jahren und hinterließen kleingestaltige Nachkommen, die sich zu Vögeln und Säugetieren weiterentwickelten.

Dinosaurier lebten fast 200 Millionen Jahre lang auf der Erde, bevor sie Ende der Kreidezeit aus nicht endgültig geklärten Gründen ausstarben.

Ausgerottet oder ausgestorben?

Die Begriffe „ausgerottet" und „ausgestorben" werden fälschlicherweise häufig synonym verwendet, streng genommen muss man aber einen Unterschied machen. Nur die ohne Zutun des Menschen verschwundenen Arten dürfen als „ausgestorben" bezeichnet werden; alle Arten, die durch direkte oder indirekte Einwirkung des Menschen vom Erdboden getilgt wurden, gelten als „ausgerottet".

Die geologische Zeitskala verdeutlicht die wichtigsten Entwicklungen des Lebens und Sterbens auf der Erde.

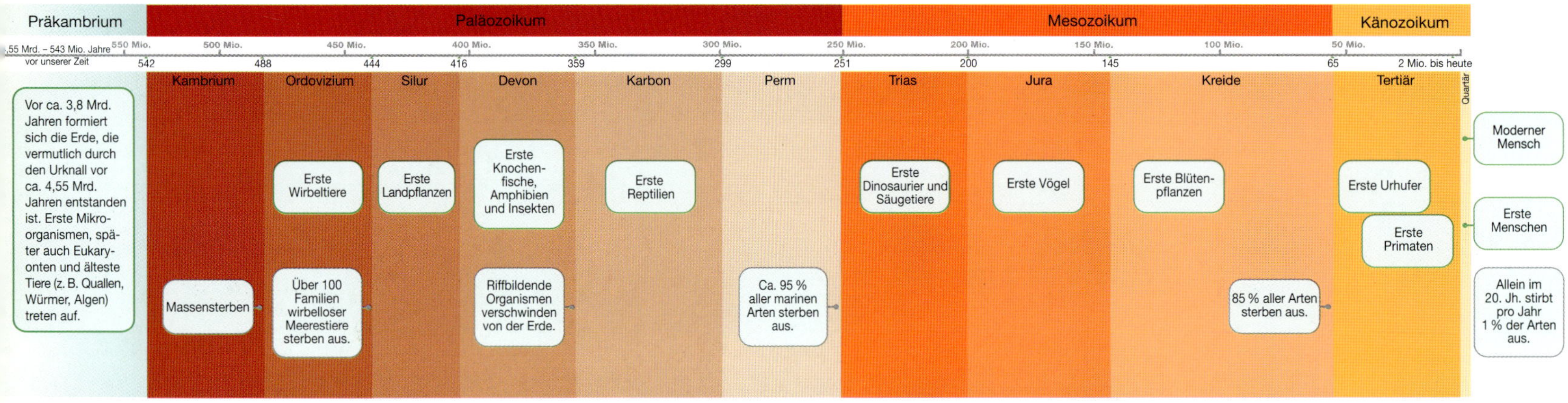

DIE ANPASSUNGSFÄHIGKEIT VON LEBEWESEN

Evolution durch natürliche Selektion und Gendrift

Charles Darwin (1809–1882) erkannte als einer der ersten Naturforscher, dass eine Art nicht unverändert bleibt, sondern sich im Laufe der Zeit entwickelt und an wechselnde Lebensumstände anpasst. Wie man inzwischen sicher weiß, basiert die Veränderung der vererbbaren Merkmale einer Population, die Evolution, auf den Faktoren Gendrift und natürliche Selektion. Während Gendrift – vereinfacht ausgedrückt – die zufällige Veränderung von Erbanlagen zur Folge hat, ist die natürliche Selektion eine Weitergabe der „besten" Gene zur Erhaltung einer Art: Die Individuen, die am besten an die Lebensumstände angepasst sind („survival of the fittest"), haben eine höhere Chance, zu überleben und sich fortzupflanzen – und somit ihr „gutes" Genmaterial weiterzuvererben, während das weniger gute Genmaterial nach und nach aus der Population verschwindet.

Genetischer Flaschenhals

Anpassungsfähigkeit und Lebensdauer einer Art sind allerdings beschränkt. Ein Großteil der ausgestorbenen Tiere ist nicht durch Fremdeinwirkungen verschwunden, sondern weil der Genpool, die genetische Vielfalt, erschöpft und somit eine Reaktion auf neue Gegebenheiten nicht mehr möglich war. Auch Gendrift wird unwahrscheinlich, weil die selteneren Varianten eines Gens gar nicht mehr vorhanden sind.

Ein Beispiel hierfür ist der Gepard: Die afrikanischen und asiatischen Populationen standen vor einigen Zehntausend Jahren kurz vor dem Aussterben – nur wenige Dutzend Tiere überlebten eine nicht bekannte Krankheit oder Naturkatastrophe. Die verbliebenen Exemplare pflanzten sich untereinander fort, und es kam zum sogenannten genetischen Flaschenhals: Die 3000 bis maximal 10 000 heute noch lebenden Geparden sind so eng miteinander verwandt, dass natürliche Selektion und Gendrift wegen der genetischen Verarmung praktisch nicht mehr möglich sind; dadurch sind die Tiere sehr anfällig für Erbkrankheiten.

Rechts: Die Geparden sind einst durch einen besonders engen genetischen Flaschenhals gegangen.

Unten: Alle heute lebenden Przewalskipferde gehen auf zwölf reinrassige Wildfänge zurück, weshalb ihr Genpool relativ klein ist.

FAKTOREN FÜR DIE AUSROTTUNG VON TIEREN

DIE VERÄNDERUNG DER MENSCHLICHEN LEBENSWEISE

Lange Zeit war der Mensch ein nomadisierender Jäger und Sammler, doch nach der letzten Eiszeit, vor 10 000–13 000 Jahren, begannen die Menschen, Siedlungen zu bauen und sesshaft zu werden. Die Gründe für die Änderung des Lebenswandels kennt man nicht; manche Wissenschaftler glauben, ausschlaggebend könnte die nach der Eiszeit grundlegend veränderte Fauna gewesen sein sowie die Tatsache, dass das Jagdwild mit dem Eis zurückwich. Um zu überleben, mussten die ehemaligen Jäger Getreide und Gemüse anpflanzen sowie Nutztiere wie Rinder und Schafe halten.

Bessere Überlebenschancen

Die Sesshaftigkeit war die einschneidendste Veränderung in den vergangenen 100 000 Jahren Menschheitsgeschichte. Solange der Mensch als Nomade umherzog, war sein Überleben stark vom Jagdglück abhängig, denn Vorräte konnten nur in sehr beschränktem Maß angelegt werden. Als er aber begann, Siedlungen zu errichten, Äcker zu bestellen und Nutztiere zu halten, änderte sich sein Leben nachhaltig: Es wurde planbarer. Außerdem verbesserten sich die Überlebenschancen durch den Bau von Hütten und Siedlungen und durch das abnehmende Risiko von tödlichen Jagdverletzungen

Die Siedlung Skara Brae auf den Orkney-Inseln stammt aus der Jungsteinzeit, deren Beginn mit dem Übergang zur Sesshaftigkeit definiert wird.

Anteil der unmittelbar bedrohten Arten innerhalb einer Tierklasse

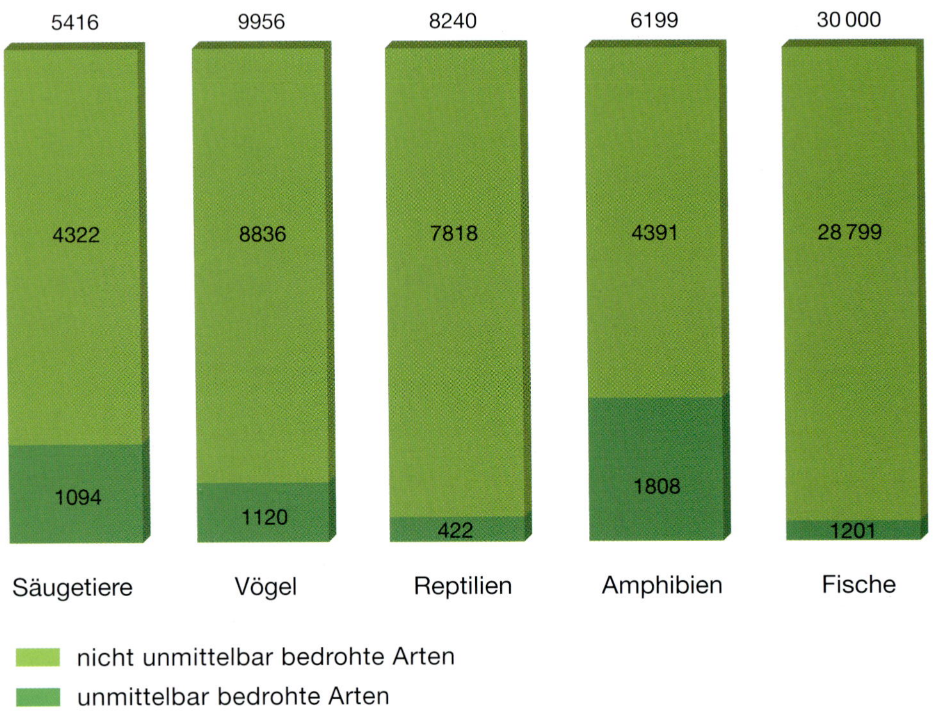

Verteilung der unmittelbar bedrohten Arten auf die einzelnen Gefährdungskategorien

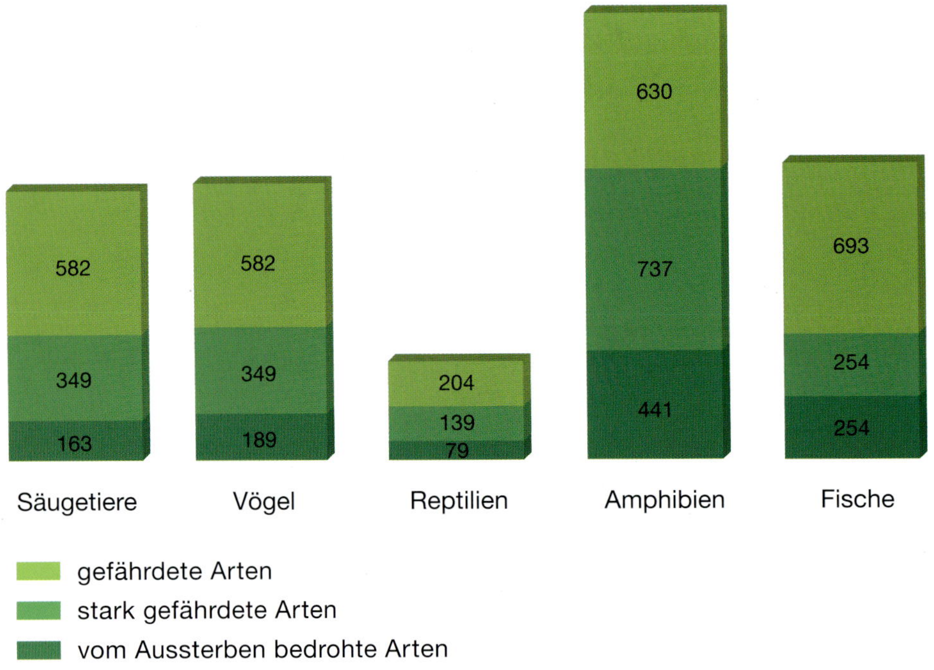

Die obere Grafik zeigt den Anteil bedrohter Arten innerhalb der Tierklassen, die untere Grafik die Verteilung der unmittelbar bedrohten Arten auf die einzelnen Gefährdungskategorien. Die Zahlen, die auf Daten der IUCN basieren, berücksichtigen allerdings nur die untersuchten Arten und sind – da nicht jährlich alle Arten sämtlicher Klassen untersucht werden können – nur bedingt aussagekräftig.

nachhaltig – die Jagd auf Wildtiere wurde damals zwar nicht völlig aufgegeben, aber stark eingeschränkt, denn sie war nicht mehr überlebenswichtig.

Die Menschen brauchen Platz

Durch die deutlich verbesserten Lebensbedingungen wuchs die Bevölkerung, doch eine Gefahr für die Fauna oder einzelne Tierarten waren die urzeitlichen Menschen zunächst nicht. Erst als die Bevölkerungszahlen in die Hunderttausende kletterten, wurden die Menschen den Tieren zunehmend gefährlich, denn sie benötigten immer mehr Land zum Siedeln, zum Anbau von Getreide, Gemüse und Obst sowie zum Weiden des Viehs. Um den Bedarf zu decken, wurden durch Brandrodungen neue Anbauflächen geschaffen und gleichzeitig sowohl Lebensräume als auch die dort lebenden Tiere vernichtet. Die Urwälder schwanden – und schwinden bis heute – mit erschreckender Schnelligkeit, wie die Vernichtung der Regenwälder in Südamerika, Asien und Afrika zeigt.

Biotopveränderungen

Es werden aber nicht nur Jahr für Jahr Tausende Quadratkilometer Wälder vernichtet sowie Steppen und Savannen umgepflügt oder überweidet, das heißt, mit mehr Vieh belastet, als sie verkraften können. Auch andere Biotopveränderungen – etwa die Trockenlegung von Feuchtgebieten, die Begradigung oder Stauung von Flüssen sowie die Rodung von Wildhecken und Gebüschen – schaden den Tieren, die dort leben. Gebiete, die im ursprünglichen Zustand Lebensräume für eine unglaubliche Vielzahl von Tieren und Pflanzen bieten, sind, in Nutzflächen und Monokulturen umgewandelt, öde und artenarm.

Oben: Regenwald-Kahlschlag in Belize. Wie hier fallen jedes Jahr Hunderte Quadratkilometer Wald Brandrodungen und Abholzungen zum Opfer.

Rechts: Monokulturen wie diese Maisfelder in Kenia sind „biologische Wüsten", in denen Wildtiere keine Lebensräume und Nischen finden bzw. durch Herbizide und Pestizide ausgerottet werden.

Unten: Die Brandrodung von Primärwäldern vor allem in Südostasien hat eine Luftverschmutzung zur Folge, deren Auswirkungen bis nach Europa reichen.

Die Gefährdung der tropischen Regenwälder

Noch in den 1950er-Jahren schätzte man den Anteil tropischer Regenwälder auf etwa 11 Prozent der gesamten Landfläche der Erde, heute beläuft er sich nur noch auf maximal 8 Prozent – und mit jedem Quadratmeter weniger sterben nicht nur Pflanzen-, sondern auch Tierarten, denen der Regenwald einen Lebensraum bietet. Die Regenwälder werden zur Gewinnung von Holz, vor allem aber zur Umwandlung in landwirtschaftliche Nutzflächen gerodet. Dies geschieht entweder in Form von Kahlschlag oder durch Brandrodung, die besonders verheerend für die ansässigen Tiere ist. Ein großes Problem stellt auch der illegale Holzeinschlag – die Ernte und der Handel mit Regenwaldhölzern unter Verletzung von Gesetzen – dar.

DIE BEJAGUNG VON TIEREN

Die Jagd als Einzelaktion des Menschen dürfte nur in den seltensten Fällen zur globalen Vernichtung einer Art geführt haben, aber sie hat – vor allem in Kombination mit der Vernichtung der Rückzugsgebiete – eine stattliche Anzahl der Arten zumindest an den Rand der Ausrottung gebracht. Das trifft nicht ausschließlich, aber vor allem auf große Säugetiere wie beispielsweise Bison, Wisent, Tiger oder Berggorilla zu. Eines der dramatischsten Beispiele einer Beinaheausrottung durch die Menschen ist die Jagd auf Wale. Nahezu alle etwa 80 Arten – vom kleinen Flussdelfin bis zum riesigen Blauwal – sind durch massive Bejagung mittelbar oder unmittelbar vom Aussterben bedroht. Der Chinesische Flussdelfin verschwand als erster neuzeitlicher Wal im Jahr 2007 und als erstes größeres Säugetier seit mehr als 50 Jahren.

Das Problem der kommerziellen Bejagung

Häufig werden Tiere wegen ihres Fleischs, Fells oder Leders gejagt. Solange dies zur Deckung des Eigenbedarfs des Menschen geschieht, stellt die Jagd üblicherweise kein Problem für eine Art dar; sobald allerdings ein kommerzieller Nutzen im Vordergrund steht, ändert sich die Situation, wie das Beispiel des Bisons zeigt: Die bedarfsorientierte Bejagung durch die Indianervölker konnte die riesigen Bestände nie gefährden, die Tötung der Tiere durch weiße Siedler wegen des einträglichen Büffelleders, aber auch aus reinem Vergnügen, brachte die Art jedoch an den Rand der Ausrottung.

Illegale Bejagung aus vielen Motiven

Bis heute ist die illegale Bejagung vieler Tiere wegen ihres Fells oder anderer Trophäen ein Problem. Vor allem in asiatischen Ländern spielen darüber hinaus die Körperteile einiger seltener Tiere eine wichtige Rolle in der traditionellen Medizin, sei es als Aphrodisiakum oder als Heilmittel. Trotz des Verbots werden beispielsweise Hörner von Nashörnern, Geweihe von Hirschen oder die Galle von Bären zu horrenden Preisen gehandelt. Auch der Handel mit Buschfleisch, also der Verkauf von Fleisch gewilderter Tiere, stieg in den letzten Jahren stark an.

Oben: Auf sogenannten „Game Farms" (Jagdfarmen) im südlichen Afrika dürfen heute trotz der Gefährdungssituation bereits wieder Nashörner geschossen werden.

Unten links: Elefantenfüße wurden bis in die 1950er-Jahre zu Abfallkörben und Barhockern verarbeitet und erfreuten sich großer Beliebtheit.

Unten rechts: Ein Faktor für die Gefährdung vieler Wildtiere ist der Handel mit Buschfleisch, das in Südamerika, Asien und Afrika auf lokalen Märkten angeboten wird – wie hier der Kopf eines Tieflandgorillas.

DAS PROBLEM DER FAUNENVERFÄLSCHUNG

Ein weiteres Vergehen des Menschen, das sich nicht nur lokal, sondern auch global auswirken kann, ist die Faunenverfälschung. Darunter versteht man die Einführung von Arten durch den Menschen in einen fremden Faunenkreis. Diese „Neozoen" genannten Neusiedler können die lokale Tierwelt oder die Flora schwer schädigen.

Kaninchen, Kröte und Eichhörnchen als Schädlinge

Einer der bekanntesten Fälle von Faunenverfälschung ist die Einführung des Europäischen Kaninchens nach Australien, wo es sich mangels Feinden endlos vermehrte und riesige Biotopschäden verursachte. Ebenfalls vom Menschen wurde die südamerikanische Agakröte *(Bufo marinus)* nach Australien gebracht; wie das Kaninchen entwickelte sie sich dort zum Schädling. Vor etwa 100 Jahren wurde das amerikanische Graue Eichhörnchen *(Sciurus carolinensis)* in Großbritannien eingeführt. Dank seiner biologischen Vorteile – Körpermaße, mehr Nachwuchs und kürzere Winterruhezeit – verdrängte es das einheimische Eichhörnchen in manchen Gegenden fast völlig.

Die zu Jagdzwecken in Australien eingeführten europäischen Wildkaninchen konnten sich mangels natürlicher Feinde unkontrolliert vermehren und fressen sowohl den Schafen als auch den einheimischen Wildtieren das Futter weg.

Verhungernde Riesenschildkröten auf den Galapagosinseln

Auf den Galapagosinseln im Pazifischen Ozean vor Ecuador findet sich ein weiteres Beispiel für die menschliche Unachtsamkeit. Siedler vom amerikanischen Festland und aus Europa brachten Schweine, Ziegen, Hunde und Katzen mit auf die Inseln, die wegen ihrer einzigartigen Fauna berühmt sind. Viele dieser Haustiere verwilderten und fraßen ganze Landstriche ihres neuen Lebensraums kahl, woraufhin zahlreiche Riesenschildkröten verhungerten. Außerdem gruben Hunde und Schweine die Gelege der Schildkröten aus und fraßen sie auf, oder sie machten sich über die Eier der bodenbrütenden Seevögel her und brachten so zahlreiche Arten an den Rand der Ausrottung.

Verwilderte Haustiere, eingeschleppt durch europäische Siedler, stellten früher eine massive Gefahr für die Galapagos-Riesenschildkröten dar. Heute ist die Bedrohung durch den Tourismus weit größer.

UMWELTVERSCHMUTZUNG

Zu den indirekten Faktoren, die für die Ausrottung vieler Tiere verantwortlich sind, zählt die Umweltverschmutzung. Drei der vier Elemente unseres Planeten sind über Jahrhunderte hinweg geschädigt worden: Wasser, Erde und Luft sind angereichert mit chemischen Substanzen, von denen die meisten äußerst giftig sind. Die Verschmutzung dieser drei Elemente hängt eng zusammen, da viele Schadstoffe aus der Luft in den Boden und das Wasser gelangen. Die Vergiftung der Umwelt geht schleichend vor sich, und die Auswirkungen sind nur selten unmittelbar sichtbar – was ein Grund dafür sein mag, dass die Probleme der Erde immer noch zu wenig ernst genommen werden.

Wasserverschmutzung

Phosphor- und Stickstoffverbindungen, Pflanzenschutzmittel, Medikamenten- und Hormonrückstände, Mineral- und Rohöl sowie Nitrate, Schwermetalle und weitere Industrieabfälle

Oben: Der CO_2-Ausstoß der 800 Millionen Kraftfahrzeuge weltweit ist eine der Hauptursachen der Luftverschmutzung und des daraus resultierenden Klimawandels.

verschmutzen die Gewässer und vernichten somit die Habitate zahlloser Lebewesen. Obwohl sich die Gewässerverschmutzung in den letzten Jahren vor allem durch die Einführung moderner Kläranlagen in vielen Staaten verringert hat, gelangt immer noch eine Vielzahl von Schadstoffen in die Flüsse, Seen und Meere – teils aus dem Boden, teils illegal von der Industrie entsorgt. Die Auswirkungen der Gewässerverschmutzung werden in Form von Fischsterben, beispielsweise infolge von Chemieunfällen oder nach Tankerunglücken, besonders drastisch sichtbar.

Bodenverschmutzung

Die Böden sind mit sehr ähnlichen Stoffen belastet wie die Gewässer, wobei die Landwirtschaft eine große Rolle bei der Bodenverschmutzung spielt. Obwohl inzwischen teilweise ein Umdenken stattgefunden hat und vermehrt biologische Schädlingsbekämpfungsmittel zum Einsatz kommen, die das ökologische System weniger oder gar nicht belasten, wird immer noch häufig die sogenannte „chemische Keule" eingesetzt: Kulturpflanzen

Immer wieder sterben infolge von Tankerhavarien zahllose Tiere, wie dieser Pinguin in Südafrika, durch die Ölverschmutzung der Meere und Küsten.

Während in den europäischen Ländern gesetzliche Vorschriften dafür sorgen, dass immer weniger Gifte ausgestoßen werden, gehören Schwellenländer wie China, Indien und Brasilien zu den größten Umweltverschmutzern.

werden mit chemischen Mitteln gegen Schadinsekten, Pilze usw. geschützt, um Ernteausfälle zu verringern. Diese Substanzen sind allerdings äußerst schädlich für die Umwelt; manche von ihnen haben sogar Langzeitwirkungen auf Menschen und Tiere, die sich erst nach Jahren oder Jahrzehnten zeigen. Ein besonders negatives Beispiel ist das ab den 1940er-Jahren eingesetzte Insektizid DDT, das sich nur langsam abbaut und über Jahre in der Nahrungskette anreichert. In den 1970er-Jahren kam es – zuerst in den USA, dann in Europa – zu einem weitgehenden Verbot des Mittels, weil es als mögliche Ursache für Krebserkrankungen des Menschen erkannt wurde. Seit 2004 darf DDT nur noch zur Bekämpfung krankheitsübertragender Insekten, etwa der Anophelesmücke (Malariamücke), eingesetzt werden.

Gelangt Gülle in Gewässer, wird Ammoniumstickstoff in hochgiftiges Ammoniak umgewandelt, das schon in geringer Konzentration Fische und Kleinlebewesen tötet.

Luftverschmutzung

Alarmierend ist auch die Verschmutzung der Luft, die seit der Industriellen Revolution ab dem Ende des 18. Jahrhunderts ein zunehmendes Problem darstellt.

Seitdem hat sich die Lage massiv verschärft: Bei der Brandrodung der Regenwälder werden große Mengen Kohlendioxid (CO_2) freigesetzt, ebenso von der Industrie, die ihre Abgase in die Luft abgibt. 800 Millionen Autos verpesten die Umwelt, Millionen Heizungen blasen Schwefeldioxid in die Atmosphäre und ausgebrachte Gülle steuert Methan bei. Über großen Städten hängen giftige Dunstglocken, im Sommer steigt die Ozonbelastung weit über die amtlichen Richtwerte, und Feinstaub macht das Atmen schwer. Ein Teil der Schadstoffe aus der Luft fällt auf die Erde und das Wasser zurück, ein Teil hält sich jahrelang in Troposphäre und Stratosphäre, wo sie unter anderem für das Ozonloch und den Treibhauseffekt verantwortlich sind.

GLOBALE ERWÄRMUNG

Seit einigen Jahren spielt das Wetter verrückt: Es beschert den Europäern extrem heiße Sommer sowie äußerst milde Winter, in denen es kaum noch schneit. In manchen Teilen der Welt kommt es zu Überschwemmungen wie nie zuvor in den vergangenen 250 Jahren, während andere Länder unter Dürren biblischen Ausmaßes leiden. Grund dafür ist wahrscheinlich die globale Erwärmung und der damit einhergehende steigende Meeresspiegel – ein direkter Effekt der Luftverschmutzung.

Steigende Temperaturen

Die Durchschnittstemperaturen der Erde steigen inzwischen jedes Jahrzehnt um etwa 0,8 °C, die Tropenstürme nehmen zu. Jene vom Juli/August 2007 in Nordindien und Bangladesch haben die Unterkünfte von 20 Millionen Menschen vernichtet und Zehntausende das Leben gekostet. Die Jahrestemperaturen sind bereits heute so hoch, wie sie von Computerprogrammen für das Jahr 2050 berechnet wurden.

Der Treibhauseffekt

Nach derzeitigem Kenntnisstand ist der Treibhauseffekt der Hauptgrund für die Erderwärmung. Vorwiegend Methan, Wasserdampf und Treibhausgase – vor allem CO_2, das beispielsweise bei der Brandrodung sowie durch die Verbrennung fossiler Rohstoffe in Industrie, Haushalt und Verkehr als Abgas in die Luft gelangt – reichern sich in der Atmosphäre an und bilden dort eine Schicht. Diese lässt zwar die kurzwelligen Sonnenstrahlen in die Atmosphäre eindringen, verhindert aber das Entweichen der langwelligen Strahlung von der Erdoberfläche, was zu einem Temperaturanstieg führt.

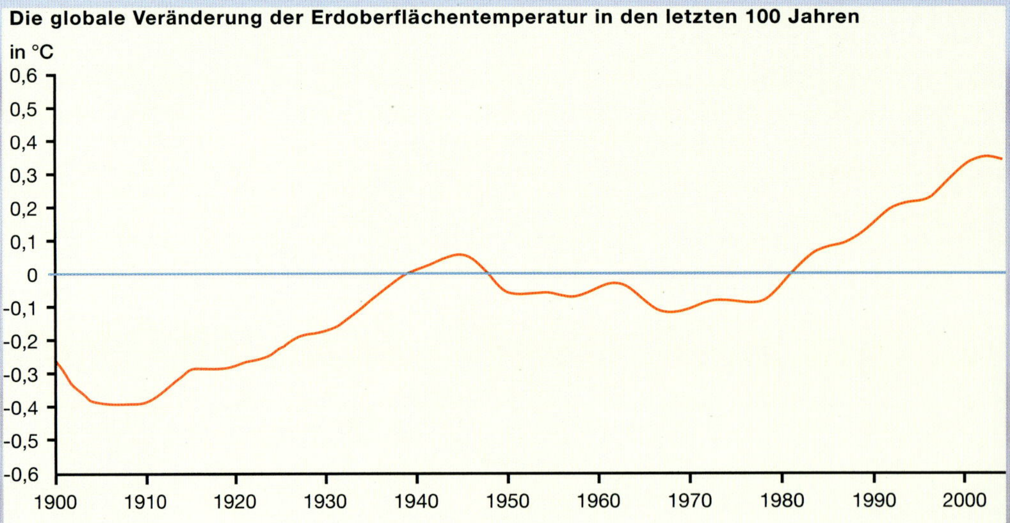

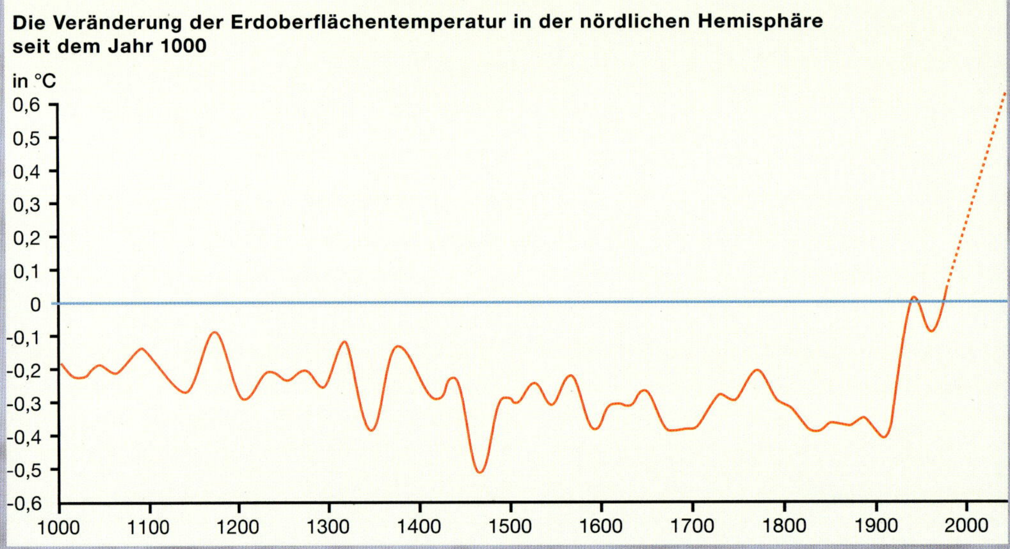

Die Veränderung der Temperatur der Erdoberfläche in den letzten 100 bzw. 1000 Jahren. Der Ausgangswert (0) ist der Durchschnittswert der Jahre 1961–1990. Wie man sieht, hat sich die Erde seit dem Beginn der zweiten Industriellen Revolution stetig erwärmt.

Eisbären finden immer weniger zusammenhängende Eisschollen, die sie benötigen, um Robben erbeuten zu können.

Schlechte Prognosen für die Zukunft

Der Mensch als Teil der Natur wird ebenso wie das Tier- und Pflanzenreich von den zu erwartenden Konsequenzen der globalen Erwärmung betroffen sein. Der Meeresspiegel wird vermutlich durch die abschmelzenden Glet-

scher und Polkappen weiter steigen, was unmittelbare Auswirkungen auf die Niederschläge haben wird. Als Folge werden Stürme, Fluten, Hitze, Dürren und andere extreme Wetterphänomene voraussichtlich häufiger auftreten und in ihrer Intensität zunehmen.

Sehr wahrscheinlich werden in 50–60 Jahren Luft und Wasser zu den kostbarsten Gütern auf der Erde – schon jetzt trocknen überall in der Welt Seen aus: Der Tschad- und der Turkanasee sind innerhalb von 25 Jahren um mehr als ein Drittel kleiner geworden. Millionen werden verhungern, weil sie nicht mehr genug Nahrungsmittel produzieren können – in erster Linie, weil Wasser fehlt –, weitere Millionen werden aufgrund der stark ansteigenden Temperaturen sterben. Die Natur wird zugrunde gehen, wenn nicht schleunigst ein Umdenken aller Menschen stattfindet und auf globaler Ebene entsprechend gehandelt wird.

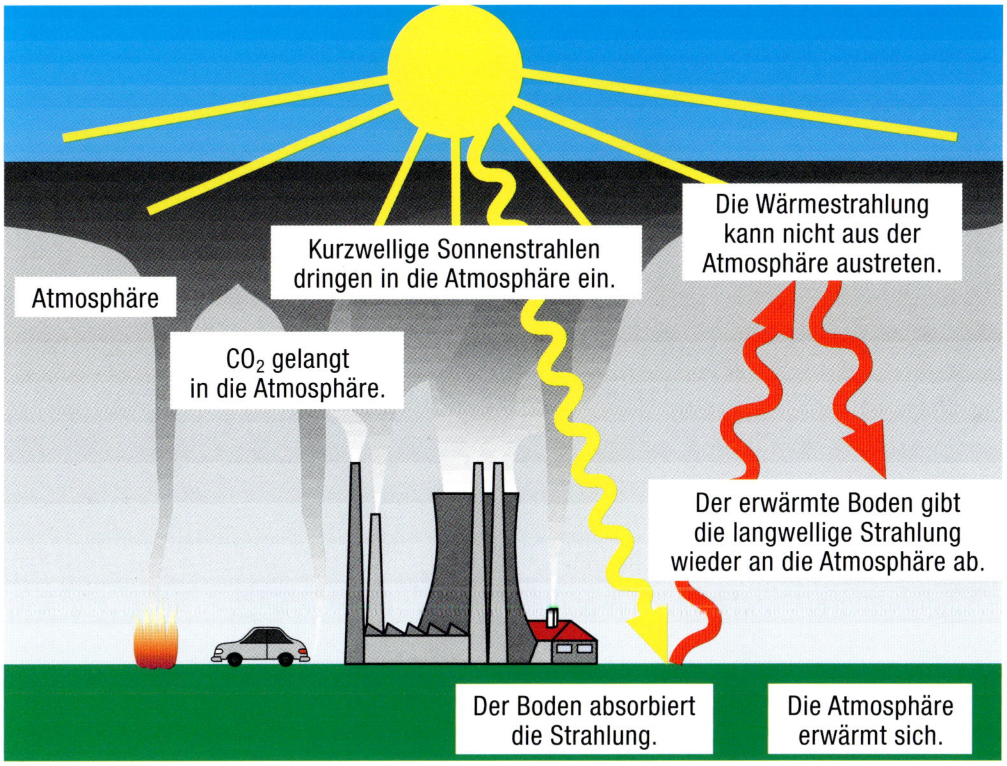

Oben: Stauseen führen bei zu geringem Wasserabfluss dazu, dass Flussbiotope auf viele Kilometer veröden und die ursprüngliche Fauna und Flora restlos vernichtet werden.

Rechts Mitte: Als Folge des Klimawandels kommt es – vor allem in den Tropen – immer häufiger zu Überschwemmungen. Tausende von Menschen kommen in den Fluten um, Hunderttausende verlieren Hab und Gut.

Rechts unten: Bei der Verbrennung fossiler Rohstoffe in Industrie, Verkehr und Haushalt entweichen Treibhausgase wie CO_2 in die Atmosphäre und bilden eine Schicht, die zwar kurzwellige Sonnenstrahlen eindringen lässt, langwellige Abstrahlungen von der Erdoberfläche jedoch blockiert. Man bezeichnet dieses Phänomen als Treibhauseffekt.

Seepferdchen

Regenbogenforellen

Zebrariffbarsche

PISCES

FISCHE

Die Systematik der Fische ist umstritten, sie werden aber heute nur noch von wenigen Systematikern als eigene taxonomische Klasse angesehen; stattdessen teilt man sie in die beiden Klassen Knorpelfische (Chondrichthyes) und Knochenfische (Osteichthyes), die beide zur Überklasse der Kiefermünder oder -mäuler (Gnathostomata) zählen. Zur kleineren Gruppe der Knorpelfische gehören einerseits Haie und Rochen, andererseits Chimären (Holocephali). Alle anderen Fische zählen zu den Knochenfischen – die einen Anteil von etwa 96 Prozent ausmachen.

Fische sind wechselwarme Wirbeltiere mit Kiemen, die nahezu ausschließlich aquatisch leben. Bislang sind etwa 27000 Arten bekannt, es werden aber jedes Jahr – vor allem in den Ozeanen – unzählige weitere entdeckt. Fische entstanden vor rund 450 Millionen Jahren im Übergang vom Ordovizium zum Silur und kommen in allen Gewässern vor, vom Teich bis zum Eismeer. Ihr Skelett ist je nach Klasse unterschiedlich: Knorpelfische haben, wie der Name schon sagt, ein Skelett aus Knorpeln, das durch Kalkeinlagerungen eine hohe Stabilität aufweist. Bei den Knochenfischen hingegen besteht das Skelett überwiegend aus Knochen.

Fische sind für die menschliche Ernährung von großer Bedeutung. Das hat zur Folge, dass Meere – und zum Teil auch Seen – immer stärker überfischt werden: Hunderte von Arten sind inzwischen in ihren Beständen bedroht und manche stehen kurz vor dem Kollaps, doch politisch-wirtschaftliche Überlegungen haben bisher verhindert, dass wirksame Schutzmaßnahmen erlassen und vor allem konsequent angewendet werden. Neben der Überfischung sind die Gewässerverschmutzung sowie der Handel mit Zierfischen, besonders aus dem Amazonas-Einzugsgebiet, ein gravierendes Problem für die Fischbestände.

Pinzettfisch

Leopardenhai

Segelfisch

Rotfeuerfisch

OSTEICHTHYES
KNOCHENFISCHE

Knochenfische (Osteichthyes) sind hinsichtlich der Anzahl der Arten sowie der Individuen die größte Gruppe innerhalb der Wirbeltiere – bislang sind etwa 26 000 verschiedene Arten bekannt. Ihr Lebensraum ist Salz- oder Süßwasser, manche Fische können auch in beiden Gewässerarten leben.

SÜSSWASSERFISCHE

Weltweit gibt es knapp 10 000 Arten von Süßwasserfischen, die Flüsse, Bäche, Seen und Teiche bewohnen – über die Hälfte der Arten gehört zur Überordnung Ostariophysi, die unter anderem die Karpfenartigen (Cypriniformes) und die Welsartigen (Siluriformes) umfasst. Einige wenige Arten können sowohl in Salz- wie auch in Süßwasser leben; die bekanntesten Vertreter dieser sogenannten peripheren Süßwasserfische sind der Atlantische Lachs *(Salmo salar)*, der Aal *(Anguilla anguilla)* so-

Links: Die alljährlich stattfindende Wanderung der Lachse in ihre Laichgebiete wird in zunehmendem Maße durch Flussverbauungen und Wasserverschmutzung erschwert bzw. verhindert.

Die Bachforelle *(Salmo trutta fario)* benötigt sauerstoffreiche, kühle Gewässer unter 20 °C. Die ansteigenden Temperaturen schränken ihre Lebensräume zunehmend ein.

Die Äsche, ein begehrter Speisefisch, ist bezüglich Wasserqualität und anderer Ansprüche an ihren Lebensraum noch empfindlicher als die Bachforelle.

wie der Seesaibling *(Salvelinus alpinus)* und einige Arten aus der Gattung der Störe *(Acipenser)*. Die anderen Süßwasserfische sind, soweit man weiß, weitgehend standorttreu. Sie verlassen allenfalls bei großem Populationsdruck ihren Geburtsort.

Spezielle Ansprüche an die Lebensräume

Viele Süßwasserfische haben aufgrund ihrer spezifischen Ansprüche nur relativ kleine Lebensräume.

Von wenigen Ausnahmen wie Aalen und Karpfen abgesehen, benötigen aber alle Arten kühles, klares, sauerstoffreiches Wasser. Darüber hinaus sind ihre Ansprüche an den Lebensraum sehr unterschiedlich: Während beispielsweise der Seesaibling kaltes, nährstoffreiches Wasser präferiert und sich bis zu 80 m tief in Seen aufhält, bevorzugt der Europäische Hecht *(Esox lucius)* flache Gewässer in Ufernähe, idealerweise mit Schilfbestand als Versteck und zum Ablaichen. Regenbogenforellen *(Oncorhynchus mykiss)* wiederum benötigen schnell fließende Bäche und Flüsse, deren Temperatur auch im Sommer allenfalls knapp über 20 °C steigt; sie lieben sandige und kiesige Böden, die sich zum Graben von Löchern für die bis zu 1000 Eier eignen. Einen ähnlichen Lebensraum bewohnt die Äsche *(Thymallus thymallus)*, ein bei Anglern sehr begehrter Speisefisch, der aber wegen seiner extrem hohen Ansprüche an die Wasserqualität aufgrund der zunehmenden Gewässerverschmutzung besonders bedroht ist.

Fast alle Süßwasserfische sind gefährdet

Neben der Überfischung droht den globalen Süßwasserfischbeständen eine Vielzahl weiterer Gefahren. Die wohl größten – die alle Fische betreffen – sind die Gewässerverschmutzung durch Industrie und Haushalte, die auch im Zeitalter moderner Kläranlagen noch besteht, sowie die globale Erwärmung, die steigende Durchschnittstemperaturen aller Gewässer zur Folge hat. Die wärmeren Wassertemperaturen wiederum führen zu einer Verminderung des Sauerstoffs im Wasser, die empfindlichen Arten wie der Äsche die Lebensgrundlage entziehen kann. Da Flüsse und Seen normalerweise weit weniger tief sind als Meere, sind die Süßwasserfischarten von der Erderwärmung noch stärker betroffen als die Salzwasserfischarten.

Auch Flussbegradigungen, die die Fließgeschwindigkeit von Gewässern beschleunigen, das Verbauen von Seeufern und die Entnahme von Wasser für die Bewässerung von Nutzflächen wirken sich negativ auf die Arten in den Flüssen und Seen aus.

Ein weiterer Faktor für den Einbruch einiger Fischbestände ist der Besatz von Gewässern mit Fischen von anderen Kontinenten zu Zuchtzwecken: Die fremden Arten verdrängen dann häufig die heimischen oder vermischen sich mit ihnen. In vielen europäischen Gewässern wurde beispielsweise der Kaulbarsch *(Gymnocephalus cernuus)* ausgesetzt, der sich, weil er relativ anspruchslos ist, so stark ausgebreitet hat, dass er nun den Flussbarsch *(Perca fluviatilis)* bedroht. Die oft spezifischen Ansprüche an den Lebensraum sowie das Vorkommen in Seen verschärfen die Lage vieler Arten, denn sie machen ein Ausweichen unmöglich.

Oben: Obwohl der Europäische Hecht nicht unmittelbar gefährdet ist, hat er vielerorts mit der Zerstörung seiner bevorzugten Lebensräume, vor allem der Schilfbestände, zu kämpfen.

Unten: Mehrere Störarten liefern den begehrten Kaviar. Durch – häufig illegale – Überfischung stehen die Populationen zum Teil kurz vor dem Kollaps.

SALZWASSERFISCHE

Etwa 60 Prozent der Knochenfische leben im Salzwasser. Drei Viertel davon bevorzugen das Leben in Küstennähe, wobei die küstennahen warmen Gewässer mit einem Anteil von über 65 Prozent den größten Lebensraum bieten – hier leben beispielsweise weite Teile der Barschartigen (Perciformes) und der Aalartigen (Anguilliformes). Im offenen Meer kommen in verschiedenen Tiefen etwa 10 Prozent der Fische vor – darunter Makrelen und Thunfische (Scombridae) sowie Heringsartige (Clupeiformes) –, in der Tiefsee, die aber noch zu weiten Teilen unerforscht ist, leben weitere 10 Prozent der bekannten Salzwasserfische.

Die Meere sind nicht unzerstörbar

Meere bedecken etwa 70 Prozent unseres Planeten. Sie sind voll von Leben und bieten nicht nur Fischen, sondern auch Krustentieren, Weichtieren, Algen und zahllosen noch unbekannten Lebewesen Lebensräume – und der Menschheit Millionen Tonnen Nahrung. Die Meere scheinen unendlich groß und unendlich tief zu sein – und unzerstörbar. Ein verhängnisvoller Trugschluss, wie der Mensch langsam begreifen muss.

Die Meere sind inzwischen mit Abfällen aller Art – darunter Schwermetalle, Atommüll und Öl – verschmutzt und außerdem rücksichtslos leergefischt.

Immer bessere Fangtechniken

In den vergangenen Jahrzehnten sind die Fangtechniken extrem technisiert und verfeinert worden. Die Schwärme der Heringe, Makrelen, Dorsche, See- und Rotbarsche, Seehechte, Thunfische und Lachse werden heute von Satelliten aus und mit Echolot geortet, kaum ein Fisch kann den eng geflochtenen Maschen der Netze noch entkommen.

Vielen Arten rückt man mit Langleinen, die über 100 km lang und mit bis zu 20 000 Haken bestückt sein können, zu Leibe. Daneben wird oftmals mit Schleppnetzen gefischt, die den Meeresboden in Tiefen von 100 bis über 1000 m buchstäblich umpflügen und jedes Leben vernichten.

Beifänge, das heißt Fische, die nicht zum menschlichen Verzehr geeignet sind, machen manchmal bis zu 90 Prozent des Fangs aus;

Oben: Wegen der extensiven Nutzung der Meere gehört auch der Rotbarsch *(Sebastes marinus)* zu den Spezies, deren Fangquoten drastisch beschränkt werden müssen.

Unten: Plattfische wie die Schollen sind eine weltweit verbreitete Ordnung der Knochenfische, die sich auf dem Grund flacher Gewässer aufhalten.

bei beiden Fangtechniken gehen zudem sehr viele andere Fisch-, Vogel- und Säugetierarten zugrunde, darunter Haie, Rochen, Albatrosse, Sturmvögel, Delfine und Meeresschildkröten. Die Fischerei mit Treibnetzen, die ebenfalls 100 km lang sein können und in denen sich nicht nur, wie erwünscht, Heringe, Lachse und Thunfische verfangen, sondern auch Wale, Delfine, Robben und Haie, ist inzwischen weltweit verboten, wird aber immer noch illegal betrieben.

Die Fänge brechen drastisch ein

Eine Studie hat gezeigt: Drei Viertel aller Fischbestände weltweit sind überfischt, das heißt, es werden mehr Fische aus den Meeren entnommen als dort nachwachsen. Die Bestände aller Arten brechen ein, teilweise – etwa im Fall des Thun- und Schwertfischs – drastisch.

Da die Fischbestände kleiner werden, werden auch die Fänge geringer: Das amerikanische Earth Policy Institute hat ausgerechnet, dass derzeit pro Jahr etwa 90 Millionen Tonnen Fische gefangen werden – in den 1980er-Jahren waren die Fänge um 50 Prozent größer. Andere Quellen geben die Anzahl der Jahresfänge mit 130–140 Millionen Tonnen an, aber auch sie berichten, dass diese stark rückläufig sind. Bei manchen Arten lohnt es sich kaum noch, sie zu jagen – Aufwand und Ertrag stehen in keinem Verhältnis zueinander.

Die Problembehebung ist schwierig

Sicher gibt es eine Lösung des Problems der Überfischung: Die Fangquoten müssten massiv und über mehrere Jahre oder gar Jahrzehnte gesenkt werden. Bis sich die Fischereinationen darauf geeinigt haben, dürfte es allerdings für viele Fischarten zu spät sein – und möglicherweise auch für andere Tiere, denen sie als Beute dienen.

Greenpeace hat 2007 vorgeschlagen, große marine Schutzgebiete einzurichten: „Nationalparks für die Ozeane". Die Realisierung dieses Vorschlags oder eines ähnlichen Modells scheint unbedingt notwendig – zumal wissenschaftliche Studien den totalen Kollaps der Meere vorhersagen, falls keine Schutzzonen eingerichtet werden.

Oben: Der Kabeljau leidet sowohl unter Überfischung als auch unter der Klimaerwärmung, die ein langsameres Wachstum des Fischs zur Folge hat.

Unten: In nahezu allen maritimen Fischgründen mussten – wie hier im südafrikanischen Kalk Bay – Teile der viel zu großen Fangflotten stillgelegt werden.

THUNFISCHE UND ANDERE BARSCHARTIGE

Der überwiegende Teil der Meeresbewohner sind kleine Lebewesen zwischen Fingergröße und Armlänge. Die Vertreter dreier Familien aus der Ordnung der Barschartigen gehören demnach mit Körperlängen von bis zu 4,70 m und einem Gewicht von bis zu einer Tonne zu den Riesen der Ozeane – was sie für die kommerzielle Fischerei sowie für die Sportfischerei besonders interessant macht. Es handelt sich um die Fächer- und Speerfische (Istiophoridae) mit rund einem Dutzend Arten, die Makrelen und Thunfische (Scombridae) mit sechs Arten sowie die Schwertfische (Xiphiidae) mit dem Schwertfisch *(Xiphias gladius)* als einziger Art.

Die Mitglieder der drei Familien halten sich nicht ausschließlich, aber überwiegend auf hoher See auf – üblicherweise in den oberen Wasserschichten –, wobei die meisten Arten jahreszeitlich bedingte Wanderungen durchführen. Ihr stromlinienförmiger Körper und ihre enormen Körperkräfte befähigen einige der Fischarten, mit Geschwindigkeiten von 80–110 km/h zu schwimmen.

Unsicherheit bezüglich der Bestandsgrößen

Über die Populationen der bei Sportfischern äußerst beliebten Schwertfische sowie Fächer- und Speerfische weiß man wenig Genaues. Einige Arten werden in der Roten Liste der IUCN geführt, die meisten aber mit dem Hinweis darauf, dass die vorliegenden Daten nicht ausreichen, um die Gefährdung beurteilen zu können. Man kann aber davon ausgehen, dass ihre Bestände – wie die fast aller Seefische – ab der zweiten Hälfte des 20. Jahrhunderts stark abgenommen haben.

Oben: Segelfische zählen neben Haien und Schwertfischen zu den beliebtesten Fischen bei Sportfischern und Gourmets. Ihr Fleisch gilt – geräuchert, gegrillt oder frittiert – als Delikatesse.

Unten: Jahr für Jahr werden weltweit fast 5 Millionen Tonnen Thunfische gefangen. Sie gehören damit zu den wichtigsten Speisefischen überhaupt.

Thunfischgemetzel und ertrunkene Delfine

Viele Jahre lang gingen Bilder von der traditionellen Thunfischjagd namens „Mattanza" durch die Medien, bei der Thunfischschwärme auf ihrer jährlichen Wanderung in die Laichgründe von süditalienischen Fischern abgefangen und blutig getötet wurden. Inzwischen sind die Thunfischbestände aber so stark gesunken, dass die Mattanza eher ein Schauspiel für Touristen denn ein wirtschaftliches Unternehmen wäre – zumal die Thunfische häufig bereits von großen Fischfangflotten abgefangen werden, bevor sie die italienischen Küsten überhaupt erreichen.

Die überaus schmackhaften Fische werden weltweit in unglaublichen Mengen gefangen und viele Arten sind bereits so selten geworden, dass eine Internationale Kommission für die Erhaltung der Thunfische (ICCAT) gegründet wurde, der bisher 42 Länder angehören. Allein auf dem japanischen Markt werden jedes Jahr über 500 000 Tonnen Thunfisch verkauft und zu Sushi und Sashimi verarbeitet. 2005 wurden in Japan 44 Tonnen des Blauen Thunfisches *(Thunnus thynnus)* verspeist – es verwundert angesichts solcher Zahlen nicht, dass diese Spezies inzwischen stark bedroht ist. Ebenso intensiv gejagt wird der Gelbflossenthunfisch *(Thunnus albacares)*, der oft mit Delfinen durch die Meere zieht – was zur Folge hat, dass beide gemeinsam in den Netzen der Fischer landen. Da Delfine als Säugetiere regelmäßig Sauerstoff atmen müssen, ertrinken sie innerhalb weniger Minuten; Schätzungen zufolge sollen von Mitte des 20. Jahrhunderts bis in die 1990er-Jahre über sieben Millionen Delfine als Beifang umgekommen sein.

Oben: Jeden Morgen werden auf dem Tokioter Fischmarkt viele Tonnen Thunfisch versteigert.

Unten: Schwertfische werden auf offener See mit bis zu 100 km langen Netzen gefangen und fangfrisch zum Kauf angeboten.

CHONDRICHTHYES
KNORPELFISCHE

Wie der Name schon sagt, besteht das Skelett von Knorpelfischen (Chondrichthyes) aus Knorpeln statt aus Knochen. Es gibt etwa 1000 Arten, die überwiegend im Salzwasser, teilweise aber auch ganz oder zeitweise im Süßwasser leben. Die bekanntesten Knorpelfische sind Haie (Selachii) und Rochen (Batoidea).

Eine uralte Knorpelfischgruppe

Haie und Rochen leben seit mindestens 450 Millionen Jahren in den Weltmeeren und sind somit älter als die Dinosaurier – wobei besonders die Tatsache erstaunt, dass einige Arten weitgehend unverändert seit etwa 60 Millionen Jahren existieren. Im Laufe der Jahrmillionen haben sich etwa 500 Hai- und ebenso viele Rochenarten entwickelt: vom 20 cm kleinen Zwerghai *(Squaliolus laticaudus)* über den Mantarochen *(Manta birostris)* mit einer Spannweite von bis zu 7 m bis hin zum gewaltigen Walhai *(Rhincodon typus)*, der mit über 12 m Länge der größte lebende Fisch ist.

Hochentwickelte Sinne

Vor allem Haie sind für ihre hervorragenden Sinne bekannt. Die Augen sind beispielsweise wesentlich lichtempfindlicher als die des Menschen und somit den düsteren Meerestiefen bis 3500 m, in denen sich Haie bisweilen aufhalten, angepasst. Darüber hinaus ist ihr Geruchssinn extrem gut ausgebildet: Über die Hälfte des Hirns nimmt allein das Riechzentrum ein. So können Haie Blut in einer millionenfachen Verdünnung riechen – und sich in kurzer Zeit aus großer Distanz bei einem verwundeten Tier oder Mensch einfinden.

Der Leoparden- oder Zebrahai ist eine Art, die dem Menschen nicht gefährlich werden kann. Wasserverschmutzung, Beifänge und die Zerstörung seiner Lebensräume lassen seine Bestände schrumpfen.

Rechts: Der Weiße Hai kann bis zu 3 t schwer und über 6 m lang werden. Er wurde wegen seiner vermeintlichen Gefährlichkeit stark bejagt.

Unten: Trotz seiner Größe von mehr als 12 m und seinem Gewicht von 10–12 t ernährt sich der Walhai lediglich von Plankton und anderen Kleinstorganismen.

Der Blaupunktrochen *(Taeniura lymma)* ist eine von etwa 500 Rochenarten. Mit einer Länge und Breite von maximal einem Meter gehört er zu den mittelgroßen Spezies.

Alle Hai- und viele Rochenarten sind bedroht

Die starke Befischung der Haie in allen Meeren der Welt, aber auch die massive Verfolgung einzelner Arten – etwa des Weißen Hais – durch Sportfischer haben dazu geführt, dass es in den letzten zehn Jahren bei vielen Spezies zu dramatischen Populationseinbrüchen gekommen ist.

Der Hai, der an der Spitze der Nahrungskette steht und deshalb im Vergleich zu anderen Knorpelfischen verhältnismäßig kleine Populationsgrößen hat, reagiert ganz besonders empfindlich auf Überfischung. Erschwerend hinzu kommt seine geringe Fortpflanzungsrate – die Tiere werden frühestens mit sechs Jahren, teilweise sogar erst mit 30 Jahren geschlechtsreif –, die eine Erholung der Bestände praktisch unmöglich macht. Vom Weißen Hai beispielsweise sollen gerade noch 2000–3000 Exemplare in den Ozeanen zwischen Australien und Südafrika leben; weitere zehn Arten sind ebenfalls stark gefährdet, darunter Sandtiger, Riesenhai *(Cetorhinus maximus)*, Düsterer Hai *(Carcharhinus obscurus)*, Schwarzspitzenhai, Großflossenhai *(Carcharhinus plumbeus)* und Gangeshai *(Glyphis gangeticus)*.

Rochen sind von beinahe identischen Faktoren bedroht wie Haie – mit den gleichen Auswirkungen. Die Bestände vieler Rochenarten sinken massiv, eine Erholung ist aufgrund der späten Geschlechtsreife und einer geringen Jungenanzahl kaum möglich. In der Roten Liste werden zahlreiche Arten als bedroht geführt, zum Beispiel der größte Rochen an den europäischen Küsten, der Glattrochen *(Dipturus batis)*, und alle Sägerochen, darunter die „vom Aussterben bedrohten" Arten Leichhardts Sägerochen *(Pristis microdon)*, Gewöhnlicher Sägefisch *(Pristis pristis)* oder Zwergsägerochen *(Pristis clavata)*.

Gefährlichkeit von Haien und Rochen

Jedes Jahr werden zwischen 50 und 100 Haiattacken auf Menschen bekannt, von denen etwa zehn Prozent tödlich enden. Die häufigsten Zwischenfälle gibt es an den Küsten Australiens sowie an der Südspitze Afrikas, meist ist der Weiße Hai *(Carcharodon carcharias)* der Angreifer, gefolgt vom Bullenhai *(Carcharhinus leucas)*, vom Sandtiger *(Carcharias taurus)* und vom Schwarzspitzenhai *(Carcharhinus limbatus)*.

Weit weniger Unfälle oder gar Todesfälle gibt es mit Rochen: Bisher wurden erst 17 für Menschen tödliche Begegnungen mit den Fischen bekannt, wobei Rochen nachweislich nie grundlos von sich aus einen Angriff starteten, sondern sich immer bedroht fühlten. Zum bekanntesten Zwischenfall kam es im September 2006, als der australische Dokumentarfilmer Steve Irwin bei Unterwasseraufnahmen vom Giftdorn am Schwanz eines Stachelrochens – vermutlich versehentlich – in die Brust getroffen wurde und starb.

Bergmolch

Dendrobates

Laubfrosch

AMPHIBIA

AMPHIBIEN

Amphibien oder Lurche sind stammesgeschichtlich die ältesten Landwirbeltiere und besiedelten die Erde lange vor den Vögeln und Säugetieren, sogar noch vor den Reptilien: Die ersten Vertreter der urtümlichen Amphibien tauchten vor über 350 Millionen Jahren auf. Im Laufe ihrer Entwicklung bildeten sich drei Ordnungen heraus: die Froschlurche (Anura), die Schwanzlurche (Caudata) und die bis heute wegen ihrer verborgenen Lebensweise noch relativ wenig erforschten Schleichenlurche oder Blindwühlen (Gymnophiona).

Amphibien sind wechselwarme Tiere, das heißt, ihre Körpertemperatur passt sich der Temperatur der Umgebung an. Sie haben eine feuchte Haut und können sowohl im Wasser als auch an Land leben. Der Großteil der etwa 6000 Arten verbringt das Larvenstadium im Wasser und atmet in dieser Zeit mittels Kiemen; nach der Metamorphose und der Ausbildung einer Lunge sind Amphibien aber dazu in der Lage, an Land zu gehen und sich dort längere Zeit aufzuhalten. In der nördlichen Hemisphäre sind sie weniger artenreich, außer in der Antarktis sind sie aber weltweit verbreitet – wenngleich ihr Lebensraum dadurch eingeschränkt ist, dass sie auf das Vorhandensein von Süßwasser angewiesen sind.

Die IUCN führt fast ein Drittel der Amphibienarten als unmittelbar bedroht in der Roten Liste. Der Hauptgrund für die hohe Gefährdung ist, dass Lurche wegen der Durchlässigkeit ihrer Haut sehr stark auf Veränderungen in ihren beiden Habitaten reagieren. Sie sind also nicht nur durch die Lebensraumvernichtung an Land, sondern auch durch Wasserverschmutzungen bedroht. Die größte Anzahl gefährdeter Arten findet sich in Lateinamerika und im karibischen Raum.

Goldfröschchen

Gepunkteter Pfeilgiftfrosch

Teichfrosch

Riesenlaubfrosch

EIN LEBEN IM WASSER UND AN LAND

Amphibien oder Lurche stammen von einer Frühform der Quastenflosser (Crossopterygii) ab und waren die ersten Wirbeltiere, die das Festland besiedelten. Bis heute benötigen die meisten Amphibien zwei Biotope zum Leben: Wasser und Festland. Selbst Arten, die das ganze Jahr an Land verbringen, beispielsweise Kröten, suchen zum Laichen das Wasser auf. Die Entwicklung der Kaulquappen findet in diesem Element statt, und erst wenn sie abgeschlossen ist, können Frösche und Salamander an Land gehen, während fast alle Molche im Wasser bleiben.

Lediglich an der Nordspitze Madagaskars lebt das Grüne Goldfröschchen *(Mantella viridis)*, das mit nur 22–25 mm Gesamtlänge zu den kleinsten Amphibien gehört.

Der Alpensalamander *(Salamandra atra)* legt keine Eier, sondern bringt ein bis zwei voll entwickelte Junge zur Welt – eine Anpassung an das raue Klima der Alpenregionen.

Die drei Ordnungen

Amphibien werden meist in drei Ordnungen unterteilt, die sich auch rein äußerlich deutlich sichtbar durch ihre Körperform und die verschiedenartige Ausbildung der Gliedmaßen voneinander unterscheiden.

BLINDWÜHLEN

Die wurmartigen Blindwühlen oder Schleichenlurche sind die kleinste Ordnung der Amphibien: Man kennt bislang etwa 160 Arten – manche davon wurden anhand nur eines einzigen Exemplares wissenschaftlich beschrieben –, Forscher gehen aber davon aus, dass viele Arten noch unentdeckt sind.

Aufgrund ihrer zurückgezogen Lebensweise ist nicht bekannt, ob sie bedroht sind; dass man sie nicht oft sieht, muss kein Indiz für ihre Seltenheit sein.

SCHWANZLURCHE

Die Ordnung Schwanzlurche, die landläufig als Salamander und Molche bezeichnet werden, umfasst etwa 500 Arten. Alle haben einen länglichen Körper und einen Schwanz, die meisten vier Beine. Sie sind somit gut an das Leben an Land angepasst, und die meisten Arten verbringen auch den Großteil der Zeit dort und finden sich nur zum Laichen im Wasser ein. Einige wenige Molche sind dauerhaft ins Wasser zurückgekehrt.

Jeder dritte Lurch ist von der Ausrottung bedroht

Gemäß einer Aufstellung der IUCN sind etwa 30 Prozent der Amphibien in ihren Beständen bedroht, wobei viele Arten noch gar nicht in die Rote Liste aufgenommen sind, weil sie derzeit „nur" lokal bedroht sind – je nach Land sind laut Schätzungen 50–70 Prozent der Lurche gefährdet. Biotopveränderungen einerseits und die Vergiftung der Lebensräume mit Pestiziden und ähnlichen Giften andererseits sind dafür verantwortlich, wobei die beiden Lebensräume sowie die Durchlässigkeit der Amphibienhaut – wie bereits angesprochen – das Problem verschärfen.

In den 1980er-Jahren ist vorwiegend in Australien, Süd- und Mittelamerika eine neue Gefahr dazugekommen: ein winziger Tröpfchenpilz namens Chytridpilz *(Batrachochytrium dendrobatidis)*, der die Haut der Lurche befällt und die Tiere tötet – wahrscheinlich durch Toxine. Zwischen 50 und 100 Prozent der Lurche einer befallenen Population gehen ein, und Medikamente bzw. wirksame Gegenmittel sind bisher nicht bekannt. Es ist damit zu rechnen, dass zahlreiche, vielleicht Hunderte von Froscharten am Chytridpilz zugrunde gehen werden.

Wie die Blindwühlen leben auch die Schwanzlurche sehr zurückgezogen und sind selten anzutreffen. Die kleinsten Arten sind dünner als ein Bleistift und messen nur wenige Zentimeter, die größten können stattliche Ausmaße annehmen, wie der als „vom Aussterben bedroht" gelistete Chinesische Riesensalamander *(Andrias davidianus)*, der bis zu 1,50 m lang und 20 kg schwer werden kann.

FROSCHLURCHE

Die artenreichste Amphibienordnung sind die Froschlurche mit etwa 5500 Arten. Im Gegensatz zu Schwanzlurchen haben Frösche nach der Entwicklung zum Landtier keinen Schwanz mehr; außerdem bewegen sie sich nicht laufend, sondern hüpfend fort. Nicht nur hinsichtlich der Artenanzahl, sondern auch hinsichtlich der Körpermaße sind Froschlurche sehr vielfältig: Winzig klein und leicht wie eine Feder ist ein kubanischer Frosch ohne deutschen Trivialnamen, *Eleutherodactylus iberia*, der erst 1996 entdeckt wurde; ein wahrer Riese – allerdings „stark gefährdet" – ist hingegen der Goliathfrosch *(Conraua goliath)* aus Kamerun mit einer Kopf-Rumpf-Länge von 35 cm und einem Gewicht von 3 kg.

Rechts: Der Azurblaue Pfeilgiftfrosch *(Dendrobates azureus)* zeigt Fressfeinden mit seiner auffallenden Warnfarbe an, dass er ungenießbar – nämlich hochgiftig – ist.

Unten: Wie bei allen Froschlurchen verfügt auch beim Erdbeerfröschchen *(Oophaga pumilio)* nur das Männchen über eine sehr dehnbare Schallblase, dank der seine Balzrufe weithin hörbar sind.

Zahlreiche Arten im Tropengürtel

Die Mehrzahl der Lurche lebt in tropischen und subtropischen Breiten. Die Gründe für die Häufung der wechselwarmen Amphibien im warmen Tropengürtel sind zum einen die gleichbleibend hohen Temperaturen, zum anderen das enorme Nahrungsangebot an Kleinlebewesen. Einige wenige Spezies trifft man sogar in Wüstengebieten an, beispielsweise den Wüstenfrosch *(Cyclorana novaehollandiae)*, der – im Boden vergraben – bis zu sieben Jahre Dürre überstehen kann. Auch einige Krötenspezies *(Bufo)* können lange Trockenzeiten in Wüsten überleben.

In Lebensräumen mit hohen Temperaturen und entsprechender Luftfeuchtigkeit ist die Artenzahl außerordentlich hoch: Mehrere Dutzend Spezies auf zehn Quadratmetern sind im mittelamerikanischen Bergland und im Amazonasgebiet nicht ungewöhnlich. Die überaus starke Gliederung der Landschaft, vor allem durch die Vielzahl von Flüssen im Amazonasbecken und durch Täler und Gebirge in Mittelamerika, hat im Laufe der Entwicklung der Lurche dazu geführt, dass sich unzählige Kleinpopulationen herausgebildet haben. Sie mögen für den Evolutionsforscher interessant sein, sind wegen ihrer räumlich sehr beschränkten Verbreitung aber immens gefährdet. Selbst

Ein tropischer Laubfrosch der Gattung *Hyla* beim nächtlichen Quakkonzert, das zur Reviermarkierung und zum Anlocken der Weibchen dient.

Der Birma-Krokodilmolch *(Tylototriton verrucosus)* benötigt wie die meisten Amphibien einen immerfeuchten Lebensraum mit der Möglichkeit, sowohl ins Wasser als auch an Land gehen zu können.

geringste und erst recht tiefgreifende Veränderungen des Lebensraumes – etwa Besiedelung, Holzschlag oder Feuer – führen dazu, dass die Bestände stark zurückgehen oder zusammenbrechen. Das ist in den vergangenen zwei Jahrzehnten in Zentralamerika mehrfach passiert: Mehrere Dutzend Baumsteigerarten (Dendrobatidae) und Laubfroscharten (Hylidae) sind ausgestorben, bevor sie überhaupt wissenschaftlich beschrieben werden konnten.

Der paläarktische Raum ist kein Paradies für Lurche

Amphibien sind wechselwarme Tiere, deren Körpertemperatur und Kreislauf von der Umgebungstemperatur abhängt. Fällt das Thermometer gegen 0 °C, verfallen die Lurche der nördlichen Erdregionen in eine Kältestarre: Sie graben sich in die Erde oder in Schlamm ein und kommen erst im Frühling wieder an die Oberfläche. Diese für Amphibien ungünstigen Klimabedingungen schlagen sich in einer geringen Artenanzahl der europäischen Froschlurche und Salamander nieder, es sind nur wenige Dutzend. Die bekanntesten sind der Laubfrosch *(Hyla arborea)*, der Grasfrosch *(Rana temporaria)*, der Wasserfrosch *(Rana lessonae)* und der Teichfrosch *(Rana kl. Esculenta)*, außerdem die Erdkröte *(Bufo bufo)*, die Kreuzkröte *(Bufo calamita)* und die Wechselkröte *(Bufo viridis)*. Weit weniger bekannt sind die Rotbauch- und die Gelbbauchunke *(Bombina bombina* und *B. variegata)*, die aufgrund ihrer geringen Körpergröße auch dem geübten Auge entgehen können, akustisch jedoch zu den Riesen gehören.

Oben: Der Rotaugen- oder Makifrosch *(Agalychnis callidryas)* ist ein ausgezeichneter Kletterer. Er ist – wie viele tropische Frösche – nachtaktiv und verbringt den Tag gut getarnt in dichtem Blättergewirr.

Rechts Mitte: Der Korallenfinger *(Litoria caerulea)* lebt in den Regenwäldern Nordostaustraliens und Neuguineas und gehört zur großen Gruppe der Laubfrösche, die allein im australischen Raum 130 Arten umfasst.

Rechts unten: Nur auf Madagaskar kommt das lediglich 25 mm kleine Goldfröschchen *(Mantella aurantiaca)* vor. Durch die Abholzung der Wälder steht es wahrscheinlich kurz vor der Ausrottung.

Unterschiedliche Fortpflanzungsarten

Hinsichtlich der Fortpflanzung gibt es bei Lurchen nur eine Grundvoraussetzung: Es muss Wasser vorhanden sein – alle Amphibien legen ihre Eier entweder in stehende Gewässer oder aber in Sumpfgebiete und überschwemmte Wiesen ab. Darüber hinaus haben die Arten wenig Gemeinsamkeiten, selbst innerhalb der Ordnungen. Manche Froschlurche legen bis zu 10 000 Eier, andere nur fünf oder sechs. Baumsteigende Arten legen ihre Eier zunächst in die mit Wasser gefüllten Kelche von Bromelien oder in Astlöcher; nach der Befruchtung und dem Schlüpfen der Larven werden diese – oft einzeln – in feuchte Blattachsen gebracht und einige Wochen lang versorgt. Teilweise nisten sich die Kaulquappen auf dem Rücken des Vaters ein, der ein Sekret absondert, von dem sich die Jungen ernähren, teilweise bringt das Weibchen ihnen Nahrung.

Eine besonders bemerkenswerte Brutpflege hatte der Magenbrütende Frosch *(Rheobatrachus silus)* aus Queensland/Australien, der erst 1973 entdeckt wurde und bereits neun Jahre später aus unbekannten Gründen ausgestorben war. Das Weibchen verschluckte die Eier und brütete sie rund acht Wochen lang in seinem Magen aus; in dieser Zeit nahm es keine Nahrung zu sich und produzierte auch keine Magensäfte. Hatten die Jungen das Larvenstadium hinter sich, wurden sie von der Mutter kurzerhand in den nächsten Teich gespuckt und sich selbst überlassen.

Die Haut von Amphibien

Amphibien haben eine sehr empfindliche, durchlässige Haut, die immer feucht sein muss. Das geschieht einerseits durch Körperflüssigkeit, andererseits durch die Nahrung und nicht zuletzt durch das Wasser des Lebensraumes. Außerdem kann ein übermäßiger Feuchtigkeitsverlust durch den Aufenthalt in einer schattigen Umgebung vermieden bzw. minimiert werden – Lurche können auf diese Weise ihren Wasserhaushalt regulieren. Daneben beeinflusst die Aktivität die Durchlässigkeit des Organs: Arten, die den Winter in einer Kältestarre verbringen, verhindern so die Wasseraufnahme.

Der Feuersalamander *(Salamandra salamandra)* gehört zu den Echten Salamandern und ist in mehreren Arten über Europa, Nordafrika und Kleinasien verbreitet.

Ein tödliches Gift in der Haut

Die meisten Amphibien haben Giftdrüsen in ihrer Haut und können ein weißes oder gelbliches Sekret absondern, das bis zu 30 verschie-

Viele Pfeilgiftfrösche aus dem tropischen Mittel- und Südamerika sind aufgrund ihres kleinen Verbreitungsgebiets extrem von der Ausrottung bedroht.

Der Straßenverkehr, die Zerstörung von Feuchtgebieten und die Vergiftung durch Pestizide haben selbst den nicht unmittelbar gefährdeten Grasfrosch vielerorts selten werden lassen.

dene Alkaloide enthält und auf Schleimhäute stark ätzend wirkt. Fressfeinde, die einmal mit einer Kröte in Berührung gekommen sind, werden diese Erfahrung nicht vergessen – und um Kröten in Zukunft einen weiten Bogen machen.

Berühmt-berüchtigt für ihr Gift sind insbesondere die Pfeilgiftfrösche *(Dendrobatidae)* aus den tropischen Regenwäldern in Süd- und Mittelamerika: Sie produzieren eines der stärksten Gifte in der Tierwelt. Mit dem Gift des Schrecklichen Pfeilgiftfroschs *(Phyllobates terribilis)* beispielsweise könnte man ein Dutzend Menschen oder Zehntausende von Mäusen umbringen – vorausgesetzt, man würde es in die Blutbahn der Opfer spritzen. Die Pharmaindustrie bemüht sich seit Jahren, die bis zu 400 Giftstoffe, die sich in der Haut der Giftfrösche finden, zu entschlüsseln und medizinisch zu nutzen. Die Einrichtung von „Froschfarmen" ist allerdings ausgeschlossen, denn die kleinen Amphibien verlieren ihre Giftigkeit, sobald sie ihrer natürlichen Beute – Ameisen, Termiten und Spinnen – beraubt werden. Mit anderen Worten: Ihre Giftproduktion ist abhängig von ihrer Ernährung.

Rechts: Kaulquappen, die Larven der Frösche und Kröten, haben zahlreiche Fressfeinde. Von einhundert Tieren erreichen selten mehr als zwei oder drei das Erwachsenenstadium.

Unten: Die Eier der Froschlurche, aus denen sich die Kaulquappen entwickeln, sind zum Schutz gegen Austrocknung von einer im Wasser aufquellenden Gallertschicht umgeben.

Braunstirnkaiman

Galapagos-Riesenschildkröte

Sandviper

REPTILIA

REPTILIEN

Die Klasse der Reptilien oder Kriechtiere umfasst vier Ordnungen: Krokodile (Crocodilia), Schildkröten (Testudinata), Schnabelköpfe oder Brückenechsen (Rhynchocephalia) und Schuppenkriechtiere (Squamata); in Letzterer sind Echsen (Lacertilia), Schlangen (Serpentes) sowie die weitgehend unbekannten Doppelschleichen (Amphisbaenia) vereint. Mit etwa 8000 Arten sind die Schuppenkriechtiere die mit großem Abstand artenreichste Reptilienordnung, gefolgt von den Schildkröten mit schätzungsweise 300 Spezies. Die Krokodile hingegen zählen nur etwa 25 Arten, die Schnabelköpfe zwei.

Mit Ausnahme der Polarregionen sind Kriechtiere auf allen Kontinenten zuhause, allerdings ist die Arten- und Individuenzahl der wechselwarmen Tiere in tropischen Gebieten um ein Vielfaches höher als in kühleren Regionen, in denen viele Reptilien den Winter in Kältestarre verbringen. Reptilien sind überwiegend ovipar (Eier legend) und nur zum geringsten Teil vivipar (lebend gebärend) – darin zeigt sich ihre Verwandtschaft mit den Vögeln (Aves); beide haben gemeinsame Vorfahren.

Vor rund 300 Millionen Jahren, im Karbon, traten Reptilien erstmals auf und besiedelten weltweit zahllose Regionen, Biotope und Nischen. Die Veränderung der Umwelt, die Umwandlung natürlicher Lebensräume in Kulturland, die Erwärmung der Erde sowie die direkte Verfolgung durch den Menschen führen allerdings dazu, dass immer mehr Reptilien große Bestandsrückgänge in Kauf nehmen müssen. Bis zu 25 Prozent der Reptilienarten sind mehr oder weniger stark von der Ausrottung bedroht.

Seychellen-Riesenschildkröte

Landleguan

Steppenwaran

Amethystpython

CROCODILIA
KROKODILE

Die Ordnung Krokodile (Crocodilia) umfasst etwa 23 Arten aus den drei Familien Echte Krokodile (Crocodylidae), Alligatoren (Alligatoridae) und Gaviale (Gavialidae). Sie alle leben in subtropischen und tropischen Gegenden, wobei ihre nördlichsten Vertreter der Mississippi-Alligator (Alligator mississippiensis) *in den südöstlichen Staaten der USA und der China-Alligator* (Alligator sinensis) *im Gebiet des unteren Jangtse-Flusses sind. Ihr bevorzugtes Element ist das Süßwasser, eine Art kann auch in Brack- und Salzwasser überleben: das Leisten- oder Salzwasserkrokodil* (Crocodylus porosus), *das mit einer Länge von 6 m und mehr sowie einem Gewicht von 500–600 kg – in Ausnahmefällen sogar bis 1000 kg – als größtes lebendes Reptil der Welt gilt.*

Uralte Tiere

Die Wurzeln der Krokodile können über 200 Millionen Jahre zurückverfolgt werden. 100 Millionen Jahre lang bildeten die Panzerechsen, von denen die größten eine Länge von über zehn Metern erreichten, eine überaus artenreiche Gruppe, die auf allen Kontinenten außer Australien vertreten war, und deren Vertreter sowohl im Salz- wie im Süßwasser lebten.

Die modernen Krokodile, also jene, die heute noch existieren, tauchten vor rund 100 Millionen Jahren auf und waren – anders als heute – auch in den gemäßigten Breiten Nordamerikas und Europas verbreitet. Die ältesten Krokodile sind das Nilkrokodil *(Crocodylus niloticus)* aus dem tropischen und subtropischen Afrika und das Panzerkrokodil *(Crocodylus cataphractus)* aus West- und Zentralafrika; Fossilienfunde belegen, dass sie bereits im frühen Tertiär, vor 60–65 Millionen Jahren, existierten.

Vielseitiges Nahrungsspektrum

Ein Hauptbestandteil der Nahrung nahezu aller Krokodile sind Fische, Amphibien, kleine Nager und teilweise auch Seevögel. Große Alligatoren und Krokodile vergreifen sich außerdem an größeren Säugetieren aller Art: Sie liegen versteckt im trüben Wasser, aus dem lediglich Augen und Nasenlöcher herausschauen, und warten beinahe regungslos auf Beute. Kommen Wild- oder Haustiere zur Tränke, schwimmen

Begehrte Häute, begehrtes Fleisch

Fast alle Krokodile sind in ihren Beständen bedroht und stehen auf der Roten Liste der IUCN. Seit frühester Zeit werden sie vor allem wegen ihres Fleischs und zur Herstellung von Heilmitteln für die Traditionelle Chinesische Medizin gejagt, doch solange die Bejagung zur Deckung des eigenen Bedarfs erfolgte, konnte sie den Krokodilpopulationen keinen Schaden zufügen. Das änderte sich, als ab Mitte des 19. Jahrhunderts die kommerzielle Jagd auf Krokodile einsetzte – vor allem wegen des Leders, das sehr begehrt war. Inzwischen ist die Jagd auf Krokodile verboten und der Handel mit Krokodilprodukten stark eingeschränkt. Um die Nachfrage an Krokodilleder und Fleisch zu decken, wurden vielerorts Krokodilfarmen eingerichtet.

Obwohl sich inzwischen einige Arten von der intensiven Bejagung erholt haben, sieht es so aus, als wäre das Jagdverbot für andere zu spät gekommen – zumal die Zerstörung der Lebensräume durch den Menschen ein neues Problem darstellt und den urzeitlichen Reptilien das Überleben schwer macht.

Unter anderem auf südamerikanischen Märkten werden lebende Kaimane angeboten. Sie landen in den Fleischtöpfen der einheimischen Bevölkerung.

So beeindruckend die Zähne des Nilkrokodils auch sind – sie dienen nur zum Festhalten der Beute, nicht aber zum Schneiden oder Kauen.

Der Brillenkaiman *(Caiman yacere)*, zählt im Moment zu den weniger bedrohten Krokodilarten.

Das Leistenkrokodil aus dem australisch-asiatischen Raum gilt mit 6 m Länge als größte rezente Krokodilart.

Der Gangesgavial *(Gavialis gangeticus)* vom indischen Subkontinent ist mit unter 500 Exemplaren „vom Aussterben bedroht“.

die Echsen lautlos so nah wie möglich heran, packen die Beute blitzartig am Maul oder Hals, ziehen sie unter Wasser und ertränken sie. Im kenianischen Massai-Mara-Reservat fressen große Exemplare selbst Gazellen, Gnus und Zebras, die den Fluss durchqueren.

Krokodile verschmähen auch Aas nicht: Tote Tiere in Ufernähe, sogar Flusspferde und Elefanten, werden restlos beseitigt, wobei die Beute oft mit Löwen, Hyänen und Schakalen geteilt werden muss.

Vorbildliche Mütter

Krokodilweibchen werden im Alter von sieben bis zehn Jahren fortpflanzungsfähig. Nach der Paarung bauen sie – je nach Art – ein Nest oder graben ein etwa 50 cm tiefes Loch, in das sie 20–60 Eier legen, anschließend wird das Gelege durch die Gärungs- und Umgebungswärme 70–100 Tage lang ausgebrütet – wobei die Umgebungstemperatur das Geschlecht der Jungen beeinflusst.

Kurz vor dem Schlüpfen macht sich der Nachwuchs durch Zirpen bemerkbar, woraufhin die Weibchen das Nest öffnen, die Jungtiere im Maul ins Wasser bringen und sie dort mindestens einige Tage lang, manchmal sogar Wochen, vor Feinden beschützen.

Die Sterblichkeitsrate der Krokodileier bzw. der geschlüpften Jungen ist trotzdem sehr hoch: Hyänen, Hunde, Warane, Marabus und Menschen betätigen sich als Nesträuber und auch später im Wasser herrscht kein Mangel an Feinden; selbst die eigenen Artgenossen schrecken vor Kannibalismus nicht zurück. Selten erreichen mehr als zwei oder drei Tiere eines Geleges das Erwachsenenalter.

Oben: In einem kleinen Gebiet Westafrikas kommt das Stumpfkrokodil *(Ostaeolaemus tetraspis)* vor, das mit einer Länge von unter 2 m zu den kleinsten Arten zählt.

Unten: Nilkrokodile werden seit Jahren in Farmen gezüchtet, um ihre Bauchhaut zu Taschen, Schuhen, Börsen und Gürteln verarbeiten zu können.

TESTUDINATA

SCHILDKRÖTEN

Seit nahezu 250 Millionen Jahren gibt es Schildkröten und ihre Vorfahren auf der Erde. Sie haben – mit Ausnahme der polaren Gebiete und der Eiswüsten der Hochgebirge – alle Lebensräume erobert und sind im Gegensatz zur Reptilienordnung der Krokodile auch heute noch äußerst artenreich vertreten: Rund 300 verschiedene Spezies bewohnen das Wasser und das Festland. Land- und Wasserschildkröten unterscheiden sich hinsichtlich der Panzer: Während die Landschildkröten harte Knochenpanzer haben, die von einer Hornschicht umgeben sind, bilden bei den Wasserschildkröten starre Knochen ein Gerüst, das von einer lederartigen Haut überzogen ist.

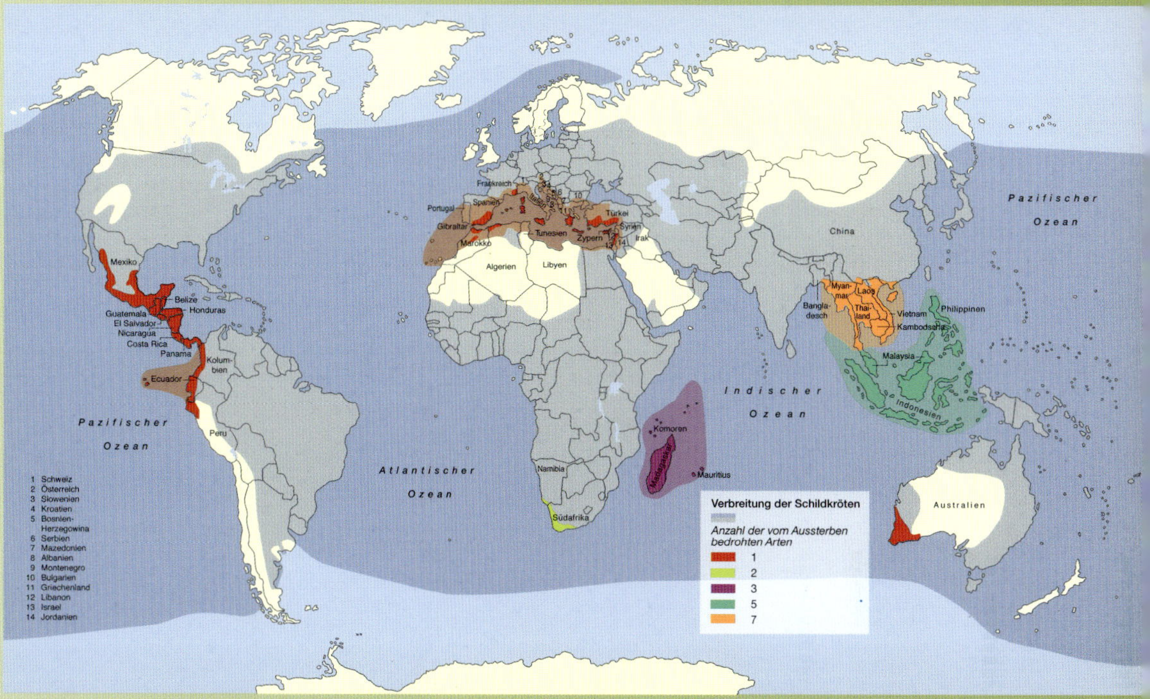

Rechts: Schildkröten sind auf allen Kontinenten außer der Antarktis und in allen Weltmeeren verbreitet. Die Karte zeigt außerdem die Lebensräume der „vom Aussterben bedrohten“ Arten, von denen besonders viele in Südostasien beheimatet sind.

Unten: Wie zahlreiche andere Tiere Madagaskars ist auch die Strahlenschildkröte *(Astrochelys radiata)* durch Biotopzerstörungen in ihren Beständen bedroht.

Meeresschildkröten wie die Echte Karettschildkröte *(Eretmochelys imbricata)* kommen zur Eiablage an tropische Sandstrände, wo sie ihre Gelege im warmen Sand eingraben.

In den semiariden Biotopen des südlichen Afrikas findet man, besonders nach Regenfällen, die Südafrikanischen Landschildkröten *(Psammobates)*.

Die im 18. und 19. Jahrhundert nahezu ausgerottete Seychellen-Riesenschildkröte konnte in letzter Minute vor dem endgültigen Verschwinden gerettet werden.

Riesen und Zwerge

Entsprechend der großen Artenanzahl sind Schildkröten sehr vielgestaltig. Die kleinste Art, die Gesägte Flachschildkröte *(Homopus signatus)*, ist nur 9–10 cm lang und wiegt etwas mehr als 100 g, wohingegen die größten rezenten Spezies, die Riesenschildkröten von den Seychellen *(Geochelone gigantea)* und den Galapagosinseln *(Geochelone nigra)*, eine Panzerlänge von 1,20 m und ein Gewicht von über 250 kg erreichen können. Noch größer war die im Pleistozän im jetzigen Indien lebende und inzwischen ausgestorbene Landschildkröte *Testudo atlas*. Der Pflanzenfresser war 2,50 m lang und bis zu 1000 kg schwer.

Im Futter nicht wählerisch

Die überwiegende Zahl der Schildkröten sind Allesfresser *(Omnivore)*, die sich sowohl von Pflanzen als auch von kleinen Tieren ernähren. Die größeren Wasserschildkröten vergreifen sich zudem an Wasservögeln, Amphibien, Reptilien und kleineren Artgenossen. Viele Arten nehmen beim Fressen Sand und kleine Steine mit auf, die im Magen verbleiben und helfen, die Nahrung zu zerkleinern, da Schildkröten keine Zähne haben. Bei manchen omnivoren Arten ändert sich die Nahrungszusammensetzung einerseits mit den Jahreszeiten und andererseits mit dem Alter; so nehmen einige Spezies im Jugendstadium vorzugsweise Insekten, Schnecken und Würmer zu sich, im Erwachsenenalter hingegen fast ausschließlich Pflanzenkost.

Alle Schildkröten legen Eier

Im Gegensatz zu den Krokodilen kennt man von den Schildkröten keine Brutpflege. Sie legen ihre Eier in zuvor in den Boden gegrabenen Löchern ab, schaufeln die Brutstatt wieder zu und überlassen sie der Sonne. Die Eier werden von der Umgebungswärme ausgebrütet und nach 90–220 Tagen schlüpfen die Jungtiere. Nachdem sie den Weg aus dem Nest an die Oberfläche gefunden haben, müssen Meeres- und Süßwasserschildkröten sofort das Wasser aufsuchen, während sich Landschildkröten im hohen Gras, unter Steinen oder Holz verstecken. Ein hoher Prozentsatz der auf sich alleine gestellten Jungtiere fällt den zahlreichen Feinden zum Opfer.

Suppenschildkröten *(Chelonia mydas)* bei der Paarung.

Beliebt in Küche und Terrarium

Rund 130 Schildkrötenarten sind als unmittelbar bedroht in der Roten Liste der IUCN geführt, 50 als potenziell bedroht. Viele weitere Arten haben in den letzten Jahren zum Teil massive Bestandseinbrüche erlebt. Zahllose Tiere verenden als Beifang in den Netzen der Fischer oder werden von Schiffsschrauben tödlich verletzt. Der Hauptgrund für den Rückgang war und ist aber, dass viele Schildkröten als weltweit begehrte und zu Zehntausenden gehandelte Haustiere – häufig illegal – ihrem Lebensraum entnommen werden.

Schildkrötenfleisch und -eier gelten in zahlreichen Ländern teilweise bis heute als Delikatesse – was zu einer starken Dezimierung des Bestands führte: Bereits im 17. Jahrhundert rotteten Seefahrer ganze Populationen aus – etwa auf Mauritius und den Galapagosinseln –, und trotz des Verbots durch das Washingtoner Artenschutzabkommen werden bis heute, vor allem in Asien, das Fleisch gehandelt, Schildkrötengelege geplündert und die Eier zu Hunderttausenden gesammelt und verkauft.

Von der Traditionellen Chinesischen Medizin werden Schildkröten bzw. Teile der Tiere als Heilmittel eingesetzt und deshalb gejagt.

Ein weiterer Faktor, der mitverantwortlich für die Bedrohung der Schildkröten ist, ist die Verwendung der Hornschicht des Panzers für Schmuck oder Möbelintarsien: Obwohl – oder gerade weil – das sogenannte Schildpatt inzwischen weltweit verboten ist, ist es nach wie vor sehr begehrt: Es wird zu hohen Preisen gehandelt – und trägt somit immer noch zur Bestandsbedrohung bei.

Vor allem in Südostasien gehören Meeresschildkröten, die alle von der Ausrottung bedroht sind, noch immer zu den begehrtesten Fleischlieferanten.

SQUAMATA

SCHUPPENKRIECHTIERE

Die wichtigsten Vertreter der sehr artenreichen Ordnung der Schuppenkriechtiere (Squamata) sind die Schlangen (Serpentes) mit etwa 3000 Spezies und die Echsen (Lacertilia) mit über 4500 Spezies. Sie bewohnen – mit Ausnahme der Arktis – alle Kontinente.

ECHSEN

Wie auch die Krokodile entwickelten sich die Echsen vor über 200 Millionen Jahren aus Urreptilien und überlebten – im Gegensatz zu den Dinosauriern und anderen prähistorischen Tieren – das Artensterben Ende der Kreidezeit vor 65 Millionen Jahren. Die Unterordnung der Echsen ist enorm vielfältig – vor allem auch hinsichtlich der Gestalt.

Die meisten Arten sind klein

Der Kugelfingergecko *(Sphaerodactylus ariasae)* von einer winzigen Insel vor der Dominikanischen Republik gilt als kleinstes Reptil überhaupt: Seine Körper-Schwanz-Länge beträgt etwa 30 mm, sein Gewicht 0,5 g; nur wenig größer und schwerer – 40 mm und 2 g – wird der Echsenfingergecko *(Saurodactylus mauritanicus)* aus Nordafrika. Obwohl die meisten Echsen kleiner als 30 cm sind, finden sich auch einige wahre Riesen in der Unterordnung, die imposantesten davon in der Familie der Warane (Varanidae): Der Komodowaran *(Varanus komodoensis)* ist mit 3 m Körperlänge und einem Gewicht von 50–100 kg die mit Abstand größte Echse der Gegenwart.

Die Fortpflanzung

Auch hinsichtlich der Fortpflanzung unterscheiden sich die Echsenarten stark voneinander, so ist beispielsweise die Anzahl der Eier pro Gelege sehr verschieden und reicht von einem bis zu 100 Eiern. Sie werden überwiegend im Boden vergraben, seltener an Steine, Bäume und Hauswände geklebt und von der Umgebungswärme 70–200 Tage lang ausgebrütet. Einige wenige Arten, etwa die Wald- oder Bergeidechse *(Zootoca vivipara)* bringen

Oben: Viele kleine Waranarten – hier ein Smaragdwaran *(Varanus prasinus)* – werden in Zoos und von Privatleuten gehalten und erfolgreich gezüchtet.

Der afrikanisch-arabische Wüstenwaran *(Varanus griseus)* gehört mit 1,50 m Länge zu den größeren Vertretern der Warangattung.

lebende Junge zur Welt. Sowohl die Jungtiere der viviparen als auch der oviparen, also der Eier legenden Arten, sind sofort auf sich gestellt.

Hunderte Echsenarten sind bedroht

Mehrere Hundert Echsenarten sind unmittelbar von der Ausrottung bedroht. Sie leiden besonders unter der Zerstörung ihrer Lebensräume, der Wüsten, Savannen, Steppen und vor allem der Urwälder, da viele nur sehr kleine Lebensräume haben oder auf Inseln leben, die ein Ausweichen oft unmöglich machen. Auch die Bejagung durch den Menschen bringt Dutzende von Spezies in große Bedrängnis: Das Fleisch vieler Echsen ist in Asien sehr begehrt, ebenso die Eier. Viele Waranarten werden wegen ihrer begehrten Häute, die man zu Schuhen und Taschen verarbeitet, bejagt. Andere Arten, zum Beispiel die Chamäleons, sind durch den Heimtierhandel gefährdet.

Verteidigungsstrategien

Einige Echsen haben im Laufe der Zeit außergewöhnliche Überlebens- und Verteidigungsstrategien entwickelt: Chamäleons (Chamaeleonidae) können beispielsweise ihre Körperfarbe dem Hintergrund anpassen, viele andere Arten sind in der Lage, einen Teil ihres Schwanzes abzuwerfen, um Angreifer von sich abzulenken und flüchten zu können. Krötenechsen *(Phrynosoma)* haben eine besondere Waffe: Sie bespritzen ihre Feinde mit einem Schwall übel riechenden Bluts aus ihren Augenwinkeln.

Oben: Das Kurzhornchamäleon *(Calumma brevicornis)* zählt zur überaus artenreichen Reptilienfauna Madagaskars.

Rechts Mitte: Die meisten der über 1000 Geckoarten sind nachtaktiv. Zu den wenigen Ausnahmen gehört der Madagaskartaggecko *(Phelsuma madagascariensis)*.

Rechts unten: Chamäleons wie das Parsons Chamäleon *(Calumma parsonii)* fangen mit ihrer langen, klebrigen Zunge Insekten – eine sehr effektive Jagdmethode.

SCHLANGEN

Schlangen sind vermutlich vor etwa 100 Millionen Jahren in der Kreidezeit entstanden; man geht davon aus, dass sie sich aus den Echsen entwickelten. Die etwa 3000 Arten leben in allen erdenklichen Lebensräumen, in Wüsten, Halbwüsten, Steppen, Savannen, Sümpfen und Wäldern, teilweise auch im Wasser – die bei weitem größte Artenvielfalt findet sich in tropischen Breiten.

Extreme Größenunterschiede

Schlangen haben sehr unterschiedliche Größen. Die kleinsten Arten gehören zur Familie der Blindschlangen (Typhlopidae), die in etwa 200 Arten unterirdisch in den Subtropen und Tropen leben, manche der Vertreter sind nur 15 cm groß, etwa die Blumentopfschlange *(Rhamphotyphlops braminus)*. Am anderen Ende der Größenskala stehen die Riesenschlangen (Boidae) – die längste je gemessene war ein Netzpython *(Python reticulatus)* mit einer Länge von 10 m, dicht gefolgt von einer Anakonda *(Eunectes murinus)* von knapp 9 m Länge, 1,10 m Umfang und einem Gewicht von 220 kg.

Wirksame Gifte

10–20 Prozent aller Schlangen sind giftig. Das Gift wird von Drüsen produziert, die sich im Kopf befinden und mit zum Teil langen, hohlen Zähnen verbunden sind. Schlangen verwenden ihr Gift fast ausschließlich dazu, Beutetiere zu erlegen bzw. zu lähmen und nur selten zur Verteidigung. Besonders viele Giftschlangen gibt es in Afrika; dort finden sich auch solche, deren Biss für den Menschen tödlich sein kann – darunter die Mambas *(Dendroaspis)*, die Puffottern *(Bitis)* und die Sandrasselottern *(Echis)*. Rund fünf Millionen Menschen werden pro Jahr von Giftschlangen gebissen, etwa 150 000 sterben daran.

Brütende Schlangen

Die meisten Schlangenarten legen ihre Eier in selbst gegrabene Höhlen oder Gruben und überlassen sie dann sich selbst; die Jungen werden von der Umgebungstemperatur ausgebrütet. Einige Arten hingegen, darunter manche Boas und Vipern, brüten die Eier im Körper aus und bringen lebende Jungtiere zur Welt, die bereits im Körper der Mutter die Eihüllen verlassen haben; manche Pythons und die Buschmeister *(Lachesis muta)* bebrüten ihre Gelege, indem sie ihren Körper um die Eier schlängeln.

Oben: Die Abgottschlange *(Boa constrictor)* gehört zu den Riesenschlangen und ist wie alle Vertreter ihrer Familie ungiftig.

Unten: Sandrennnattern *(Psammophis)* leben in Afrika überwiegend auf dem Boden, gehen aber zum Sonnenbaden nicht selten auf Bäume.

Schonungslose Verfolgung
Über Jahrhunderte hinweg wurden Schlangen von Menschen erbittert verfolgt und in vielen Gebieten der Welt ausgerottet oder stark dezimiert. Sie werden vielfach als Schädling und gefährlicher Feind des Menschen bejagt, aber auch wegen ihres Fleischs und vor allem wegen ihrer Haut, die zu Schuhen, Taschen, Geldbörsen und Gürteln verarbeitet wird. Einige Arten werden, oft illegal, ihrem natürlichen Lebensraum entnommen und als Heimtiere veräußert, andere in der traditionellen Medizin vor allem Afrikas und Asiens eingesetzt. Auch trägt die Zerstörung der natürlichen Lebensräume dazu bei, dass die Bestände zahlreicher Arten rückläufig und bedroht sind.

In den Regenwäldern Südostasiens trifft man die giftige Weißlippenbambusotter *(Trimeresurus albolaris)* an.

Die 27 bekannten Arten der Klapperschlangen *(Crotalus)* leben ausschließlich in der Neuen Welt – von Kanada bis nach Argentinien – und verfügen alle über ein starkes, hämotoxisches Gift.

Während erwachsene Hundskopfschlinger *(Corallus caninus)* eine laubgrüne Färbung aufweisen, sind die Jungtiere kastanienbraun.

Smaragdbreitmaul

Rosapelikan

Abdimstorch

AVES

VÖGEL

Die Klasse der Vögel, die knapp 10 000 verschiedene Arten und etwa 35 000 Unterarten zählt, entwickelte sich in der Obertrias und der frühen Juraperiode vor 200 Millionen Jahren aus den gleichen Vorfahren wie die Reptilien.

Die – im Gegensatz zu den Reptilien – warmblütigen Vögel weisen eine außerordentliche Vielfalt hinsichtlich Größe, Farbe und Federzeichnung auf. Darüber hinaus verfügen sie über eine außergewöhnliche Anpassungsfähigkeit. Sie bewohnen alle Kontinente sowie die Arktis und alle denkbaren Lebensräume, von reinen Wüsten über Steppen, Savannen und Prärien bis hin zu Wäldern aller Ausprägung und hochalpinen Regionen. Dank ihres Flugvermögens können Vögel innerhalb kurzer Zeit riesige Strecken zurücklegen und somit – auch temporär – in jene Landstriche ziehen, die die besten Voraussetzungen an Nahrung und Nistgelegenheiten bieten.

Im Gegensatz zu Fischen, Amphibien und Reptilien sind Vögel ausschließlich ovipar, wobei die Eier bei nahezu allen Arten durch die Körperwärme der Elterntiere ausgebrütet werden. Lediglich einige wenige Vertreter nutzen allein die Umgebungs- und Gärungswärme des Nistmaterials in den Bruthügeln für die Brut. Fast alle Arten bauen Nester aus Pflanzen, Wurzeln, Moos, Federn und ähnlichen Materialien und legen normalerweise ein bis zwanzig Eier, die entweder vom Weibchen allein oder von beiden Eltern ausgebrütet werden.

Eine beträchtliche Zahl von Vögeln ist durch menschliches Handeln mehr oder weniger stark von der Ausrottung bedroht, darunter fast sämtliche Papageien und Greifvögel, viele Gänse und Kraniche sowie alle Arten, die ein sehr eingeschränktes Verbreitungsgebiet – beispielsweise auf Inseln – haben.

Kalifornienkondore

Hyazinthara

Eisvogel

Auerhahn

GALLIFORMES

FASANENARTIGE

Die Fasanenartigen (Phasianidae) sind mit etwa 175 Arten die größte Familie in der Ordnung Hühnervögel (Galliformes). Sie sind außer in der Arktis, der Antarktis und in Südamerika – wo sie ausgestorben sind – weltweit verbreitet; die größte Artenvielfalt findet man in Asien, gefolgt von Afrika.

Unscheinbare und schillernde Vertreter

Wie die meisten Angehörigen der Hühnervögel sind auch die Fasanenartigen mittelgroße bis große Tiere mit kräftigen Beinen, die – vor allem in Verbindung mit dem starken Schnabel – hervorragend zum Scharren bei der Nahrungssuche geeignet sind. Die Nahrung ist überwiegend pflanzlich, wird schnell vom Boden aufgenommen und im großen, dehnbaren Kropf gespeichert. Es gibt sowohl Arten, bei denen beide Geschlechter dezente Tarnfarben tragen, als auch Spezies, deren Hähne zu den prachtvollsten, schillerndsten und farbigsten Erscheinungen im Vogelreich gehören, beispielsweise der weithin bekannte Blaue Pfau *(Pavo cristatus)*.

Frankoline

Die größte Gattung der Fasanenartigen sind mit über 40 Arten die Frankoline *(Francolinus)*, deren Verbreitungsgebiet von Afrika bis zum Kaukasus und weit bis nach Asien hinein reicht. Sie sind allesamt mittelgroße, rebhuhnähnliche Vögel, bei denen Hähne und Hennen gleich gefärbt sind. Ausschließlich die Hähne tragen

Das scheue Haselhuhn *(Bonasia bonasia)* ist durch die Vernichtung der Primärwälder sowie wegen der Störungen durch den Tourismus bedroht und aus weiten Teilen seines Verbreitungsgebiets verschwunden.

Das immer seltener werdende Auerhuhn hält sich überwiegend auf dem Boden auf. Es fliegt nur bei Störungen und wenn es sein nächtliches Quartier in Bäumen aufsucht.

Sporen an den kräftigen Beinen. Frankoline werden vor allem wegen ihres schmackhaften Fleischs und ihrer Eier überall stark bejagt, weshalb einige Arten mit begrenztem Verbreitungsgebiet auf der Roten Liste stehen – etwa das Wacholderfrankolin *(Francolinus ochropectus)*, das nur in zwei kleinen Gebieten in Dschibuti lebt und „vom Aussterben bedroht" ist.

Die meistbejagten Vögel

Selbst die anpassungsfähigen Fasanenartigen sind in weiten Teilen der ursprünglichen Verbreitungsgebiete ausgerottet oder zumindest potenziell gefährdet. Ihr schmackhaftes Fleisch und die wohlschmeckenden Eier sind ihr Verhängnis – Fasanenartige zählen als Hühnervögel zu den meistbejagten Vögeln überhaupt. Bis zu einem gewissen Maß können sie die Nachstellungen ausgleichen, weil sie eine relativ hohe Fortpflanzungsrate haben – ihre Gelege sind bis zu 20 Eier groß –, doch seit massive Biotopzerstörungen sie ihrer Lebensräume berauben und sie überdies zahlreichen Umweltbelastungen ausgesetzt sind, gehen die Bestände teilweise drastisch zurück.

Spezialisierte Arten sind bedroht

Einige Fasanenartige sind sehr spezialisiert und haben hohe Ansprüche an ihren Lebensraum. Zu ihnen zählt beispielsweise das Auerhuhn *(Tetrao urogallus)*, der größte Vertreter der Fasanenartigen und darüber hinaus sogar der größte Hühnervogel Europas: Die Hähne werden bei einer Flügelspannweite von 90 cm und einem Gewicht von 4–5 kg etwa 80 cm hoch. Die scheuen Vögel benötigen gut durchmischte, helle Wälder mit ausreichender Bodenvegetation, vor allem bestehend aus Heidelbeersträuchern, denn dort können sie sich nicht nur hervorragend verstecken, sondern die Beeren sind für die Nahrungsspezialisten außerdem eine Hauptnahrungsquelle. Die IUCN stuft das Auerhuhn in seinem Totalbestand noch nicht als unmittelbar gefährdet ein, es ist jedoch in weiten Teilen des ursprünglichen Verbreitungsgebietes ausgerottet und sein Lebensraum wird immer kleiner. Seine Zukunftsaussichten sind langfristig betrachtet ziemlich schlecht, denn extreme Spezialisten sind in Zeiten der Landkultivierung und Lebensraumzerstörung kaum überlebensfähig.

Der Graubauchtragopan *(Tragopan blythii)*, dessen Verbreitung wie die aller Tragopane auf kleine Gebiete im Himalaja beschränkt ist, gilt als „gefährdet".

Das Birkhuhn *(Lyrurus tetrix)* war früher in den offenen Moor- und Heidelandschaften Europas weit verbreitet, ist inzwischen aber vielerorts durch die Zerstörung seiner Habitate ausgerottet.

Das seltene Bambusfrankolin *(Francolinus jacksoni)* aus Ostafrika zählt zu den afrikanischen Frankolinen.

ANSERIFORMES
ENTENVÖGEL

Die Entenvögel (Anatidae), zu denen nicht nur Enten, sondern auch Gänse und Schwäne zählen, bilden mit fast 170 Arten die größte und bedeutendste Familie in der Ordnung Gänsevögel (Anseriformes). Mit Ausnahme der Arktis und der Antarktis sind sie weltweit in allen Klimazonen verbreitet.

Ein weitgehend aquatisches Leben

Entenvögel leben im oder in der Nähe von Wasser – an Küsten, Flussufern, Seen und Teichen, in Mooren und überall, wo Wasser schnell erreichbar ist. Einige Arten verbringen den größten Teil ihres Lebens auf offener See und gehen nur zum Brüten ans Festland, andere – darunter Gänse und Schwäne – suchen sich Teile ihrer Nahrung an Land. Die meisten der Wasservögel ernähren sich rein pflanzlich, viele Spezies fischen ihre Nahrung von der Wasseroberfläche ab oder tauchen nach Wasserpflanzen. Häufig werden beim Fressen kleine Steine aufgenommen, die im Magen beim Aufspalten der Nahrung helfen.

Die Hühnergans stand vor 50 Jahren bereits kurz vor der Ausrottung. Inzwischen sind die Populationen auf immerhin 10 000–15 000 Tiere angewachsen.

Geschlechtsdimorphismus

Alle Entenvögel haben einen kompakten Körper und in den meisten Fällen einen langen Hals und verhältnismäßig kleinen Kopf sowie Schwimmhäute zwischen den drei nach vorne gerichteten Zehen. Während bei den Mitgliedern der Unterfamilie Gänse (Anserinae) die Geschlechter meist identisch aussehen, herrscht bei den Enten (Anatinae) oft starker Geschlechtsdimorphismus. Die Erpel sind während der Balz- und Brutzeit auffallend und prächtig gefärbt, allerdings ist die anschließende Mauser radikal: Die Tiere verlieren oft alle Schwungfedern gleichzeitig und sind zum Teil sogar zeitweise flugunfähig. Das nachwachsende Gefieder der Männchen ist identisch mit dem unauffälligen Tarnkleid der Weibchen, das Schutz vor Fressfeinden bietet.

Zug- oder Standvögel

Während Gänsevögel in den Tropen und Subtropen sogenannte Standvögel sind, die das ganze Jahr lang an ihrem Standort bleiben, sind viele Arten aus den kälteren Klimazonen häufig Zugvögel, die im Winter in wärmere Gebiete im Süden ziehen. Weil sie auf ihren Zügen zwischen Sommer- und Wintequartier oft Tausende Kilometer zurücklegen müssen, sind sie hervorragende Flieger mit kräftig entwickelten Brustmuskeln, deren Hals beim Fliegen immer ausgestreckt ist. Die Vögel fliegen aber nicht nur weite Strecken, sondern auch in extrem Höhen; so hält die asiatische Streifengans *(Anser indicus)* den Höhenrekord unter allen Vögeln: Sie überfliegt den Himalaja, wurde über dem Mount Everest beobachtet und von Piloten auf 9000 m Höhe gesichtet.

Das Brutgebiet der Schwanengans *(Anser cygnoides)* reicht von der Mongolei bis nach Sibirien. Wegen Bejagung und Biotopveränderungen gilt sie mit einem Bestand von unter 10 000 als in ihrem Bestand „stark gefährdet“.

Schlechte Langzeitprognosen für Entenvögel

Global betrachtet sind die meisten Entenvögel noch nicht unmittelbar, aber längerfristig bedroht – was sich bereits heute in lokalen Bestandseinbrüchen widerspiegelt. Gründe hierfür sind Umwelt- bzw. Wasserverschmutzung, die Trockenlegung vieler Biotope, Begradigungen von Flüssen sowie die industrielle Nutzung vieler Gewässer – Maßnahmen also, die Lebensräume immer weiter eingeschränken und verkleinern, sodass es zunehmend weniger Brutplätze sowie Raum zum Überwintern gibt.

Außerdem werden viele Arten – legal oder illegal – stark bejagt, denn sie haben ein schmackhaftes Fleisch; teilweise sind auch ihre Eier sehr begehrt. Vor allem Gänse leiden zusätzlich unter der Bejagung wegen ihrer Federn, die nach wie vor als Füllmaterial für Bettdecken und Winterkleidung sehr begehrt sind.

Oben: Nur dank intensiver Schutzmaßnahmen konnte die Hawaiigans in Gefangenschaft überleben und Nachzuchten später auf einigen Hawaii-Inseln wieder angesiedelt werden.

Unten: Vogelarten wie der Singschwan, die sehr weit auseinanderliegende Sommer- und Winterquartiere haben, sind während des Zugs großen Gefahren ausgesetzt.

GÄNSE

In der Unterfamilie Gänse (Anserinae) finden sich die drei Gattungsgruppen Schwäne *(Cygnini)*, Gänse *(Anserini)* und Hühnergänse *(Cereopsini)*. Beinahe alle Arten sind zumindest potenziell gefährdet, einige standen oder stehen kurz vor der Ausrottung.

Schwäne

Schwäne sind die größten und majestätischsten Entenvögel. Ihre Bestände gelten zwar derzeit noch als weitgehend gesichert, sinken aber nichtsdestotrotz – so zum Beispiel die des Singschwans *(Cygnus cygnus)*, der durch Bejagung, Biotopzerstörungen und die Veränderung der Vegetation aufgrund des Klimawandels immer seltener wird. In der Vergangenheit mussten einige Arten lokal bereits unter Schutz gestellt werden, so der Trompeterschwan *(Cygnus buccinator)* aus Nordamerika, der seinen Namen dem trompetenähnlichen Ruf verdankt. Mit einer Körperlänge von 1,50–1,80 m und einer Flügelspannweite von 2,10 m ist er der größte Schwan überhaupt. Er hat einen vollkommen schwarzen Schnabel sowie schwarze Beine und ist dadurch gut von seinem ansonsten sehr ähnlich aussehenden Verwandten, dem Singschwan, zu unterscheiden.

Der Trompeterschwan war früher in großer Zahl im Norden Amerikas verbreitet, durch intensive Bejagung gingen die Bestände allerdings stark zurück, bis nur noch isolierte Populationen existierten. Die IUCN stuft den Vogel zwar nicht als unmittelbar gefährdet ein, die tatsächliche Gefährdungssituation zeigt sich aber daran, dass in den USA Schutzmaßnahmen wie Jagdverbote und Wiederansiedlungsversuche ergriffen werden – die bislang gute Erfolge zeigen.

Hühnergans

Die australische Hühnergans *(Cereopsis novaehollandiae)* ist die einzige Art in der Gattung der Hühnergänse. Sie ist etwa 75 cm hoch und damit – neben der Kanadagans *(Branta canadensis)* – der größte Gänsevogel. Zeitweise litt sie unter massivem Lebensraumverlust, starker Bejagung sowie der rücksichtslosen Verfolgung durch australische Schafzüchter. Bereits in den 1960er-Jahren wurde die Hühnergans als äußerst bedroht angesehen, nach Erlass eines strikten Jagdverbots erholten sich die Be-

Seit mehr als zehn Jahren unterstützt die EU-Kommission Aktionen zur Rettung der bedrohten Zwerggans *(Anser erythropus)*. Die Tiere fallen während des Zugs zu Hunderten Jägern zum Opfer.

Ein Beispiel für geglückte Rettungsmaßnahmen ist der Trompeterschwan: Die Bestände stiegen innerhalb von 15 Jahren von 1000 auf geschätzte 15 000 Tiere.

Die Bestände der Hawaiigans sind im Laufe der letzten 50 Jahre von nur noch 30 auf heute etwa 1000 Tiere angewachsen.

stände aber wieder. Die Art steht allerdings bis heute unter Schutz.

Rothalsgans

Zu den gefährdeten Arten der Gänsegattung zählt unter anderem die auffallend gezeichnete Rothalsgans *(Branta ruficollis)*, ein ausgesprochener Meeresbewohner, der in Nordsibirien brütet und in Zentralasien überwintert. Starke Bejagung, Lebensraumverlust und insbesondere der Einsatz von Umweltgiften, vorwiegend DDT, haben in den 1980er-Jahren zu einem starken Rückgang der Art geführt. Bis heute gelten die Bestände als „stark gefährdet" und werden trotz des Schutzes durch das Washingtoner Artenschutzabkommen vor allem in ihren Winterquartieren stark bejagt.

Nēnē oder Hawaiigans

Die wahrscheinlich seltenste Gans der Welt, die Nēnē *(Branta sandvicensis)*, lebt auf dem Hawaiiarchipel im Pazifik, rund 2000 km von der amerikanischen Westküste entfernt. Ursprünglich kam sie lediglich auf der Insel Hawaii vor, wo sie überwiegend auf den Lavafeldern und den Vulkanausläufern von Meereshöhe bis auf etwa 2400 m lebte, sowie auf der Insel Maui, wie fossile Knochenfunde vermuten lassen. Heute erstreckt sich ihr Verbreitungsgebiet über die Inseln Hawaii, Maui, Kauai und seit 2001 auch auf Molokai, wo sie im Zuge eines Erhaltungsprogramms ausgesetzt wurde. Es gibt etwa 25 verschiedene, unterschiedlich große Populationen, wobei die kleineren immer wieder mit Tieren, die in Gefangenschaft gezüchtet wurden, aufgestockt werden.

Die Gans wurde durch vom Menschen eingeschleppte Haustiere, vor allem Hunde und Katzen, sowie durch aktive Bejagung so stark dezimiert, dass es Mitte des 20. Jahrhunderts nur noch etwa 30 Tiere gab. Durch Schutzmaßnahmen und die bereits oben angesprochenen Wiederansiedelungsprogramme ist der Gesamtbestand inzwischen wieder auf 1000 Tiere angewachsen, die Art wird aber immer noch als „gefährdet" gelistet.

Zahlreiche Gänsearten zählen aufgrund starker Bejagung, aber auch wegen der Zerstörung ihrer natürlichen Lebensräume zu den gefährdeten Spezies, darunter auch die Rothalsgans.

Der Lebensraum der Hühnergänse ist auf Australien beschränkt. Sie sind hervorragend an ihren Lebensraum angepasst, beispielsweise trinken sie Salzwasser.

ENTEN

In der Unterfamilie Anatinae sind alle Enten in verschiedenen Gattungsgruppen mit insgesamt über 100 Arten zusammengefasst. Einige von ihnen sind stark bedroht und gelten als unmittelbar gefährdet, andere erleben starke Bestandseinbrüche.

Malaienente

Die braun-weiße Malaienente *(Cairina scutulata)*, eine der Arten, die sich nicht rein pflanzlich ernährt, sondern auch Insekten, Würmer, Fische und Schnecken frisst, lebt in feuchten, waldreichen Gebieten in Indien und Südostasien.

Wegen der massiven Biotopzerstörungen in Form von Rodungen und Trockenlegungen der Feuchtgebiete gilt sie als „vom Aussterben bedroht" und steht unter dem Schutz des Washingtoner Artenschutzabkommens. Ihre Gesamtpopulation wird auf unter 450 Exemplare geschätzt.

Laysanente

Eine ausschließlich auf der hawaiianischen Insel Laysan vorkommende Entenart ist die kleine Laysanente *(Anas laysanensis)*. Ihr beschränktes Verbreitungsgebiet auf der nur 350 ha großen Insel, die starke Bejagung sowie eine Faunenverfälschung durch die Einführung von Kaninchen ließen die Bestände so stark schrumpfen, dass 1912 nur noch zwölf Tiere lebten. Durch die Wiederansiedelung von Nachzüchtungen auf der inzwischen als Vogelschutzgebiet deklarierten Insel sowie strenge Schutzmaßnahmen gelang es aber, den Bestand auf 500–700 Tiere zu erhöhen. Die Art gilt immer noch als „vom Aussterben bedroht".

Saumschnabelente

Fast ebenso selten wie die Laysanente ist die Saumschnabelente *(Hymenolaimus malacorhynchos)*, die in Neuseeland an kalten, klaren, schnell fließenden Bergbächen lebt. Lebensraumzerstörung, Bejagung und Faunenverfälschung führten schon früh dazu, dass die Bestände dezimiert wurden, der Rückgang galt

Die Laysanente kommt nur auf einer einzigen hawaiianischen Insel vor und ist trotz Schutzmaßnahmen „vom Aussterben bedroht".

aber bis in die 1990er-Jahre nicht als Besorgnis erregend. Dies änderte sich kurz nach der Jahrtausendwende, als man feststellte, dass zunehmend mehr Reviere unbesetzt bleiben und die Populationen streng voneinander getrennt existieren. Diese Kleinpopulationen sind nicht nur durch Veränderungen im Lebensraum – auch infolge natürlicher Ursachen wie Waldbrände – stärker bedroht. Die Art steuert dadurch außerdem auf den sogenannten genetischen Flaschenhals zu, denn der nicht mehr stattfindende Austausch zwischen den Individuen führt zur genetischen Verarmung der Populationen, die das Überleben erschwert. Die IUCN listet die Saumschnabelente daher als „stark gefährdet", ihre Zukunftsaussichten dürften alles andere als gut sein.

Bernierente

Die Bernierente *(Anas bernieri)* aus dem westlichen Madagaskar ist, wie die Mehrzahl der madagassischen Fauna, in ihren letzten, kleinen Beständen äußerst bedroht und steht als „stark gefährdet" auf der Roten Liste. Die bräunliche Ente bewohnte Mitte des 19. Jahrhunderts noch große Gebiete in Westmadagaskar, heute lebt sie ausschließlich in bzw. an einem relativ ursprünglich belassenen Teilbereich des Bemambasees. Außer durch den Lebensraumverlust im Wasser ist die Bernierente durch die landwirtschaftliche Nutzung der Seeufer für den Reisanbau gefährdet – durch das Abbrennen von Schilf werden Brutplätze vernichtet und brütende Enten getötet. Darüber hinaus werden die Tiere auf Madagaskar bis heute stark bejagt, weil sie – obwohl die Gesamtpopulation auf nur etwa 1000 Exemplare geschätzt wird – nicht unter Schutz stehen.

Oben: Die madagassische Bernierente gilt mit einem Bestand von weniger als 1000 Exemplaren als „stark gefährdet", lässt sich aber in Gefangenschaft problemlos züchten, sodass ihr endgültiges Aussterben wohl verhindert werden kann.

Mitte: Starke Bejagung und die Zerstörung von Feuchtgebieten sind auch der Malaienente zum Verhängnis geworden. Der Schutz ihrer Lebensräume ist deshalb dringend notwendig.

Unten: Eingeführte Füchse, Marder, Wiesel und verwilderte Hauskatzen haben in Neuseeland die Saumschnabelente an den Rand der Ausrottung gebracht. Sie gehört zu den seltensten Entenvögeln der Welt.

GRUIFORMES
TRAPPEN UND KRANICHE

Trotz der äußerlichen Unterschiede sind die großen, schweren Trappen (Otididae) und die langbeinigen, eleganten Kraniche (Gruidae) eng miteinander verwandt: Beide Familien zählen zur Ordnung der Kranichvögel (Gruiformes). Wie alle Vertreter dieser Gruppe leben sie am Wasser in Mooren und Sümpfen, in Gras- und Savannenlandschaften und in lichten Wäldern. Einige Arten sind hervorragende Schwimmer, andere können schnell und ausdauernd rennen, wieder andere, vor allem die Kraniche, sind ausgezeichnete Flieger und überwinden als Zugvögel weite Strecken.

TRAPPEN

Trappen bewohnen die weiten Gras- und Savannenlandschaften Afrikas, Eurasiens und Australiens und wirken auf den ersten Blick wie große Hühnervögel, etwa Truthühner – mit denen sie auch einige Gemeinsamkeiten haben. So suchen die scheuen Tiere bei Gefahr ihr Heil ebenfalls lieber in der Flucht zu Fuß als im Flug, obwohl die meisten Arten mit ihren großen Schwingen recht gut fliegen können.

Großtrappe

Die Großtrappe *(Otis tarda)* ist mit einer Höhe von 1,40 m, einer Flügelspannweite von 2,60 m und einem Gewicht von 18 kg ein relativ großer und schwerer Vogel. Sie hat eine inselartige Verbreitung in den weiten Graslandschaften, Kultursteppen und großen Ackerflächen zwischen Spanien und der Mongolei; ihr künftiges Überleben im dicht besiedelten Europa steht allerdings infrage. Aufgrund der stetig abnehmenden Bestände stuft die IUCN die Art als „gefährdet" ein.

Riesentrappe

Zumindest an Gewicht noch übertroffen wird die Großtrappe von der Kori- oder Riesentrappe *(Ardeotis kori)*, dem größten flugfähigen Vogel überhaupt: Ein ausgewachsener Hahn kann 20 kg wiegen, ist allerdings mit einer Höhe von 1,30 m etwas kleiner als die Großtrappe. Die zwei Unterarten der Riesentrappe leben in den Savannen und Steppen Süd- und Ostafrikas und stehen derzeit nur als potenziell gefährdet auf der Roten Liste. Aufgrund ihres relativ kleinen Verbreitungsgebiets und der fortschreitenden Lebensraumzerstörung ist ihre baldige Bedrohung aber anzunehmen.

Obwohl die Großtrappe ein weites Verbreitungsgebiet hat, ist sie durch starke Verfolgung und die Zerstörung ihrer Lebensräume weltweit bedroht.

Das Abbrennen und die Überweidung von Savannen gefährden die Riesentrappe und ihre Brut in höchstem Maße.

Gefährdung der Trappen und Kraniche

Viele Kranich- und einige Trappenarten gelten als gefährdet, teilweise sogar als von der Ausrottung bedroht. Die wesentlichen Gründe dafür sind in der fortschreitenden Umweltverschmutzung und Biotopzerstörung zu suchen – zumal die Regionen, in denen gebrütet, gerastet oder überwintert wird, extrem klein sind. Gegen die fortschreitende Vergiftung der Gewässer und der darin lebenden Tiere und Pflanzen, gegen die Trockenlegung der Sümpfe und die Einschränkung der Lebensräume hilft nicht einmal der Nahrungsopportunismus der Kraniche, der ihnen eine gewisse Anpassungsfähigkeit erlaubt.

Die Bestände einiger Kranicharten sowie die der Großtrappe waren in jüngster Vergangenheit bis auf wenige Dutzend Exemplare zurückgegangen. Dank großer Anstrengungen und Schutzmaßnahmen konnten die letzten Populationen zwar nicht vergrößert, aber wenigstens einigermaßen stabil gehalten werden.

KRANICHE

Die 17 Arten der Kranichfamilie sind fast weltweit verbreitet, sie fehlen lediglich in Südamerika, der Arktis und der Antarktis. Die in den wärmeren Klimazonen lebenden Arten bleiben ganzjährig ihrem Standort treu; die Arten aus den kälteren Regionen ziehen in ihre Winterquartiere, sobald die Tage kürzer, die Witterung kühler und das Nahrungsangebot schlechter werden. An sich sind Kraniche Nahrungsopportunisten, d.h., sie fressen fast alles, was ihnen die Jahreszeit bietet: Insekten, kleine Wirbeltiere, Amphibien und Fische, im Herbst auch Getreide und Beeren.

Bis auf zwei Arten sind alle Kraniche – hier Kanadakraniche – durch intensive Bejagung als Ernteschädlinge bedroht.

Der Schneekranich ist „vom Aussterben bedroht", es existieren vermutlich nur noch maximal drei Populationen.

Vom Klunkerkranich *(Bugeranus carunculatus)* gibt es zwei räumlich weit voneinander getrennte Populationen in Äthiopien bzw. im südlichen Afrika. Beide sind in den letzten 30 Jahren stark geschrumpft.

Prächtige Schwingen

Die vorherrschende Gefiederfarbe der Vögel ist ein wunderschönes Silbergrau, meist mit schwarzen und weißen Partien oder Streifen; einige Arten haben nackte, rote Hautstellen an Hals und Kopf. Alle Kraniche sind große, langbeinige Vögel mit langem Hals, die bis zu 1,50 m hoch werden und eine Flügelspannweite von bis zu 2,40 m erreichen. Bei den berühmten Kranichtänzen, die ein wichtiger Teil des Balzverhaltens sind und von Hüpfen, Umeinanderkreisen, trompetenartigen Rufen und Imponiergehabe begleitet werden, zeigen die Vögel die ganze Pracht der ausgebreiteten Schwingen.

Viele bedrohte Kranicharten

Zu den gefährdetsten Kranicharten zählt der weiß gefiederte Schnee- oder Nonnenkranich *(Grus leucogeranus)* mit roter Augenpartie, rotem Schnabel und roten Beinen. Er gilt als „vom Aussterben bedroht", und es gibt nur noch drei Kleinbestände, von denen die sibirische Population inzwischen möglicherweise bereits ausgestorben ist.

Auch der Weißnackenkranich *(Grus vipio)*, der in den Sumpfgebieten der nordöstlichen Mongolei, im benachbarten China sowie im südöstlichen Teil Russlands lebt und wie alle Kraniche paarweise brütet, ist in seinen Beständen bedroht und steht als „gefährdet" auf der Roten Liste.

Von den sechs Unterarten des Kanadakranichs *(Grus canadensis)*, dessen Brutgebiete sich im östlichsten Zipfel Sibiriens sowie in den Marsch- und Sumpfgebieten von Alaska über Kanada bis in den Mittleren Westen der USA erstrecken, sind vor allem der Mississippikranich *(Grus canadensis pulla)* und der Kubakranich *(Grus canadensis nesiotes)* stark bedroht, ihre Bestände sinken jährlich.

Als „stark gefährdet" auf der Roten Liste findet sich auch der schwarz-weiß gefiederte Mandschurenkranich *(Grus japonensis)*, dessen Gesamtpopulation aufgrund extremer Bejagung und massiven Lebensraumverlusts auf nur noch knapp 2500 Exemplare geschätzt wird.

Nicht mehr als 5000 Weißnackenkraniche dürften in Zentralasien überlebt haben – Tendenz weiter abnehmend.

Rechts: Obwohl der Mandschurenkranich beispielsweise in Japan als Glücksbringer gilt, haben ihn die Menschen an den Rand der Ausrottung gebracht. Es existieren heute nur noch 800–900 Brutpaare.

Der Mönchskranich *(Grus monacha)* gehört zu den kleineren und unscheinbareren Arten der Unterfamilie der Echten Kraniche. 8000 Tiere haben – weit verstreut – in Asien überlebt.

Der südafrikanische Jungfernkranich *(Anthropoides virgo)* wird noch nicht zu den unmittelbar bedrohten Arten gerechnet, aber auch seine Zahl nimmt erschreckend schnell ab – um geschätzte 5–8 % jährlich.

PHOENICOPTERIFORMES
FLAMINGOS

Die Familie der Flamingos (Phoenicopteridae) umfasst fünf rezente Arten, die sich alle an stark salzhaltigen Seen aufhalten. Mit ihren langen, dünnen Beinen haben Flamingos zwar eine gewisse Ähnlichkeit mit den Stelzvögeln, zu denen Reiher und Störche gehören, sie unterscheiden sich von diesen aber durch ihre extreme Anpassung hinsichtlich ihrer Lebensräume und Ernährung.

Unterschiedliche Habitate

Flamingos besiedeln unterschiedliche Kontinente und Lebensräume. Die kleinste Art, der im östlichen und südlichen Afrika vorkommende Zwergflamingo *(Phoeniconaias minor)*, hat die größten Bestände; die mit einer Höhe von 1,20–1,40 m größte Art, der Rosaflamingo *(Phoeniconaias ruber)*, hat die weiteste Verbreitung: Man findet ihn sowohl im östlichen, südlichen und nördlichen Afrika, in Spanien, Frankreich wie auch in Indien und anderen asiatischen Ländern. Die drei anderen Arten – Chileflamingo *(Phoenicopterus chilensis)*, Andenflamingo *(Phoenicoparrus andinus)* und Kuba- oder Jamesflamingo *(Phoenicoparrus jamesi)* – leben auf einigen karibischen Inseln sowie im südlichen und südwestlichen Südamerika. Dabei zeigen sie sich erstaunlich robust; in den Anden trifft man sie in Seen in Höhen bis 4500 m an.

Eindrucksvolles Balzverhalten

Flamingos brüten in zum Teil riesigen Kolonien an den Ufern von Salzwasserseen – eine knappe Million Zwergflamingos findet sich beispielsweise am Natronsee in Tansania ein. Der 30-tägigen Brutzeit geht ein außergewöhnliches Paarungsverhalten voraus: Die Zwergflamingos versammeln sich zu Gruppen von 50–200 Tieren, recken die Hälse empor, schließen sich ganz nah zusammen, schnattern und führen einen beeindruckenden Balztanz auf, der dazu dient, die Vögel in Brutstimmung zu bringen und die Partner aneinander zu gewöhnen.

Kindergärten für die Jungtiere

Die ersten vier bis fünf Tage nach dem Schlüpfen verbringen die Küken im Nest aus getrocknetem Schlamm, anschließend werden sie in „Kindergärten" versammelt, die mehrere Hundert Tiere umfassen können und von einigen erwachsenen Tieren bewacht werden. Im Alter von elf bis zwölf Wochen sind die jungen Flamingos flügge.

Um wie diese Zwergflamingos in Brutstimmung zu kommen, benötigen die Vögel die Möglichkeit der Gruppenbalz. Fällt der Bestand der Flamingos unter eine bestimmte Größe, findet die Balz nicht mehr statt.

Oben: Der Bestand der Andenflamingos wird auf wenige Tausend Tiere geschätzt, weswegen die Art als „gefährdet“ eingestuft wird.

Rechts: Flamingojunge tragen etwa ein Jahr lang ein unscheinbares, graues Federkleid.

Unten: Die unterschiedlichen Flamingoarten kommen auf verschiedenen Kontinenten vor. Auch weil die Spezies der Alten Welt weitaus größere Lebensräume haben als die der Neuen Welt, gelten sie als weniger bedroht.

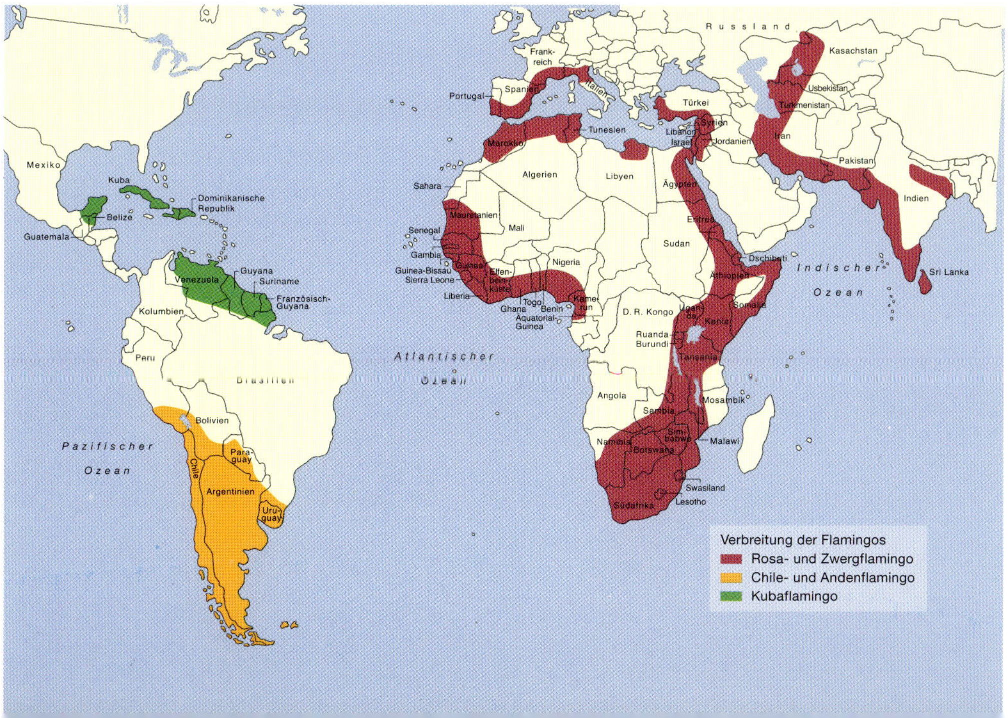

Vor allem die amerikanischen Arten sind gefährdet

Von der IUCN wird derzeit nur der Andenflamingo mit einer geschätzten Gesamtpopulation von vermutlich wenigen Tausend Tieren als „gefährdet“ eingestuft, die anderen vier Arten sind als potenziell gefährdet gelistet. Experten gehen allerdings davon aus, dass alle drei amerikanischen Arten unmittelbar bedroht sind, weil ihre Bestände nie sehr groß waren und sie darüber hinaus sehr empfindlich auf Umweltveränderungen reagieren.

Selbst die heute noch relativ stabilen Bestandszahlen der Rosa- und Zwergflamingos dürften bald gravierend abnehmen, wenn der Zerstörung der Lebensräume und der Brutplätze durch die Trockenlegung von Seen oder deren Erschließung für die Salzgewinnung nicht bald Einhalt geboten wird. Auch die Faunenverfälschung durch den Menschen, die zunehmende Ansiedlung von Nahrungskonkurrenten in Form von Fischen, ist ein Problem für alle Flamingoarten.

CICONIIFORMES

STÖRCHE

Störche (Ciconiidae) verkörpern mit ihren langen Beinen, dem langen Hals und dem langen Schnabel den Idealtyp aus der Ordnung Schreitvögel (Ciconiiformes), die sich auf der Suche nach Beute mit langsamen, majestätischen Schritten über den Boden oder durchs Wasser bewegen.

Weltweite Verbreitung

Die sechs Gattungen und 19 Arten der Störche sind, außer in den arktischen Gebieten, auf der ganzen Welt zu finden. Die vorherrschende Gefiederfarbe der Störche ist weiß mit schwarzen Partien, die Schnäbel sind meist rot und die Beine rot, gelb oder schwarz.

Die Familie der Störche umfasst mittelgroße bis große Tiere, wobei der mit 75 cm kleinste Vertreter der Abdim- oder Regenstorch *(Ciconia abdimii)* ist, dessen Hauptbrutgebiet südlich der Sahara in der Sahelzone zwischen Senegal und Somalia liegt. Doppelt so groß wird der prächtige Sattelstorch *(Ephippiorhynchus senegalensis)*, der bis zu 6 kg wiegt und 2,50 m Flügelspannweite erreicht. Auch er lebt südlich der Sahara und ist inselartig zwischen Senegal und Äthiopien bis nach Südafrika verbreitet.

Die Schwarzstorchbestände nehmen ab

Der Schwarzstorch *(Ciconia nigra)*, dessen dunkelgraues bis schwarzes Gefieder stellenweise stark metallisch glänzt, ist ein scheuer Bewohner stiller Auenwälder oder alter Wälder in der Nähe von Gewässern. Die Sommer verbringt er in seinen Brutgebieten in Europa oder Asien, im Winter zieht er nach Afrika. Wegen der Zerstörung seines Lebensraums ist der Schwarzstorch, der nie besonders weit verbreitet war, zum Teil selten geworden oder ganz verschwunden. Man geht von nur noch etwa 20 000 Brutpaaren weltweit aus.

Die Weißstörche verlieren ihr Zugverhalten

Bis in die 1980er-Jahre gingen aufgrund der Trockenlegung von Feuchtgebieten, des zunehmenden Verkehrs und steigender Gefahren auf dem Weg zwischen Brut- und Winterquartieren die Bestandszahlen des Weißstorchs *(Ciconia ciconia)* in weiten Teilen Europas dramatisch zurück. Zahlreiche Schutzmaßnahmen und vor allem Wiederansiedelungsprojekte führten zwar in den folgenden Jahren zu einer Bestandszunahme, brachten aber ein ungeahntes Problem mit sich: Prinzipiell verliefen die Wiederansiedlungen erfolgreich – die Störche bauten Nester, brüteten und zogen ihre Jungen auf –, allerdings zeigten viele der von Menschen aufgezogenen und durch den Winter gefütterten Tiere kein Zugverhalten mehr. So gehört es inzwischen in einigen Gegenden zum Alltagsbild, scheinbar frierende Störche auf verschneiten und vereisten Feldern zu sehen, auf denen sie vergeblich nach Nahrung suchen; sie sind auf die Hege des Menschen angewiesen.

Der südamerikanische Jabiru *(Jabiru mycteria)* stand vor einigen Jahren bereits kurz vor der Bedrohung, seine Bestände haben sich inzwischen aber wieder erholt.

Viele Störche sind sehr sensibel

Alle Störche leiden unter der Lebensraumzerstörung in den Winter- wie Sommerquartieren, insbesondere unter der Trockenlegung und Verschmutzung von Feuchtgebieten. Manche Arten sind überdies extrem scheu und reagieren sensibel auf Störungen jeglicher Art, vor allem in den Brutgebieten. Auch die Überfischung vieler Gewässer trägt zum Rückgang der Bestände bei, denn die Störche finden zunehmend weniger Nahrung.

Daneben haben die Wanderungen derjenigen Storcharten, die Zugvögel sind, Einfluss auf die Populationsgröße, denn sie sind bisweilen äußerst verlustreich: Vor allem Jungvögel stoßen vielfach mit Strommasten, Hochspannungsleitungen und Windkraftanlagen zusammen und verunglücken dabei tödlich. Viele Tiere werden zudem auf ihrem Zug abgeschossen.

Oben: Der Weißstorch findet vielerorts kaum noch genügend Futter für seinen Nachwuchs.

Rechts: Der afrikanische Sattelstorch leidet unter der Bevölkerungsexplosion in Schwarzafrika, die eine Kultivierung seiner natürlichen Biotope – Sümpfe und Feuchtgebiete – zur Folge hat.

Unten: Der Orientalische Weißstorch ist neben dem Höckerstorch die am stärksten bedrohte Storchenart, weshalb er in einigen Ländern seines Verbreitungsgebiets unter Schutz steht.

Die bedrohtesten Storcharten

Die bedrohtesten Storcharten sind der Orientalische Weißstorch *(Ciconia boyciana)*, auch Schwarzschnabelstorch genannt, und der Höckerstorch *(Ciconia stormi)*. Beide stehen als „stark gefährdet" auf der Roten Liste, wobei der Höckerstorch, der nur in einigen kleinen Gebieten Südostasiens lebt, mit 300 bis maximal 1000 Tieren die gefährdetere Art ist. Der Bestand des in Nordostchina und Südostsibirien beheimateten Schwarzschnabelstorchs wird immerhin auf 2500 Exemplare geschätzt.

CICONIIFORMES

SCHUHSCHNABEL UND NEUWELTGEIER

Noch immer sind sich die Systematiker nicht ganz einig, ob der Schuhschnabel (Balaeniceps rex) *zu den Schreitvögeln oder den Ruderfüßern gehört; inzwischen wird er meist zu den Schreitvögeln gezählt, wo man ihm eine eigene Familie (Balaenicipitidae) eingeräumt hat. Anhand molekularbiologischer Untersuchungen wurde in jüngerer Zeit außerdem festgestellt, dass auch die Neuweltgeier (Cathartidae) in diese Ordnung gehören.*

DER EINZIGARTIGE SCHUHSCHNABEL

Der seltsame Schuhschnabel, der seinen Namen aufgrund seiner einzigartigen Schnabelform trägt, bewohnt die Sümpfe des Sudan und fischt dort nach größeren Fischen, indem er ihnen stundenlang regungslos auflauert; sichtet er Beute, kann er blitzschnell zustoßen.

Der Schuhschnabel ist der Individualist unter den Schreitvögeln: Meist lebt er als Einzelgänger in seinem schwer zugänglichen Revier und selbst Paare, die manchmal ganzjährig ein Revier besetzt halten, vertreiben zwar gemeinsam Eindringlinge, gehen sich aber ansonsten aus dem Weg.

Schuhschnäbel stehen als „gefährdet" auf der Roten Liste, allerdings sind Bestandsschätzungen nicht nur aufgrund seiner zurückgezogenen Lebensweise schwierig, sondern werden außerdem durch die Kriegswirren im Sudan erschwert. Gründe für den Rückgang der Population sind vor allem Lebensraumzerstörung, aber auch die Bürgerkriege.

NEUWELTGEIER

Die bekanntesten Vertreter aus der Familie der Neuweltgeier sind die zwei Kondor-Arten, die beide durch Lebensraumzerstörung, intensive Bejagung und den Einsatz von Pestiziden stark bedroht sind. Vom Andenkondor *(Vultur gryphus)* gibt es heute nur noch etwa 5000 Exemplare in den Anden von Kolumbien bis nach Patagonien. Der Kalifornienkondor *(Gymnogyps californianus)* ist mit etwa 130 Exemplaren „vom Aussterben bedroht", allerdings haben sich seine Bestände bereits beträchtlich erholt: Ende der 1980er-Jahre lagen die Zahlen bei knapp 30 Exemplaren, die alle in Gefangenschaft lebten und sich dort so gut fortpflanzten, dass sie wenige Jahre später in begrenzter Zahl ausgesiedelt wurden. Sie leben heute in Schutzgebieten in Mexiko, Kalifornien und Arizona.

Links: Obwohl über die Populationen des Schuhschnabels wenig bekannt ist, da er verborgen in unzugänglichen Sümpfen lebt, gilt er als „gefährdete" Art.

Unten: Der Kalifornienkondor war in freier Wildbahn vermutlich bereits ausgestorben, konnte aber in Gefangenschaft nachgezüchtet und später in Schutzgebieten wieder ausgewildert werden.

PELECANIFORMES
PELIKANE UND KORMORANE

Die Familien Pelikane (Pelecanidae) und Kormorane (Phalacrocoracidae) zählen zur Ordnung der Ruderfüßer (Pelecaniformes) und haben wie alle Angehörigen dieser Gruppe die typischen, namengebenden Ruderfüße, bei denen die Zehen durch Schwimmhäute miteinander verbunden sind. Beide Vogelfamilien sind – von der Arktis und der Antarktis abgesehen – weltweit verbreitet.

PELIKANE

Pelikane sind relativ große Wasservögel: Der gesellige Braunpelikan *(Pelecanus occidentalis)* als kleinster Vertreter der Familie ist etwa 1 m hoch; die größte Art ist der Krauskopfpelikan *(Pelecanus crispus)*, der eine Höhe von 1,80 m und eine Flügelspannweite von bis zu 3,50 m erreichen kann.

Pelikane ernähren sich von Fischen und setzen beim Fischfang ihren bis zu 50 cm langen Schnabel, der ein Fassungsvermögen von knapp 15 l hat, wie einen Kescher ein.

Beträchtliche Bestandseinbußen

Pelikane gelten als Nahrungskonkurrenten der Fischer, die deshalb mutwillig ganze Kolonien ausrotten. Daneben führen die Gewässerverschmutzung und die Trockenlegung von Feuchtgebieten zu beträchtlichen Bestandseinbußen. Global bedroht ist vor allem der Krauskopfpelikan, der als „gefährdet" auf der Roten Liste steht, daneben sind viele Arten in einigen Teilen der ursprünglichen Verbreitungsgebiete ausgerottet, etwa der Rosapelikan *(Pelecanus onocrotalus)* in Europa.

KORMORANE

Kormorane besiedeln entsprechend ihrem riesigen Verbreitungsgebiet unterschiedliche Lebensräume an Salz- und Süßgewässern und brüten auf Klippen, an Felsküsten, Steilufern sowie auf Bäumen und Sträuchern. Einige Arten sind weltweit vertreten, andere haben nur begrenzte, endemische Vorkommen – was das vorrangige Problem vieler bedrohter Kormoranarten ist.

Viele bedrohte Arten

Zehn Kormoranarten sind in der Roten Liste geführt; sie leiden wie fast alle Wasservögel unter Lebensraumverlust, Gewässerverschmutzung, Überfischung, außerdem wurden ihre Kolonien lange, wegen der Nutzung des Guanos als Dünger, geplündert und die Vögel getötet. Auf einigen Inseln sind die Bestände auch durch eingeschleppte und verwilderte Hunde und Katzen dezimiert; betroffen davon ist beispielsweise die Galapagosscharbe *(Phalacrocorax harrisi)*, die ausschließlich auf den Galapagosinseln brütet und mit etwa 1500 Exemplaren als „stark gefährdet" gilt.

Oben: Kaum ein anderer Archipel hat so viele endemische Arten wie die Galapagosinseln. Die meisten von ihnen sind bedroht – darunter auch der flugunfähige Kormoran namens Galapagosscharbe.

Unten rechts: Von den sieben Pelikanarten gilt der Krauskopfpelikan Südwesteuropas und Asiens als die am meisten bedrohte. Sein Weltbestand liegt wohl unter 10 000 Exemplaren.

Unten links: Der Rosapelikan benötigt wie alle Pelikane große, aber untiefe Gewässer mit gutem Fischbesatz – Bedingungen, die heute kaum mehr vorzufinden sind, was sich unmittelbar auf die Bestände auswirkt.

PELECANIFORMES
TÖLPEL

Die Familie der Tölpel (Sulidae) zählt wie die der Pelikane und Kormorane zur Ordnung der Ruderfüßer. Die meisten der zehn Arten bewohnen tropische und subtropische Klimazonen und kommen nur zum Brüten aus dem Wasser an Land.

Nur an Land tollpatschig

Tölpel sind Vögel des offenen Meeres, des Windes und der Wellen. Sie sind hervorragende Taucher und Schwimmer sowie ausgezeichnete, elegante Flieger, die mit ihren langen, schmalen Flügeln stundenlang im Wind dahingleiten können. Ihren Trivialnamen hat ihnen der Aufenthalt an Land eingebracht, denn dort wirken sie mit ihren großen Füßen und dem watschelnden Gang ziemlich unbeholfen. Ihre langen Flügel steigern die tollpatschige Anmutung zusätzlich, denn sie bereiten beim Start und bei der Landung Schwierigkeiten; außerdem können Tölpel bei Flaute nicht mehr auffliegen.

Tölpel sind Stoßtaucher

Die bevorzugte Jagdmethode der Tölpel ist das Stoßtauchen. Aus 10, 20, manchmal sogar aus 100 m Höhe stoßen sie im Sturzflug in einen Fischschwarm hinein und können – allein durch die Wucht des Sturzes – über 10 m tief tauchen. Wollen sie noch tiefer hinunter oder ihre Beute jagen, setzen sie unter Wasser ihre Flügel ein und nehmen die Verfolgung auf. Aufgrund dieser Jagdmethode geraten Tölpel immer wieder in Schleppnetze, in denen sie sich verfangen und ertrinken.

Zwei unmittelbar bedrohte Arten

Zwei Tölpelarten mit extrem kleinem Verbreitungsgebiet werden als unmittelbar bedroht auf der Roten Liste geführt: der seltene, „stark gefährdete" Graufußtölpel *(Papasula abbotti)*, der nur auf den Weihnachtsinseln vorkommt und von dem es vermutlich nur noch etwa 3000 Brutpaare gibt, sowie der „gefährdete" Kaptölpel *(Morus capensis)*, der ausschließlich vor den Küsten Südafrikas und Namibias lebt.

Auch die Bestände anderer Tölpelarten sind im Sinken begriffen; sie gelten zwar nicht global, aber häufig regional als bedroht. Auf den Galapagosinseln beispielsweise steht der Blaufußtölpel *(Sula nebouxii)*, der dort sein größtes Brutgebiet hat, unter strengem gesetzlichen Schutz.

Rechts: Obwohl es an den Küsten des südlichen Afrikas noch einige große Brutkolonien des Kaptölpels gibt, läuft die Art wegen der überfischten Meere Gefahr zu verschwinden.

Unten: Der Rotfußtölpel *(Sula sula)*, die einzige Tölpelart, die auch auf Bäumen vorkommt, wird durch den überbordenden Tourismus auf den Galapagosinseln während der Brut immer wieder stark gestört. Viele Jungtiere gehen dadurch zugrunde.

Die lokal bedrohten Blaufußtölpel brüten in Kolonien, die einen gewissen Schutz gegen ihre Feinde – streunende Hunde, eingeschleppte Rotfüchse und Schweine – bieten.

Der Basstölpel hat die intensive Bejagung und Plünderung seiner Kolonien relativ unbeschadet überstanden. Mit etwas 500 000 Tieren weltweit gilt die Art nicht als unmittelbar gefährdet

Ganze Tölpelkolonien wurden vernichtet

Neben der Lebensraumzerstörung, Umwelt- bzw. Gewässerverschmutzung und Überfischung der Meere lässt vor allem die Verfolgung der Tölpel als Fleisch-, Eier- und Federlieferant die Bestände sinken – schon Ende des 19. Jahrhunderts jagte man zum Beispiel den Basstölpel *(Morus bassanus)* so stark, dass ganze Kolonien ausgerottet wurden. Die Kolonien einiger Arten wurden auch wegen des Guanos – ein ab dem 19. Jahrhundert in der Landwirtschaft sehr beliebter Dünger aus den Exkrementen der Tölpel und anderer Seevögel – geplündert, dabei zahllose Tiere getötet und ihre Eier gesammelt. Auch Wetterphänomene wie Wirbelstürme oder El Niño, der in manchen Jahren zu Klimaänderungen vor den Küsten führt und sich negativ auf die Fischbestände und damit auf das Nahrungsangebot der Tölpel auswirkt, führen immer wieder zu Einbrüchen der Populationen.

PROCELLARIIFORMES
ALBATROSSE

Albatrosse (Diomedeidae) gehören zur Ordnung der Röhrennasen (Procellariiformes), die ihren Namen aufgrund ihres seltsamen Schnabels tragen: Er ist aus mehreren Hornstücken geformt und mit zwei Röhren besetzt, die dazu dienen, das mit dem Meerwasser aufgenommene Salz wieder auszuscheiden. Die überwiegende Anzahl der Albatrosarten lebt in polaren und subpolaren Gebieten auf der südlichen Hemisphäre.

Unbeholfen an Land, elegant in der Luft

Alle Albatrosse sind extreme Hochseebewohner, die monatelang auf dem offenen Meer bleiben und nur zur Balz, Brut und Jungenaufzucht das Land aufsuchen. Wer jemals einen Albatros bei Start oder Landung beobachtet hat, versteht, warum die Vögel den Aufenthalt auf dem Boden vermeiden: Dort schleifen ihre langen, schmalen Flügel über die Erde, und bei Windgeschwindigkeiten unter 12 km/h sind sie nicht in der Lage, wieder aufzufliegen. Hat der Albatros seine bis zu 12 kg allerdings erst einmal in die Lüfte erhoben, kann er Tausende von Kilometern zurücklegen. Da es die Vögel aber enorme Anstrengung kostet, ihre riesigen Flügel mit bis zu 3,50 m Spannweite zu bewegen, segeln sie wann immer möglich ohne Flügelschlag.

Viele bedrohte Albatrosarten

Viele Albatrosarten sind in ihren Beständen bedroht, darunter die Unterarten des Königsalbatros *(Diomedea epomophora)* und der Schwarzfußalbatros *(Phoebastria nigripes)*. Daneben steht auch der mit einer Flügelspannweite von bis zu 3,80 m größte Vertreter der Albatrosse, der Wanderalbatros *(Diomedea exulans)*, als „gefährdet" auf der Roten Liste.

Weit schlechter steht es um den Amsterdaminselalbatros *(Diomedea amsterdamensis)*, der auf der gleichnamigen Insel brütet, und von dem nur noch etwa 130 Tiere existieren – weshalb er als „vom Aussterben bedroht" gilt. Ähnlich verhält es sich mit dem Galapagosalbatros *(Phoebastria irrorata)*: Außerhalb der Brutzeit fischt er vor den Küsten von Peru und Ecuador, sein Brutgebiet liegt aber auf einer einzigen Insel des Galapagosarchipels, auf Española. Trotz Schutzmaßnahmen ist er unter anderem durch Krankheiten und Tourismus „vom Aussterben bedroht".

Der Wanderalbatros ist nicht nur ein hervorragender Langstreckenflieger bzw. -segler, sondern auch ein sehr guter Schwimmer.

Königsalbatrosse sind „gefährdet", weil sie immer wieder die von Fischfangflotten ausgelegten Köder samt Haken verschlucken und daran zugrunde gehen.

Oben: Der Schwarzbrauenalbatros *(Thalassarche melanophris)*, der auf der Südhalbkugel rund um die Antarktis lebt, gilt als „stark gefährdet".

Unten: Eine Albatrosart mit besonders kleinem Verbreitungs- bzw. Brutgebiet ist der Galapagosalbatros, der von der Ausrottung bedroht ist.

Gefährdung

Schon Ende des 19. Jahrhunderts wurden ganze Kolonien von Albatrossen wegen ihrer Federn, die als Füllmaterial für Kissen und Bettdecken sehr beliebt waren, ausgerottet.

Heute hängen die Gründe für die Gefährdung vieler Albatrosarten vor allem mit den teils sehr kleinen Brutgebieten zusammen, die die Populationen sehr anfällig für äußere Einflüsse aller Art machen: Jegliche Veränderungen im Lebensraum – sei es durch den Menschen oder durch Wetterphänomene – können sich unter diesen Umständen nachhaltig auf eine Art auswirken. Auf einigen Inseln gingen die Zahlen der Albatrosse außerdem nach der Einführung von Haustieren stark zurück.

Weitere Faktoren für den Rückgang der Bestände sind in der Langleinen- und Schleppnetzfischerei begründet – viele Tiere verfangen sich in den Leinen und Netzen und ertrinken. Ebenso fordern Ölverschmutzungen der Meere und Strände, Plastikabfälle und Industriemüll immer wieder Opfer. Durch die langsame Reproduktionsrate – die meisten Albatrosarten brüten nur alle zwei Jahre ein Junges aus – können schwere Verluste kaum ausgeglichen werden.

SPHENISCIFORMES
PINGUINE

Pinguine (Spheniscidae) sind eine relativ einheitliche Vogelfamilie mit sechs Gattungen und 17 Arten und die einzige Familie in der gleichnamigen Ordnung Pinguine (Sphenisciformes). Sie haben ihre Flugfähigkeit zugunsten der optimalen Anpassung an das ständige Leben im Wasser verloren; die meisten Arten sind außerhalb der Brutzeit auf dem offenen Meer zu finden. Pinguine sind Vögel der Antarktis und der südlichen Hemisphäre, deren Hauptbrutgebiete an den Küsten der Antarktis und auf einigen Inseln der gemäßigt-kühlen Zonen liegen.

Pinguine sehen sich sehr ähnlich

Pinguine sind unschwer als Vögel der Ordnung zu erkennen, obwohl die Größen- und Gewichtsunterschiede zwischen den Arten beträchtlich sind: Die kleinste Art ist der Zwergpinguin *(Eudyptula minor)*, der nur 30 cm groß wird und bis zu 1,5 kg wiegt, die größte Art ist der Kaiserpinguin *(Aptenodytes forsteri)* mit einer Größe von bis zu 1,20 m und einem Gewicht von etwa 40 kg. Das Gefieder auf dem Rücken, den Flügeln und dem Kopf ist dunkelgrau bis schwarz,

Rechte Seite: Königspinguine gelten zwar noch nicht als unmittelbar gefährdet, ihre hervorragende Anpassung an die Kälte könnte ihnen angesichts der Klimaerwärmung aber zum Verhängnis werden und ihre Bedrohungssituation verschärfen.

Die am weitesten nördlich vorkommende Pinguinart lebt auf den Galapagosinseln und ist wie viele Arten dieses Archipels in ihren Beständen bedroht.

Kaiserpinguine ziehen ihr Küken im antarktischen Winter bei Temperaturen von −30 bis −40 °C auf und halten es mit der eigenen Körpertemperatur warm.

Zur Brutzeit wandern Kaiserpinguine bis zu 200 km weit ins Inland, wo sie Kolonien bilden und jedes Paar in gut zwei Monaten ein einziges Ei ausbrütet.

Viele Gefahren für Pinguine

Pinguine sind heute ausgesprochen beliebte Tiere mit großem Sympathiewert. Das war allerdings nicht immer so: Bereits den australischen Ureinwohnern diente der Zwergpinguin als beliebter Fleisch- und Eierlieferant, doch erstmals in Bedrängnis gerieten einige Pinguinkolonien, als die Europäer ihre großen Entdeckungsreisen begannen, die sie um Südamerika und Südafrika führten – wo sie auf Pinguine stießen. Es dauerte nicht lange, bis die Kolonien als echter Geheimtipp für Seefahrer galten, die ihren Proviant mit frischen Eiern und Fleisch aufstocken wollten. Etwas später kamen dann die Walfänger, die wahllos Pinguine erschlugen und als Heizmaterial für ihre Öfen benutzten; zeitweise wurden Pinguine auch zur Nutzung ihres Fettes massenhaft getötet, und Nistplätze im Zuge des Guanoabbaus zerstört.

Derzeit gelten die in der Antarktis brütenden Arten wegen der Abgelegenheit ihres Lebensraumes als nicht unmittelbar gefährdet. Erfahrungsgemäß lässt sich aber sagen, dass sich dieser Status sehr schnell ändern kann – dass er sich ändern wird, erscheint aufgrund der Vielzahl aktuell drohender Gefahren als wahrscheinlich: Ölpest und Meeresverschmutzung durch Chemikalien fordern ihre Opfer unter allen Pinguinen; einige Arten, darunter Felsenpinguine *(Eudyptes chrysochome)*, Magellanpinguine *(Spheniscus magellanicus)* und Humboldtpinguine *(Spheniscus humboldti)*, gelten als Nahrungskonkurrenten für die Fischer, die ebenfalls auf Sardellen- und Sardinenfang gehen, und werden deshalb intensiv bejagt. Inzwischen machen sich auch die Folgen der Klimaveränderung zunehmend bemerkbar: Fischschwärme bleiben aus, Bruthöhlen werden überschwemmt, manchmal gibt es zu wenig Krill, manchmal zu viel.

Zwei Arten stehen bereits jetzt als „stark gefährdet" auf der Roten Liste: Der Galapagospinguin *(Spheniscus mendiculus)*, dessen Brutkolonien auf den Galapagosinseln durch verwilderte Hunde extrem dezimiert wurden, sowie der Gelbaugenpinguin *(Megadyptes antipodes)*, der an der neuseeländischen Küste brütet, von dort aber durch massive Eingriffe des Menschen in die Dünenlandschaften der Insel zunehmend vertrieben wird.

ausgleich sorgen, sondern sich darüber hinaus noch eine dicke Speckschicht für Notzeiten anfuttern, weil es in bestimmten Lebensphasen wochen-, manchmal monatelang nichts zu fressen gibt. Alle Pinguine nehmen während der Mauser keine Nahrung zu sich; viele Arten fressen auch während der Brutsaison nichts.

Die männlichen Kaiserpinguine etwa verlieren während der dreieinhalbmonatigen Fastenzeit, in der sie das einzige Ei auf ihren Füßen ausbrüten, das Junge wärmen und mit Drüsensekret füttern, die Hälfte ihres Körpergewichtes.

der Bauch, die „Hosen" über den kurzen, kräftigen Beinen und die Kehle sind weiß. Nur die beiden Großpinguinarten *(Aptenodytes)*, Kaiser- und Königspinguin *(Aptenodytes patagonica)*, sowie die Schopfpinguine *(Eudyptes)* zeigen gelbe Kehl- und Ohrflecken oder – wie die Angehörigen der letztgenannten Gattung – gelben Federschmuck am Kopf.

Vielfraße und Hungerkünstler

Pinguine bevorzugen je nach Art und Jahreszeit Krill, Tintenfische und diverse Fischarten als Nahrung, sie fressen aber grundsätzlich alles, was im Meer schwimmt und was sie erbeuten können. Das Tauchen und Jagen im eiskalten Wasser verbraucht sehr viel Energie, doch die Vögel müssen nicht nur für den Energie-

Oben: Obwohl es schätzungsweise noch 100 000 Brillenpinguine *(Spheniscus demersus)* gibt, gelten sie als „gefährdet", denn ihr Lebensraum liegt an dicht befahrenen Tankerrouten, an denen es immer wieder zu Schiffshavarien mit schwersten Ölverschmutzungen kommt.

Unten: Kaiserpinguine verlassen nach tagelangem Aufenthalt im Wasser das Polarmeer und kehren mit bis zu 3 kg Fisch im Magen zu ihren Jungen zurück.

PSITTACIFORMES

PAPAGEIEN, LORIES UND KAKADUS

Die drei Familien Eigentliche Papageien (Psittacidae), Kakadus (Cacatuidae) und Lories (Loriidae) bilden zusammen die Ordnung der Papageienvögel (Psittaciformes). Die etwa 380 Papageienarten leben vorwiegend in tropischen und subtropischen Gebieten der Südhalbkugel, häufig in Regenwäldern im Flachland.

Unverwechselbare Merkmale

Papageienvögel sind sehr hoch entwickelt und zeichnen sich durch zwei Besonderheiten aus: durch ihren starken Schnabel mit der nach unten gerichteten Spitze, mit dem sie unter anderem Nüsse und Samen knacken können, und durch ihren Kletterfuß, der zwei nach vorne und zwei nach hinten ausgerichtete Zehen hat und sie so zum Greifen und Festhalten befähigt. Die Kombination dieser beiden Werkzeuge macht die Tiere darüber hinaus zu extrem guten Kletterern, die sich geradezu akrobatisch durch dichtes Geäst bewegen können.

Oben: Für den überaus seltenen und in Liebhaberkreisen sehr gesuchten Hyazinthara werden Schwarzmarktpreise von mehreren 1000 Euro bezahlt.

Markante Größenunterschiede

Alle Angehörigen der Papageienvögel sind aufgrund ihrer äußeren Ähnlichkeiten eindeutig als solche zu erkennen; sie unterscheiden sich einzig hinsichtlich ihrer Größe, hierin aber mitunter gravierend: Die kleinste Art ist der 85 mm lange Blaustirnspechtpapagei *(Micropsitta pusio)*, der größte Papagei ist der Hyazinthara *(Anodorhynchus hyacinthinus)* mit einer Länge von etwa 1 m. Darüber hinaus variieren die Schwanzformen: Während zum Beispiel Aras lange Schwänze haben, sind die der Kakadus kurz und rund; Letztere tragen außerdem im Gegensatz zu allen anderen Papageienvögeln eine aufstellbare Federhaube auf dem Kopf.

Der Inka-Kakadu *(Cacatua leadbeateri)* wird, wenn er in Schwärmen Plantagen und Felder überfällt, von australischen Farmern zu Hunderten getötet.

Der Hellrote Ara *(Ara macao)* gehört zu den Eigentlichen Aras *(Ara)*, die innerhalb der Papageienordnung zu den größten und meist auch farbenprächtigsten Arten zählen.

Gesellige Tiere

Papageien, Kakadus und Lories sind bis auf wenige Ausnahmen sehr gesellige, soziale Vögel. Sie verbringen die meiste Zeit des Jahres in Gruppen, die zum Teil in großen Formationen durch die Wälder fliegen und viel Lärm veranstalten; nur während der Brutzeit leben sie paarweise – allerdings häufig auch dann innerhalb loser Kolonien. Vom südamerikanischen Felsensittich *(Cyanoliseus patagonus)* weiß man, dass solche Brutkolonien 30 000–40 000 Nester zählen können.

Einige sehr seltene Arten

Unter den unzähligen bedrohten Papageienvögeln ist der Spixara *(Cyanopsitta spixii)* der seltenste. Der Freilandbestand ist vermutlich inzwischen ausgerottet, es existieren noch knapp 70 Tiere in Gefangenschaft. Mit einigen von ihnen wird eine Nachzucht im Rahmen eines Artenschutzprogramms angestrebt. Ebenfalls „vom Aussterben bedroht" ist der Große Soldatenara *(Ara ambiguus)*, der Hyazinthara, der in Liebhaberkreisen inzwischen

zu immensen Preisen gehandelt wird, ist „stark gefährdet“, der Kea oder Bergpapagei *(Nestor notabilis)* aus Neuseeland gilt als „gefährdet“. Bis er 1970 unter vollständigen Schutz gestellt wurde, wurden jedes Jahr Zehntausende Keas als angebliche Schädlinge von Schaffarmern abgeschossen, weshalb es heute nur noch wenige Tausend Tiere in Freiheit gibt. Auch viele Vertreter der etwa 30 Arten aus der Amazonengattung *(Amazona)* sind in freier Wildbahn äußerst selten geworden, weil ihre Lebensräume massiv zerstört werden und sie sich zudem großer Beliebtheit als Haustiere erfreuen, sodass der illegale Handel mit diesen Tieren prächtig floriert.

Fast alle Papageienarten sind bedroht

Kaum eine andere der 27 Vogelordnungen ist so gefährdet wie die Papageienvögel: Fast alle Papageien sind bedroht, mindestens 19 Arten hat der Mensch laut IUCN bislang ausgerottet, darunter den bekannten Karolinasittich *(Conuropsis carolinensis)*, die einzige in Nordamerika beheimatete Papageienart. Nur zwei Papageienvögel, der Wellensittich *(Melopsittacus undulatus)* und der Nymphensittich *(Nymphicus hollandicus)*, beides Australier und beliebte Haustiere, die weltweit nachgezüchtet werden, stehen nicht unter dem Schutz des Washingtoner Artenschutzabkommens. Darüber hinaus gelten selbst die Bestände von Arten wie dem Felsensittich mit seinen riesigen Brutkolonien nicht als gesichert, da die Nester immer wieder rücksichtslos von Menschen geplündert werden.

Biotopzerstörungen

Der Rückgang aller Papageienarten ist ausschließlich auf Einwirkungen des Menschen zurückzuführen. An erster Stelle ist die Biotopzerstörung zu nennen: Ein Großteil aller Papageien lebt in Wald- und Buschgebieten, die der Rodung durch Holzkonzerne oder landlose Siedler besonders stark zum Opfer fallen. Die Arten, die im offenen Grasland leben, sind von der schnellen Landkultivierung betroffen: Anstelle „unproduktiver“ Savanne, Pampa oder Steppe wird Viehwirtschaft und Ackerbau betrieben. Die Papageien lassen sich die angebauten Köstlichkeiten – häufig Obst und Gemüse – nicht entgehen und fallen besonders zur Reifezeit in den Plantagen ein, wo sie beträchtliche Schäden anrichten können. Die Bauern zögern deshalb nicht, so viele Papageien wie möglich abzuschießen oder zu vergiften.

Das Problem des Nestraubs

Mancherorts spielt auch der Nestraub eine beträchtliche Rolle bei den Bestandseinbrüchen. In mehreren mittel- und südamerikanischen

Die Heimat des Felsensittichs ist das südliche Südamerika, vor allem Patagonien, wo er allerdings sehr selten geworden ist, weil die einheimische Bevölkerung seine Nester in großem Umfang plündert.

Der Kea oder Bergpapagei, der auf der Südinsel Neuseelands lebt, wurde jahrzehntelang als angeblicher Schaftöter verfolgt und ist deshalb heute „gefährdet“.

Links: Im peruanischen Manu-Nationalpark kommen täglich verschiedene Ara- und andere Papageienarten zu einer Mineralienwand, wo sie zusammen mit der Erde lebenswichtige Mineralien und Ballaststoffe aufnehmen.

Unten: Fast alle Papageienvögel sind mehr oder weniger stark bedroht, einige Arten sind bereits ausgestorben.

Situation der Papageienvögel

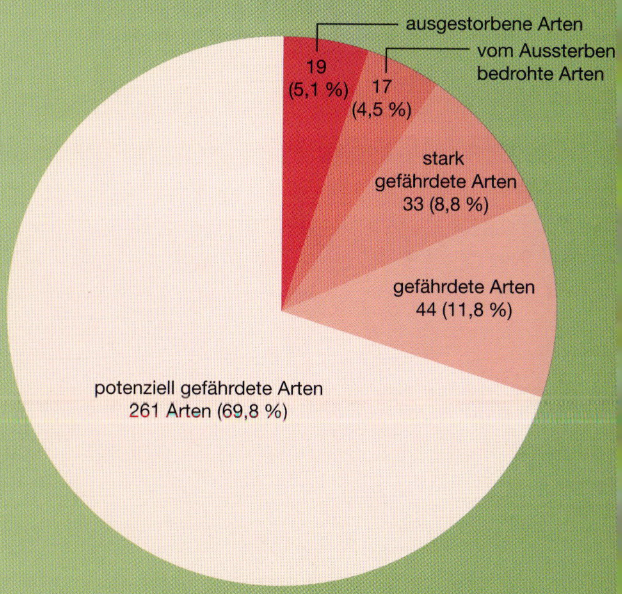

Nah verwandt mit dem Kea ist der Kaka *(Nestor meridionalis)*. Beide Unterarten, die nördliche und die südliche, sind von der Ausrottung bedroht bzw. lokal bereits verschwunden.

Ländern wurde der Einfluss der Nesträuberei auf die sinkende Papageienanzahl untersucht – mit erschreckendem Ergebnis: In vielen Gegenden werden mehr als ein Drittel der Papageiengelege von Menschen zerstört oder die Jungen aus den Nestern genommen. Bei vier Papageiarten, unter ihnen die stark gefährdete Gelbgesichtamazone *(Amazona xanthops)*, gingen bis zu 70 Prozent der Nachzuchten verloren. Es verwundert angesichts solcher Zahlen nicht, dass viele Arten derartige Bestandsdezimierungen nicht lange verkraften können und regionale Populationen innerhalb weniger Jahre erlöschen.

Ein paradoxer Umgang mit der Nesträuberei zeigt sich in Uganda: Dort werden Papageienarten wie der Afrikanische Graupapagei *(Psittacus erithacus)* und der Goldbugpapagei *(Poicephalus meyeri)* vielfach von jungen Männern aus den Nisthöhlen geraubt und von Hand aufgepäppelt. Sobald die Vögel selbständig Futter aufnehmen können, werden sie ins Ausland verkauft – ganz offiziell und mit Zustimmung der Behörden, denn in dem afrikanischen Land ist zwar das Ausnehmen der Nester illegal, der Verkauf solcher Vögel dagegen nicht.

Die Europäische Union verbietet den Import von Wildvögeln

Vogelhandel im Allgemeinen und Papageienhandel im Speziellen ist ein weiterer bedeutender Faktor für die starke Abnahme der Bestände in der Wildnis. Die Europäische Union (EU) spielte in dieser Beziehung viele Jahre lang eine tragende Rolle: Über 85 Prozent aller Wildvögel, die weltweit gefangen und gehandelt wurden, wurden in EU-Länder importiert – mindestens eine Million Tiere pro Jahr. Von den im letzten Jahr weltweit 30 000 gehandelten Graupapageien gingen 26 000 in die

Mehr als die Hälfte der etwa 30 verschiedenen Amazonenarten sind in ihren Beständen gefährdet, darunter auch die Rotbugamazone *(Amazona aestiva)*. Ihr Verhängnis ist vor allem die Haustierhaltung.

EU, außerdem 39 000 von 45 000 Mohrenkopfpapageien *(Poicephalus senegalus)* und 12 700 von 14 700 Venezuelaamazonen *(Amazona amazonica)*. Inzwischen sorgen neue Gesetze dafür, dass keine Wildvögel mehr gehandelt werden dürfen.

Vögel und Eier auf dem Schwarzmarkt

Seltene Papageienarten erzielen auf dem Schwarzmarkt astronomische Preise, die für ein Zuchtpaar 20 000–30 000 Euro betragen können. Weil sich aber lebende Tiere relativ schwierig schmuggeln lassen und außerdem unterwegs häufig eingehen, erfreut sich inzwischen der illegale Handel mit befruchteten Eiern zunehmender Beliebtheit. In Brisbane/Australien wurden bei einem ankommenden Fluggast 52 Papageieneier entdeckt, die er in einer auf dem Körper getragenen Weste mitführte und die ihm etwa 12 000 USD – 8000 Euro – eingebracht hätten. Er wurde verhaftet und zu einem Jahr Gefängnis sowie einer Geldbuße verurteilt. Er war jedoch nur ein kleiner Fisch; gerade zwischen Australien und der südostasiatischen Inselwelt blüht der Schwarzhandel: Schmuggelringe verfügen über schnelle Boote und Kleinflugzeuge, mit denen sie ihre Ware, Eier und Vögel, in die asiatischen Metropolen bringen, von wo aus sie über die ganze Welt verteilt werden.

Einige Arten aus der Gattung der Weißbauchpapageien *(Pionites)* sind besonders farbenprächtig und daher als Heimtiere begehrt.

Die meisten Aras dürfen wegen ihrer Gefährdungssituation nicht mehr aus Südamerika ausgeführt werden.

Schutzorganisationen für Papageien

In den vergangenen Jahren sind zahlreiche Schutzorganisationen in den USA, in Europa und in den Heimatländern der jeweiligen Arten entstanden, um die vielen bedrohten Papageienvögel vor der Ausrottung zu retten. Zwei der bedeutendsten sind die Loro-Parque-Stiftung auf der spanischen Insel Teneriffa und der britische World Parrot Trust, der in zahlreichen Ländern Niederlassungen hat, darunter in den USA, in Kanada, Australien, Deutschland, Italien, Spanien, Belgien, Schweden, Südafrika und Japan.

Die Loro-Parque-Stiftung beherbergt die größte Papageiensammlung der Welt und züchtet verschiedene Arten, die zu den seltensten überhaupt gehören – unter anderem Spixaras. Darüber hinaus beteiligt sie sich an Feldprojekten in Südamerika, Afrika, Asien und Australien. Der World Parrot Trust hingegen betreibt keine eigene Zuchtstation, sondern beschränkt sich darauf, Geld zu sammeln und für dringende Projekte einzusetzen, denn es gibt in vielen Ländern lokale Zucht- und Schutzstationen, die unter chronischem Geldmangel leiden und auf finanzielle Unterstützung angewiesen sind.

Oben: Der Banks- oder Rotschwanzkakadu *(Calyptorhynchus magnificus)* aus Australien ist mit einer Körper-Schwanz-Länge von 60 cm einer der größten Papageien. Aus manchen Bundesstaaten Südaustraliens ist er nahezu verschwunden.

Rechts: Der Große Soldatenara lebt in dichten tropischen Regenwäldern und zählt zu den gefährdetsten Arten überhaupt: Er gilt als „vom Aussterben bedroht".

FALCONIFORMES
HABICHTARTIGE

Die Habichtartigen (Accipitridae) *sind die mit Abstand größte Familie in der Ordnung der Greife oder Greifvögel* (Falconiformes), *früher auch Raubvögel genannt: Sie umfasst etwa 240 Arten, die in den unterschiedlichsten Klimazonen auf der ganzen Welt vorkommen – mit Ausnahme der Antarktis und einiger Inseln Ozeaniens.*

Hervorragende Anpassung

Die kräftigen Habichtvögel sind entsprechend ihrem Jagdverhalten meist ausgezeichnete Flieger und haben extrem gute Augen, mit denen sie ihre Beute auch aus immenser Höhe ausmachen können. An ihren kräftigen Beinen, sitzen starke Zehen mit langen, scharfen Krallen, mit denen sie ihr Opfer packen und festhalten können. Ihr scharfer Schnabel ist kräftig, mit stark vergrößertem Oberschnabel und einer nach unten gebogenen Spitze; er eignet sich hervorragend zum Zerlegen und Ausnehmen der Beute. Die meisten Greife erbeuten lebende Tiere – entweder in der Luft oder auf dem Boden, wie z. B. Kleinsäuger, kleinere Vögel und auch größere Insekten. Zur Beute einiger Habichtartigen wie dem Seeadler *(Haliaeetus)* gehören Fische; der Philippinenadler *(Pithecophaga jefferyi)* schlägt größere Tiere wie Schleichkatzen und Affen.

Bedrohte Seeadler

Die ausnahmslos großen Arten aus der Gattung der Seeadler sind besonders beeindruckende Vertreter der Habichtartigen, sie sind zumindest lokal bedroht. Der weithin bekannte nordamerikanische Weißkopfseeadler *(Haliaeetus leucocephalus)*, Wappentier der USA, stand in

Links: Der Weißkopfseeadler stand in den 1960er-Jahren kurz vor der Ausrottung. Dank intensivster Schutzmaßnahmen hat sich sein Bestand wieder erholt.

Rechte Seite oben: Viele Adlerarten werden seit jeher stark verfolgt, weil sie manchmal Geflügel oder junge Ziegen und Schafe schlagen. Sie leiden außerdem unter Schwermetall- und Pestizidanreicherungen in ihren Beutetieren.

Rechte Seite unten: Die Abholzung der Wälder und die Vergiftung durch Pestizide über die Beutetiere sind heute die größte Bedrohung für den mächtigen Riesenseeadler *(Haliaeetus pelagicus)*, der mit einer Gesamtpopulation von geschätzten 5000 Exemplaren als „gefährdet" gilt.

Unten: Der Sperbergeier *(Gyps rueppellii)*, hier bei einem toten Gnu im Mara-Fluss in Kenia, ist in weiten Teilen seines früheren Verbreitungsgebiets verschwunden oder zumindest selten geworden.

Gefährdung durch die Position in der Nahrungskette

Viele Habichtartige sind – wie alle Greife – lokal, teilweise auch global im Schwinden begriffen: Die Bestandszahlen sinken unaufhaltsam, einige Arten sind bereits ausgerottet oder zumindest sehr selten geworden. Lebensraumzerstörungen sind bei den Habichtartigen in den meisten Fällen weniger ausschlaggebend für die Bestandsrückgänge; gravierender wirkte sich die starke Bejagung als Schädling aus, die sich in Abschüssen und weiträumigen gezielten Vergiftungen widerspiegelt. Darüber hinaus trugen auch Eierraub und Trophäenjagd dazu bei, die Tiere zu dezimieren. Das größte Problem vieler Greife ist aber ihre Position an der Spitze der Nahrungskette: Ihre Beutetiere sind einerseits wegen Lebensraumzerstörungen oft nicht mehr in ausreichender Zahl vorhanden und andererseits mit Umweltgiften wie Insektiziden und Pestiziden angereichert. Diese Gifte übertragen sich über die Nahrung auf die Greifvögel, und davon abgesehen, dass sie längerfristig für den gesamten Stoffwechsel der Vögel absolut tödlich sind, haben sie die fatale Auswirkung, dass sich die Gelege der Vögel nicht richtig entwickeln können: Entweder sind die Embryos in den Eischalen unterentwickelt oder die Eischalen selbst sind so ungenügend ausgebildet, dass die Eier beim Brüten vom Elterntier zerquetscht werden.

den 1960er-Jahren wegen intensiver Bejagung und den Auswirkungen des Umweltgifts DDT bereits kurz vor der Ausrottung, konnte jedoch gerettet werden und gilt inzwischen nicht mehr als unmittelbar bedroht. Gleiches gilt für sein europäisches Pendant, den eurasischen Seeadler *(Haliaeetus albicilla)*. In Asien lebt der Bindenseeadler *(Haliaeetus leucoryphus)*; er war früher weit verbreitet, ist heute aber in vielen Regionen ausgestorben und wird mit einer Gesamtpopulation von 2500–10 000 Tieren von der IUCN als „gefährdet" eingestuft. Die bedrohteste Seeadlerart ist der Madagaskarseeadler *(Haliaeetus vociferoides)*, der ausschließlich auf der gleichnamigen Insel vorkommt und aufgrund der Lebensraumzerstörungen dort „vom Aussterben bedroht" ist; sein Bestand wird auf unter 100 Brutpaare geschätzt.

Oben: Von Indien bis Südafrika sind zahlreiche Geierarten – hier zwei Ohrengeier – von der Ausrottung bedroht. Die Gründe sind Umweltverschmutzung und -zerstörung sowie Nahrungsmangel.

Links: Der Philippinen- oder Affenadler ist mit einem geschätzten Weltbestand von 200–400 frei lebenden Tieren eine der seltensten Vogelarten der Welt.

Rechte Seite unten: Seeadler bewohnen gewässerreiche Gebiete in den gemäßigten Zonen Eurasiens. Sie erholen sich inzwischen langsam wieder von Bestandseinbrüchen in den 1980er-Jahren.

Unten: Die Zerstörung der Wälder sowie die Vergiftung durch Herbizide und Insektizide haben die Bestände der Harpyie *(Harpia Harpyia)*, des größten Greifvogels überhaupt, kollabieren lassen.

Aasfressende Altweltgeier

Obwohl es auf den ersten Blick gar nicht so aussieht, sind die Altweltgeier *(Aegypiinae)* eine Unterfamilie der Habichtartigen. Es sind große bis sehr große Vögel, die mehr als 1 m lang werden und eine Flügelspannweite von fast 3 m erreichen können. Die Angehörigen der Unterfamilie leben in Südosteuropa, in ganz Afrika und in Asien, sie bevorzugen weite, offene Landschaften, in denen sie gute Sicht haben – Steppen, Savannen und Halbwüsten. Im Gegensatz zu allen anderen Greifen ernähren sich die Altweltgeier überwiegend von Aas. Da Artgenossen und Familienangehörige sich permanent untereinander beobachten, kommen sie – selbst aus weiter Entfernung – dazu, sobald ein anderes Tier Nahrung gesichtet hat.

Vor allem die asiatischen Altweltgeier sind „vom Aussterben bedroht" – darunter der südostasiatische Bengalgeier *(Gyps bengalensis)* und der Dünnschnabelgeier *(Gyps indicus)* aus Indien und Pakistan. Aber auch auf anderen Kontinenten beheimatete Arten sind bedroht, etwa der Ohrengeier *(Aegypius tracheliotus)*, der in einigen Regionen Afrikas und Vorderasiens lebt und von der IUCN als „gefährdet" eingestuft wird.

Oben: Das fehlende Fluchtverhalten macht den Galapagosbussard, der wohl nie besonders häufig war, zu einer leichten Beute der Menschen und der verwilderten Hunde auf den Galapagosinseln.

STRIGIFORMES

EULEN

Die Ordnung Eulen besteht aus den beiden Familien Eigentliche Eulen (Strigidae) und Schleiereulen (Tytonidae) und umfasst insgesamt mehr als 130 Arten. Eulen sind nachtaktive Vögel, die auf allen Kontinenten – außer in der Antarktis – leben und sehr verschiedene Lebensräume besiedeln, von der trockenen Wüste über Busch- und Savannenlandschaften, Nebel- und Regenwälder bis zum Hochgebirge.

Sehr gute Anpassung an die nächtliche Jagd

Alle Angehörigen der Ordnung weisen übereinstimmende Körpermerkmale auf, die sie von anderen Vögeln unterscheiden. Sie haben nach vorne gerichtete, große Augen, mit denen sie nicht nur im Dämmerlicht und in der Dunkelheit sehen können, sondern die auch eine räumliche Wahrnehmung ermöglichen. Die Augen sind unbeweglich, dafür kann aber der Kopf um bis zu 270 Grad gedreht werden, sodass Eulen ein extrem großes Gesichtsfeld besitzen. Die Tiere haben außerdem einen sehr scharfen Gehörsinn; die auffallende Gesichtsfiederung einiger Arten leitet alle aufgefangenen Töne in Richtung Ohr, weshalb Eulen feinste Tonnuancen unterscheiden und ihre Beute in der Dunkelheit besser aufspüren können.

Kein Nestbauverhalten

Eulen bauen keine Nester. Einige von ihnen bewohnen Höhlen in zerklüfteten Felsen oder in Bäumen, viele Arten nisten auch an Orten, die vom Menschen errichtet wurden und sich auch in dessen Nähe befinden, etwa alte Gemäuer, Scheunen oder Kirchtürme. Dort legt das Weibchen die Eier meist direkt auf den Boden und brütet sie alleine aus, während das Männchen sie mit Futter – vorwiegend große Insekten, Kleinsäuger, Fische und Amphibien – versorgt. Die Jungenaufzucht übernehmen beide Partner.

Rechts: Die Schleiereule *(Tyto alba)*, die anhand ihrer außergewöhnlichen herzförmigen Gesichtszeichnung leicht zu erkennen ist, ist zwar noch nicht global, aber lokal bedroht.

Beutetier- und Nistplatzmangel

Einige Eulenarten wie der Riesen-Fischuhu *(Bubo blakistoni)* oder die Rotrücken-Fischeule *(Scotopelia ussheri)* sind global „stark gefährdet"; viele andere stehen noch nicht auf den internationalen, wohl aber auf den nationalen Gefährdungslisten der Naturschutzorganisationen, denn fast überall sind die Bestandszahlen in den letzten Jahrzehnten – teilweise ganz massiv – zurückgegangen.

Die Probleme dieser Raubvögel sind allerorts ähnlich: Sie leiden unter dem Verlust ihrer eigenen Lebensräume, vor allem aber auch unter dem ihrer Beutetiere: Die Kultivierung und Zersiedelung von Landschaften, die moderne Landwirtschaft und der Straßenbau haben viele Kleintiere das Leben gekostet, sodass die Nahrung für die Eulen immer knapper wird. Erschwerend hinzu kommt ein zunehmender Nistplatzmangel: Eulen sind auf Brutplätze wie alte Dachböden, Scheunen, verfallene Gemäuer oder Kirchtürme angewiesen, in denen sie sich niederlassen können – von denen es jedoch immer weniger gibt.

Neben oft tödlich verlaufenden Zusammenstößen mit Strommasten und Windrädern ist für manche Arten auch der Straßenverkehr in ihrem Lebensraum ein massives Problem, denn die Vögel können die Geschwindigkeiten der Fahrzeuge nicht richtig einschätzen. Besonders häufig kollidieren sie mit Zügen, wenn sie auf den Schienen verunglückte Beutetiere fressen – und dabei selbst zum Opfer werden.

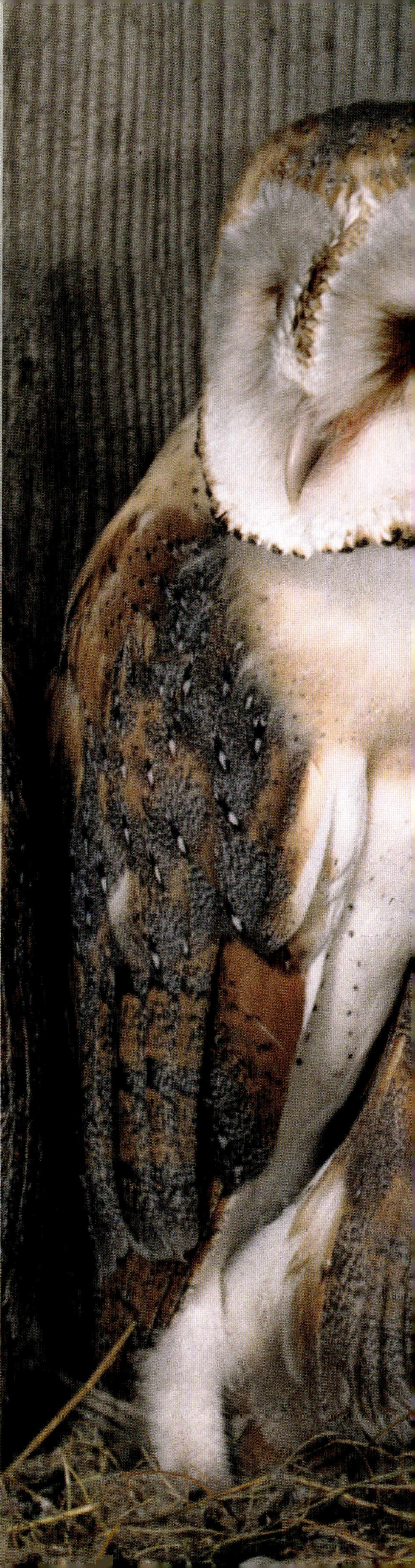

In den Wäldern des Nordens lebt der mächtige Habichtskauz *(Strix uralensis)*, eine der größten Eulen überhaupt. Mit der Vernichtung der Wälder und der Zunahme von Monokulturen verschwindet er aus seinem Lebensraum.

Der Riesen-Fischuhu lebt in der Mandschurei und gilt als „stark gefährdet". Lediglich 200–300 Brutpaare haben die Zerstörung ihres Lebensraumes überlebt.

Dank außerordentlicher und kostspieliger Schutzmaßnahmen konnte sich der Uhu *(Bubo bubo)*, der jahrzehntelang verfolgt wurde, wieder etwas erholen.

Die Bestände der Schneeeule *(Nyctea scandiaca)* sind durch Umweltzerstörungen teils stark zurückgegangen, teils ganz verschwunden.

CORACIIFORMES
NASHORNVÖGEL

Nashörnvögel (Bucerotidae) zählen zur Ordnung der Rackenvögel (Coraciiformes) und umfassen 55 Arten, die sich von den anderen Familien der Ordnung deutlich durch ihren ungewöhnlichen Schnabel unterscheiden. Nashornvögel sind überwiegend Bewohner von Wäldern und Baumsavannen in den Tropen und Subtropen Asiens und Afrikas.

Ein außergewöhnlicher Schnabel

Der namengebende bunte Schnabel des Nashornvogels ist lang, abwärts gebogen und weist bei den meisten Arten einen hornartigen Aufsatz auf, der fast immer aus leichtem Knochengewebe besteht oder hohl ist. Trotzdem ist der Schnabel allein aufgrund seiner Größe relativ schwer, weswegen die ersten beiden Halswirbel der Tiere zur Stabilisierung miteinander verwachsen sind. Zusätzlich stützt eine ausgeprägte Nackenmuskulatur den Kopf. Das „Horn" dient vermutlich der Verstärkung des langen Schnabels.

Der Südhornrabe wird immer seltener

Die Gattung der Hornraben *(Bucorvus)* umfasst die beiden Arten Nordhornrabe *(Bucorvus abyssinicus)* und Südhornrabe *(Bucorvus leadbeateri)*, gänsegroße Vögel, die – meist paarweise – in den Savannen des östlichen und südlichen Afrikas leben. Während die IUCN beide Arten derzeit noch als nicht unmittelbar bedroht einstuft, sind die südafrikanischen Naturschutzorganisationen zumindest bezüglich des Südhornrabens ganz anderer Ansicht: Nach ihren Untersuchungen gibt es im Süden Afrikas nur noch maximal 500 Brutpaare. Damit ist eine kritische Bestandsgrenze erreicht, und die Art müsste als „stark gefährdet", wenn nicht gar als „vom Aussterben bedroht" eingestuft werden.

Der Doppelhornvogel *(Buceros bicornis)* braucht, wie nahezu alle Nashornvogelarten, ausgedehnte Wälder mit Baumriesen, in denen er die benötigten großen Bruthöhlen findet.

Oben: Der Bestand des Südhornraben wird auf lediglich 1500 Exemplare geschätzt, die Anzal der Brutpaare auf maximal 500.

Unten: Der Tariktikhornvogel hat ein relativ kleines Verbreitungsgebiet und findet wegen der Zerstörung seiner Habitate keine geeigneten Reviere mehr.

Nashornvögel auf Inseln

Als Inselpopulationen sind der Suluhornvogel *(Anthracoceros montani)* ebenso wie der Panayhornvogel *(Aceros waldeni)* besonders gefährdet. Der Suluvogel, der früher auf drei Inseln des zu den Philippinen gehörenden Suluarchipels im Pazifischen Ozean beheimatet war, bewohnt heute die einzige der drei Inseln, die nicht komplett gerodet wurde, auf der er aber trotz seiner Seltenheit immer noch bejagt wird. Sein Bestand dürfte bei weit weniger als 100 Brutpaaren liegen.

Ähnlich verhält es sich mit dem Panayhornvogel: Auf einer der drei Philippineninseln, die er früher bewohnte, ist er inzwischen ausgerottet worden; in der Roten Liste wird er als „vom Aussterben bedroht" geführt.

Ein etwas größeres Verbreitungsgebiet hat der Tariktikhornvogel *(Penelopides panini)*: Er kommt auf mehreren Inseln der Philippinen und Sulawesis vor, doch auch diese Art ist „stark gefährdet".

Rechts: Vom Panayhornvogel, der als „vom Aussterben bedroht" gilt, sollen nur noch maximal 80 Brutpaare existieren. Die Zerstörung der Wälder seines Lebensraums sowie die starke Bejagung sind die Ursachen.

Nashornvögel werden immer weiter zurückgedrängt

Nashornvögel leiden stark unter der Zerstörung ihres Lebensraums: der Abholzung der Regenwälder einerseits und der Umwandlung selbst entlegenster Halbwüsten in Weideland für Haustiere wie Schafe und Ziegen andererseits. Bisweilen werden sie auch für den Verzehr gejagt und für den Verkauf an Zoologische Gärten eingefangen. Rund die Hälfte aller Nashornvogelarten steht als „gefährdet", „stark gefährdet" oder gar „vom Aussterben bedroht" auf der Roten Liste, wobei die Überlebenschancen der Inselpopulationen – wie gezeigt – besonders schlecht sind.

ALCEDINIFORMES
EISVÖGEL UND BIENENFRESSER

Eisvögel (Alcedinidae) und Bienenfresser oder Spinte (Meropidae) zählen zur Ordnung der Eisvogelartigen (Alcediniformes). Die Angehörigen beider Familien sind überwiegend kleine, zum Teil sehr bunte Vögel mit ähnlichen Ansprüchen an den Lebensraum. Während das Verbreitungsgebiet der Bienenfresser auf die Alte Welt beschränkt ist, leben Eisvögel auch in der Neuen Welt – sowohl in Nord- wie in Südamerika.

Steilufer sind überlebensnotwendig

Bienenfresser und Eisvögel leben sowohl in buschbewachsenen Gebieten als auch in Wäldern und an Gewässern. Wichtig ist vor allem, dass ihnen für die Fortpflanzung Steilufer zur Verfügung stehen, in die sie ihre Bruthöhlen graben können. Die Zerstörung solcher Steilufer, vor allem entlang der Flüsse, sowie die übermäßige Nutzung von Kiesgruben, aber auch der Bau von Straßen und andere Umweltveränderungen löschen immer wieder ganze Populationen aus, denn die Vögel brüten überwiegend in Kolonien, die oft mehrere hundert Tiere umfassen.

Schillernde Eisvögel

Eisvögel bewohnen weite Teile Europas, den Nahen Osten und Südostasien, außerdem haben sie Überwinterungsgebiete im nördlichen Afrika, auf der Arabischen Halbinsel und auf den großen und kleinen Inseln Indonesiens. Trotz des riesigen Verbreitungsgebiets sind sie in dichter besiedelten Gegenden gefährdet, vor allem durch die Regulierung und Begradigung von Bächen und Flüssen sowie die Trockenlegung von Feuchtgebieten, die zum Verlust von Brutmöglichkeiten und zu einer Veränderung des Futterangebots führen, sodass der Eisvogel gar nicht mehr brütet oder sein Territorium verlässt.

Bunte Bienenfresser

Ebenso bunt wie die Eisvögel sind die Bienenfresser, die sich ihrem Namen gemäß tatsächlich auch von Bienen ernähren, gegen deren Gift sie immun zu sein scheinen – wenngleich sie vor dem Verzehr den Stachel entfernen. Daneben frisst ein Bienenfresser – wie alle Eisvogelartigen – je nach Größe und Lebensweise Insekten, kleine Fische, Nagetiere, Amphibien und Reptilien. Er schlägt seine Beute vor dem Fressen mehrmals auf einen Ast oder eine andere harte Unterlage, bevor er sie unzerkleinert hinunterschlingt.

Der Bienenfresser ist ein Vogel wärmerer Gebiete, allerdings wird im Zuge der Klimaerwärmung beobachtet, dass er von Süd- und Südosteuropa aus weiter nach Nordwesten vor-

Rechts: Bienenfresser haben ein sehr auffälliges Gefieder und zählen zu den buntesten Vögeln Europas. Wegen des Klimawandels ist er seit einigen Jahren auch nördlich der Alpen anzutreffen.

Der Eisvogel benötigt zum Überleben natürliche, unverbaute Flussläufe und klares Wasser mit gutem Fischbesatz.

Einer der schönsten Vögel des östlichen und südlichen Afrikas ist der Karmin- oder Scharlachspint (*Merops nubicus*), der während der Brutzeit in großen Kolonien an flussnahen Steilufern nistet.

dringt und seit einiger Zeit vermehrt auch in Deutschland und Polen brütet. Das Gelege der Bienenfresser besteht normalerweise aus vier bis sechs Eiern, die von beiden Partnern bebrütet werden; in klimatisch günstigen Gebieten kommt es häufig zu einer zweiten, nicht selten sogar zu einer dritten Brut pro Jahr.

Eisvögel und Bienenfresser kehren zurück

Zahlreiche Eisvögel und Bienenfresser sind durch die Vernichtung ihrer Lebensräume in Bedrängnis geraten. Obwohl viele Arten global noch nicht oder nicht mehr unmittelbar bedroht zu sein scheinen, werden sie wegen zum Teil beträchtlich sinkender Bestände zumindest lokal unter strengen Schutz gestellt. Die Bestände des Bienenfressers beispielsweise nehmen in vielen Ländern Europas ab. Auch die Eisvogelpopulationen, die wohl immer relativ klein waren, sich aber einigermaßen erholt haben, gelten noch nicht wieder als gänzlich gesichert und dürften zumindest abhängig vom Schutzstatus in den einzelnen Ländern sein.

Da der Rückgang vieler Arten zu einem beträchtlichen Teil im Wegfall der Brutmöglichkeiten begründet liegt, sind Naturschutzorganisationen dazu übergangen, den Vögeln künstliche Nisthilfen anzubieten, Fließgewässer zu renaturieren oder alte Kiesgruben zu erhalten. Vielerorts haben diese Bemühungen inzwischen dazu geführt, dass sowohl Eisvogel wie Bienenfresser in alte Brutgebiete zurückgekehrt sind und dort wieder erfolgreich Junge aufziehen.

Aus dem indopazifischen Raum stammt der Rotbartspint *(Nyctyornis amictus)*, der im Gegensatz zu vielen anderen Bienenfressern auch während der Brutzeit keine Kolonien bildet.

UPUPIFORMES

WIEDEHOPFE

Der Wiedehopf (Upupa epops) *ist der einzige Vertreter der Familie der Wiedehopfe (Upupidae), die zur Ordnung Hopfartige (Upupiformes) gehört. Sein Vorkommen ist auf die Alte Welt beschränkt, wo er aber ein riesiges Verbreitungsgebiet hat, das sich von Europa über weite Teile Asiens und Afrikas südlich der Sahara erstreckt.*

Flucht vor der Kälte

Der Wiedehopf ist etwa 30 cm lang und deutlich an seinem langen, schmalen, leicht gebogenen Schnabel sowie seiner charakteristischen Federhaube, die er aufstellen kann, zu erkennen.

In kühleren Gebieten sind Wiedehopfe Sommervögel, die im Herbst ins östliche und nordöstliche Afrika ziehen. Erst Ende März, Anfang April kehren sie in die Brutgebiete zurück. Sie bauen kein Nest, sondern brüten in den Höhlen alter Weiden, Oliven- und Obstbäume, aber auch in Mauerspalten, verlassenen Spechthöhlen und sogar Nistkästen. Die Tiere leben lediglich eine Brutsaison lang in einer monogamen Partnerschaft und verpaaren sich im nächsten Jahr neu.

Links: Durch die Zerstörung natürlicher Lebensräume, Pestizidrückstände im Futter und Klimaschwankungen sind die Bestände des Wiedehopfs in ganz Europa zusammengeschmolzen.

Unten: Künstliche Bruthilfen wie Nistkästen sichern dem Wiedehopf dort, wo die alten Baumbestände der Motorsäge zum Opfer gefallen sind, das Überleben.

Bestandsrückgänge aus unbekannten Gründen

Während der Wiedehopf auf dem afrikanischen Kontinent noch relativ häufig anzutreffen ist, wird er in Europa immer seltener und ist aus vielen seiner früheren Lebensräume verschwunden. Besonders starke Bestandsrückgänge haben die Britischen Inseln, Deutschland, das südliche Skandinavien, Griechenland und die Türkei zu verzeichnen; in den Beneluxstaaten ist der Wiedehopf inzwischen ausgerottet.

Die genauen Gründe für die Bestandseinbrüche sind nicht bekannt, zumal der Wiedehopf eigentlich kein Kulturflüchter, sondern recht anpassungsfähig ist. Mitverantwortlich für sein Verschwinden sind vermutlich Biotopveränderungen, hauptausschlaggebend dürften aber weiträumig versprühte Pestizide sein, die einen Teil seiner Nahrung vernichten und die überlebenden Wiedehopfe vergiften. Zudem wird vermutet, dass die Art sehr empfindlich auf Klimaveränderungen reagiert.

PICIFORMES
SPECHTE

Die Spechte (Picidae) sind eine Familie aus der Ordnung der Spechtvögel (Piciformes), die mehr als 200 Arten umfasst. Sie sind in bewaldeten Regionen fast weltweit verbreitet, fehlen aber auf Madagaskar, Australien, Neuseeland und einigen pazifischen Inseln.

Spechte sind weithin hörbar

Man erkennt viele Spechtarten eindeutig an der Art und Weise, wie sie sich mit ihren starken Krallen an einem Baum festhalten und mit dem Schnabel auf diesen einhacken, während sie sich mit den Schwanzfedern abstützen. Bevor man die Vögel jedoch zu Gesicht bekommt, hat man meist schon das laute, charakteristische Klopfen gehört – es dient dazu, Insekten aufzuscheuchen und aus dem Baumstamm ins Freie zu treiben, wo sie dann eine leichte Beute für den hungrigen Specht sind.

Links: Wie die meisten Höhlenbrüter ist auch der Schwarzspecht *(Dryocopus martius)* auf alte Bäume angewiesen, in denen er eine Höhle anlegen und seine Jungen aufziehen kann.

Die Bestände des Rotkopfspechts nehmen wegen der Vernichtung der Lebensräume und dem zunehmenden Verkehr in seinen Habitaten überall stark ab.

Sinkende Bestände trotz großer Anpassungsfähigkeit

Dank ihrer großen Anpassungsfähigkeit haben Spechte die Umweltverschmutzung, den Klimawandel und sogar die Zerstörung ihrer Lebensräume bisher recht gut überlebt. Viele der von der IUCN bereits aufgelisteten Arten – es sind allerdings nur rund 15 Prozent aller Spezies – gelten nicht als unmittelbar bedroht. Nichtsdestotrotz sind einige Arten, etwa der Araberspecht *(Dendrocopos dorae)*, der Rotkopfspecht *(Melanerpes erythrocephalus)*, der südafrikanische Knysnaspecht *(Campethera notata)* und der Guadeloupespecht *(Melanerpes herminieri)* in ihren Beständen bedroht. Von zwei Arten, dem Elfenbeinspecht *(Campephilus principalis)* und dem Kaiserspecht *(Campephilus imperialis)*, beide aus Nordamerika, vermutet man, dass sie inzwischen ausgestorben sind, denn sie wurden seit längerem nicht mehr beobachtet. Bei den meisten Arten kennt man den Status der Bedrohung nicht, es ist aber anzunehmen, dass weitere Spezies gefährdet oder gar von der Ausrottung bedroht sind.

CUCULIFORMES

KUCKUCKE

Die Familie der Kuckucke (Cuculidae) umfasst etwa 140 Arten, die sowohl in der Alten als auch in der Neuen Welt verbreitet sind. Zusammen mit den Hoatzinen (Opisthocomidae) bilden Kuckucke die Ordnung der Kuckucksvögel (Cuculiformes).

Kuckucke sind Brutparasiten

Obwohl Kuckucke vor allem durch ihren Brutparasitismus bekannt sind, bauen die meisten Arten eigene Nester, brüten selbst und kümmern sich auch um die Aufzucht der Jungen. Nur etwa ein Drittel der Kuckucksarten sind tatsächlich Brutschmarotzer, die ihre Eier in die Nester von Wirtsvögeln wie Teichrohrsängern, Grasmücken oder Bachstelzen legen – Arten, deren Eier denen der Kuckucke in Größe, Farbe und Zeichnung täuschend ähnlich sind.

Generell gehen die Kuckucksweibchen sehr umsichtig vor: Sie entfernen nämlich zunächst ein Ei der „Gasteltern" aus dem Nest, bevor sie ihr eigenes hineinlegen. Die frisch geschlüpften Kuckucke werfen später meist die Eier oder die leiblichen Küken der Wirte aus dem Nest, um sich die volle Aufmerksamkeit der Adoptiveltern zu sichern. Diese ist auch nötig, denn die flüggen Kuckucke verlassen das Nest erst, wenn sie bereits das vier- bis fünffache Gewicht der Gasteltern haben.

Der Kuckuck findet keine Wirtsvögel mehr

Die Populationszahlen vieler Kuckucke sind rückläufig, insbesondere die der europäischen Arten. Fast alle Länder Mittel- und Westeuropas melden Bestandseinbußen, was einerseits mit der Zerstörung lichter Laubwälder – ihren bevorzugten Habitaten – zusammenhängt, andererseits auch mit einem massiven Rückgang der Wirtsvögel.

Doch nicht nur in Europa, sondern auch weltweit sind Kuckucke in zahlreichen Gegenden nur noch auf dem Durchzug zu sehen, vielfach sind sie auch komplett verschwunden.

Oben: Ein Teichrohrsänger füttert sein um ein Vielfaches größeres „Stiefkind", einen gerade flügge gewordenen Kuckuck.

Mitte: Mit dem Bestandsrückgang vieler Kleinvogelarten ist auch das Überleben des Kuckucks als Brutparasit infrage gestellt.

PASSERIFORMES
SPERLINGSVÖGEL

Von knapp 10 000 Arten in der Klasse der Vögel gehören 60 Prozent zur Ordnung der Sperlingsvögel (Passeriformes), die sich wiederum in die Unterordnungen Schreivögel (Tyranni) und Singvögel (Passeri) mit so bekannten Vogelfamilien wie Meisen (Paridae), Lerchen (Alaudidae), Schwalben (Hirundinidae) oder Stare (Sturnidae) unterteilen lässt. Alle Sperlingsvögel sind klein bis mittelgroß und haben eine weltweite Verbreitung; sie fehlen – zumindest als Brutvögel – lediglich in den extremen arktischen Gebieten.

Sehr anpassungsfähige Vögel

Viele Sperlingsvögel sind außerordentlich anpassungsfähig, weshalb sie in allen Klima- und Vegetationszonen der Welt leben können – bis hinauf zum Polarkreis und ins Zentrum des Amazonasurwaldes, wo sie die größte Artenfülle entwickelt haben. Eine Eigenheit vieler Arten der nördlichen Hemisphäre ist ihr ausgeprägtes Zugverhalten: Besonders jene Spezies, die sich überwiegend von Insekten ernähren, sind gezwungen, im Herbst in südliche Gefilde zu fliegen. Manche halten sich während der Wintermonate im Mittelmeerraum auf, andere in Afrika. Der Zug erfordert ungeheure physische Leistungen, sodass die Vögel während

Rechts: In manchen Wintern tauchen Seidenschwänze *(Bobycilla garrulus)*, die in den Tundren der nördlichen Hemisphäre leben, auf der Suche nach Ebereschenbeeren – ihrem Hauptfutter – auch in Mitteleuropa auf.

Zahlreiche Sperlingsvögel sind bedroht

Wissenschaftler schätzen, dass heutzutage bis zu 20 Prozent der Sperlingsvögel in ihren Populationen bedroht sind. Mindestens weitere 20 Prozent stehen kurz vor einer Gefährdung, und man geht davon aus, dass es nur eine Frage von wenigen Jahren ist, bis nochmals 20–30 Prozent diesen Status erreichen. Vor allem Inselpopulationen, von den Seychellen über Madagaskar bis zu den südostasiatischen und ozeanischen Archipelen, sind von der Ausrottung bedroht, denn sie können in den meisten Fällen der Vernichtung ihrer Lebensräume nicht entkommen, indem sie in andere Gebiete ausweichen.

Gewaltige Bestandseinbußen erleiden Sperlingsvögel außerdem durch schießwütige Südeuropäer und Belgier, die den herbstlichen Vogelzug dazu benutzen, die Tiere millionenfach in Netzen, mit Leimruten und mittels Lockvögeln zu fangen oder abzuschießen. Gartenrotschwanz, Trauerschnäpper, Wendehals, Goldammer, Rohrsänger, Würger und Dutzende weiterer Arten sind deshalb auch überall auf dem Rückzug, ebenso wie Paradiesvögel, Leierschwänze und Schmuckvögel einer unsicheren Zukunft entgegensehen. Für viele Sperlingsspezies besteht kaum noch Hoffnung.

des drei- bis vierwöchigen Flugs bis zur Hälfte ihres Körpergewichts verlieren. Im Frühjahr brechen sie dann wieder Richtung Norden zu ihren Brutgebieten auf. Die Klimaerwärmung hat allerdings inzwischen dazu geführt, dass eine Anzahl Arten nicht mehr in die alten Winterquartiere zieht, sondern in der näheren und weiteren Umgebung der Brutareale bleibt oder bis zu vier Wochen früher in die Sommerbiotope zurückkehrt.

Umweltveränderungen wirken sich auch auf Sperlinge aus

Trotz ihrer Anpassungsfähigkeit leiden auch Sperlingsvögel unter der Umweltverschmutzung und der Veränderung der natürlichen Biotope durch den Menschen: Hochstammobstkulturen müssen Niederstammanlagen weichen, Flüsse werden begradigt, Feuchtgebiete trockengelegt und Gehölze, die früher die Felder und Äcker gesäumt haben, entfernt. Ganze Wälder werden abgeholzt, Wiesen bebaut, und Straßen und Schienen durchziehen die Lebensräume. Dadurch verschwinden für viele Vögel die Lebens- und Brutgrundlagen; sie finden weder genügend Futter noch Verstecke oder gar Brutmöglichkeiten. Die Folge davon ist, dass sie in Gebiete abwandern, in denen die Umwelt noch einigermaßen intakt ist – diese werden allerdings immer seltener, sodass die Anzahl der Vögel immer mehr dezimiert wird.

Das Schicksal des Balistars

Der schneeweiße Balistar *(Leucopsar rothschildi)* mit dem blauen Augenring wurde erst 1912 wissenschaftlich beschrieben und kommt lediglich in einem sehr kleinen Verbreitungsgebiet auf Bali vor, dem heutigen Balai-Barat-Nationalpark. Keine hundert Jahre nach seiner Erstbeschreibung galt der Balistar in freier Wildbahn als „vom Aussterben bedroht", denn die Zahl der Vögel sank auf heute unter 100 Exemplare – mit dem Tiefstand von neun gezählten Exemplaren im Februar 2001.

Neben der Lebensraumzerstörung ist die Wilderei für den Tierhandel hauptausschlaggebend für die Bestandseinbrüche: Der Balistar ist in Asien ein sehr begehrter Käfigvogel, für den auf dem Schwarzmarkt zeitweise bis zu 1300 Euro pro Tier bezahlt wurden – obwohl die Regierung die Haltung der Vögel verboten hat und Zuwiderhandlungen mit der Beschlagnahmung der Vögel und hohen Geldbußen ahndet.

Mehrere hundert Exemplare dieser Vogelart werden mittlerweile in zoologischen Gärten in der ganzen Welt gehalten, die ein Erhaltungszuchtprogramm initiierten haben. Im Laufe der Jahre stieg der Bestand in Gefangenschaft auf nahezu 1000 Vögel und man strebt nun die Finanzierung eines Auswilderungsprojekts an, um den Vogel auch in freier Wildbahn zu retten.

Rechte Seite: Die Bestände des Gimpels oder Dompfaffs *(Pyrrhula pyrrhula)* gingen in den 1990er-Jahren in einigen Ländern zurück, haben sich inzwischen aber wieder erholt.

Links: Während nur weit unter 100 Exemplare des Balistars in Freiheit leben, beläuft sich sein Bestand in zoologischen Gärten, wo der seltene Vogel erfolgreich gezüchtet wird, auf das Zehnfache.

Unten: Bartmeisen *(Panurus biarmicus)* benötigen ausgedehnte Schilfbestände und sind in Gebieten, in denen sie keine solchen vorfinden, verschwunden.

STRUTHIONIFORMES
KIWIS UND KASUARE

Kiwis (Apterygidae) und Kasuare (Casuariidae) zählen zu den Laufvögeln (Struthioniformes), die – wie ihr Trivialnamen schon sagt – ausgesprochene Läufer sind. Trotz des Vorhandenseins von Federn und zumindest rudimentären Flügeln können sie nicht fliegen.

Links: Über die Bestände des als „gefährdet" eingestuften Helmkasuars *(Casuarius casuarius)* herrscht Unklarheit – sie werden auf 1000–15 000 Tiere geschätzt.

Unten: Nach dem afrikanischen Strauß und dem australischen Emu sind die drei Kasuararten – hier ein Bennettkasuar *(Casuarius bennetti)* – die größten Vögel der Welt.

KASUARE

Kasuare *(Kasuarius)* bewohnen die tropischen Regenwälder des nordöstlichen Australiens und Neuguineas, wo sie – trotz ihrer Größe von bis zu 1,70 m und einem Gewicht von bis zu 60 kg – ein äußerst verstecktes Leben führen. Sie zählen zu den größten heute noch lebenden Vögeln.

Von anderen Laufvögeln sind sie problemlos anhand ihres helmartigen Hornaufsatzes auf dem unbefiederten Kopf zu unterscheiden. Überdies besitzen alle Arten Kehllappen, die leuchtend rot oder blau, bei Jungtieren aber weniger ausgeprägt sind.

Man weiß wenig über die Bestandsgrößen

Zwei der drei Kasuararten werden auf der Roten Liste als „gefährdet" geführt, wobei man wegen ihrer zurückgezogenen Lebensweise bis heute keine genauen Bestandszahlen kennt. Früher wurden Kasuare von den Ureinwohnern wegen ihrer Federn und ihres Fleisches gejagt, teilweise wurden ihre Krallen als Pfeilspitzen verwendet. Heute muss man wegen der Abholzung der Wälder in ihrem Lebensraum davon ausgehen, dass nicht nur die Verbreitungsgebiete kleiner werden, sondern auch die Populationen. Darüber hinaus werden die Gelege häufig von verwilderten Hunden und Schweinen geplündert, und viele Kasuare fallen dem zunehmenden Verkehr in ihrem Lebensraum zum Opfer.

KIWIS

Die mit Abstand kleinsten Laufvögel sind die Kiwis, die in drei Arten in den dichten Regenwäldern Neuseelands leben. Sie werden etwa so groß wie ein Huhn, haben aber einen bis zu 20 cm langen, leicht nach unten gebogenen, tastempfindlichen Schnabel, an dessen Ende die Nasenlöcher sitzen und mit dem sie in den humusreichen Böden ihres Habitats nach Würmern und Insektenlarven stochern. Sie unterscheiden sich nicht nur durch ihre Größe, sondern auch hinsichtlich ihrer Ernährung von den anderen Laufvögeln: Der Fleischanteil ihrer Nahrung ist weitaus größer als bei den anderen Familien, die überwiegend Pflanzenfresser sind.

Unten: Der Kiwi ist durch Lebensraumzerstörungen, verwilderte Hunde und Katzen sowie durch eingeschleppte Füchse bedroht.

Die Tiere sind nachtaktiv; sie verbringen die Tage schlafend in Höhlen und kommen erst nach Sonnenuntergang heraus. Selbst in völliger Dunkelheit können sie sich dank ihres guten Gehörs und Geruchsinns problemlos orientieren.

Alle Kiwis sind bedroht

Alle drei Kiwiarten stehen als „bedroht" auf der Roten Liste, eine Unterart als „stark bedroht". Neuseelands Wappenvogel wurde jahrhundertelang intensiv als Fleisch- und Federlieferant bejagt, zunächst von den Maori, später von den weißen Siedlern. Anfang des 20. Jahrhunderts wurde die Jagd verboten und nicht viel später stellte man die Vögel unter strengen Schutz.

Allerdings bedrohten und bedrohen inzwischen neue Faktoren die Bestände: Ausgedehnte Biotopzerstörungen sowie vor allem eingeführte Haus- und Wildtiere wie Füchse, Marder, Hunde, Katzen und Wildschweine machen dem Kiwi im wahrsten Sinne des Wortes das Leben schwer: Experten schätzen, dass über 90 Prozent der Jungvögel von Fressfeinden getötet werden.

Oben: Mit seinem langen, pinzettenartigen Schnabel stochert der nachtaktive Kiwi im Waldboden nach Nahrung.

Unten: Die Verbreitungsgebiete von Kiwis und Kasuaren sind sehr klein – weswegen sie von Lebensraumzerstörungen besonders stark betroffen sind.

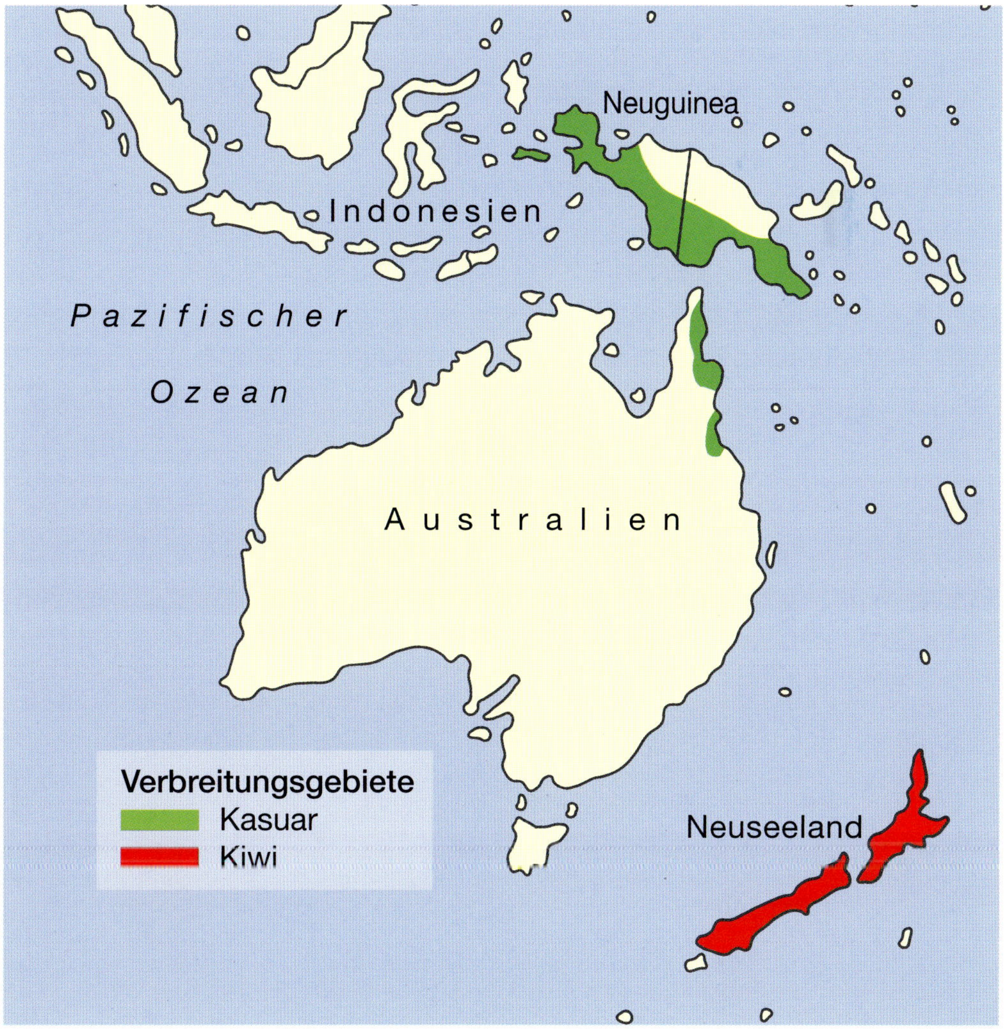

Afrikanische Elefanten

Eisbären

Dickhornschafe

MAMMALIA

SÄUGETIERE

Die Säugetiere, zu denen auch der Mensch zählt, werden in drei Unterklassen eingeteilt: Ursäuger (Protheria), Beutelsäuger (Metatheria) und Höhere Säugetiere (Eutheria). Zu den Ursäugern gehören die Eier legenden Ameisenigel (Tachyglossidae) und Schnabeltiere (Ornithorhynchidae), die keine Zitzen, sondern ein Drüsenfeld haben, aus dem die Milch austritt. Zu den Beuteltieren oder Beutelsäugern werden unter anderem die im australischen Raum lebenden Kängurus, Koalas, Raubbeutler (Dasyuridae) und der bereits ausgerottete Beutelwolf *(Thylacinus cynocephalus)* sowie die in Amerika lebenden Beutelratten (Didelphimorphia) gezählt. Die meisten Arten finden sich jedoch unter den Höheren Säugetieren.

Von anderen Klassen unterscheiden sich die vielgestaltigen Säugetiere, die in fast 6000 verschiedenen Arten sämtliche Kontinente, die Arktis und die Weltmeere besiedeln, durch ihr Haarkleid und die Fähigkeit zur Produktion von Milch – die allerdings nur dann stattfindet, wenn Nachwuchs erwartet wird bzw. geboren wurde. Die Zahl der Zitzen schwankt zwischen zwei und zwei Dutzend, die Säugezeit zwischen wenigen Tagen und zwei Jahren oder länger.

In der Klasse der Säugetiere sind zahlreiche Arten, darunter so bekannte wie Elefant, Tiger, Panda oder Giraffe, bedroht – durch Lebensraumzerstörung und -umwandlung, Umweltverschmutzung sowie Jagd bzw. Wilderei. Viele der meist großen Raubsäuger stehen darüber hinaus weit oben in der Nahrungskette, leiden also auch darunter, wenn die Bestände ihrer Beutetiere dezimiert werden, da sie dann nicht mehr genug Nahrung finden.

Laut der Weltnaturschutzunion IUCN sind in den letzten Jahrhunderten bereits über 70 Säugetierarten ausgerottet worden – und derzeit sieht es so aus, als würden bald noch viele folgen.

Zebras

Guanakos

Breitmaulnashörner

Berggorilla

MONOTREMATA
SCHNABELTIER UND AMEISENIGEL

In der Ordnung der Kloakentiere (Monotremata) finden sich mit Schnabeltieren (Ornithorhynchidae) und Ameisenigeln (Tachyglossidae) sehr urtümliche Säuger, die Eier legen, ihre Jungen aber – im Gegensatz zu Reptilien und Vögeln – trotzdem mit Muttermilch ernähren.

SCHNABELTIERE

Das Schnabeltier *(Ornithorhynchus anatinus)*, das in Bauen an Flussufern in Ostaustralien und Tasmanien lebt, erreicht bei einer Schwanzlänge von 15 cm und einer Kopf-Rumpf-Länge von rund 50 cm ein Gewicht von 700–2200 g. Als 1798 erstmalig die Haut eines dieser seltsamen Tiere im Britischen Museum in London eintraf, hielt man das Fell mit Biberschwanz und Entenschnabel für einen schlechten Witz chinesischer Präparatoren.

Das Schnabeltierweibchen legt zwei Wochen nach der Begattung meist zwei Eier, die etwa so groß wie Sperlingseier sind und 7–10 Tage ausgebrütet werden, bevor die 2,5 cm langen, nackten Jungen schlüpfen.

Häufig, aber trotzdem gefährdet

Schnabeltiere kommen zwar regional noch recht häufig vor, Wasserverschmutzung, Flussbegradigungen und die Ausbreitung des Menschen haben aber dazu geführt, dass die scheuen Tiere in einigen Gebieten inzwischen selten geworden und aus anderen ganz verschwunden sind. Ihr auf Australien beschränkter Lebensraum ist ein weiterer Grund dafür, dass die Tiere als „gefährdet" gelten und entsprechend geschützt werden – zoologische Gärten dürfen die Eier legenden Säuger nur mit Sondererlaubnis halten, Privatpersonen gar nicht.

AMEISENIGEL

Ameisenigel sind ausgesprochene Einzelgänger, die vorwiegend nachtaktiv leben. Es sind mehrere Arten bekannt, darunter der Kurzschnabeligel *(Tachyglossus aculeatus)* und die Langschnabeligel *(Zaglossus)*. Von Letzterem leben noch geschätzte 3000 Exemplare in einem kleinen Gebiet ausschließlich auf Neuguinea; deshalb und weil das Tier als Nahrungsmittel gejagt wird, stuft es die IUCN als „stark gefährdet" ein.

Der Kurzschnabeligel ist auf dem australischen Kontinent weit verbreitet, während Schnabeltier und Langschnabeligel relativ kleine Lebensräume haben.

Ein Kurzschnabeligel in Tasmanien auf Nahrungssuche.

Schnabeltiere kommen zwar regional häufig vor, gelten aber wegen der hohen Ansprüche an ihren ohnehin begrenzten Lebensraum als gefährdet und werden dementsprechend geschützt.

DIPROTODONTIA

KOALAS, WOMBATS UND KÄNGURUS

Koalas (Phascolarctidae), Wombats (Vombatidae) und Kängurus (Macropodidae) sind Familien aus der Ordnung Diprotodontia, für die es noch keinen deutschen Namen gibt. Sie zählen zur Säugetier-Unterklasse der Beutelsäuger (Metatheria), die ausschließlich auf dem amerikanischen und australischen Kontinent vorkommen, und unterscheiden sich von anderen Säugetieren im Wesentlichen dadurch, dass sie zum Zeitpunkt ihrer Geburt nicht viel weiter entwickelt sind als Embryos. Deshalb müssen sie noch einige Wochen oder Monate im Beutel der Mutter – wo sich bei den meisten Arten die Zitzen befinden – wachsen; erst wenn sie ein entsprechendes Entwicklungsstadium erreicht haben, verlassen sie die Tasche.

KOALAS

Der Koala *(Phascolarctos cinereus)* ist ein Feinschmecker, der sich fast ausschließlich von den nach Pfefferminz schmeckenden Blättern und den Schösslingen ganz bestimmter Eukalyptusarten ernährt: Von den 350 Eukalyptusarten kommen nur etwa 20 für die Ernährung eines Koalas infrage, ganze fünf Arten zählen zu seinen Lieblingsspeisen. Diese einseitige Ernährung erweist sich für den Koala als lebensbedrohlich, denn weite Teile Australiens, der Heimat des Beuteltiers, werden immer wieder von verheerenden Wald- und Buschbränden heimgesucht, die schwere Schäden in Flora und Fauna anrichten. Die wenigen Koalas, die diese Feuerkatastrophen überleben, verhungern oft, weil sie keine Nahrung mehr finden.

Schutzmaßnahmen sind überlebenswichtig

Vor nicht allzu langer Zeit lebten noch Millionen der Blätterfresser in den lichten Wäldern Australiens. Ende des 19. Jahrhunderts dezimierten dann Seuchen die Bestände, bevor schließlich zu Beginn des letzten Jahrhunderts das schöne, silbergraue, weiche Koalafell für die Mode entdeckt wurde – in den 1920er-Jahren wurden zeitweise Millionen von Fellen exportiert. Erst in der 1930er-Jahren erließ die australische Regierung – nicht zuletzt auf internationalen Druck hin – Schutzmaßnahmen, und man begann, Koalas wieder in ihren ursprünglichen Verbreitungsgebieten anzusiedeln. Trotzdem schätzt die Australian Koala Foundation den Bestand der wild lebenden Tiere heute auf weniger als 100 000 Exemplare landesweit und befürchtet wegen der speziellen Ansprüche der Koalas an Lebensraum und Nahrung eine Ausrottung in nicht allzu ferner Zeit, falls keine weiterführenden Maßnahmen zu ihrem Schutz ergriffen werden.

Nach der Geburt bleiben Koalajunge 5–6 Monate im mütterlichen Beutel, bevor sie die ersten Ausflüge in die nähere Umgebung wagen.

Koalabären sind hervorragende Kletterer, die nur ungern „ihren" Eukalyptusbaum verlassen.

WOMBATS

Über das Leben der nachtaktiven Wombats, die in Südostaustralien sowie auf den Inseln der Bass-Straße und auf Tasmanien vorkommen, war bis ins erste Viertel des letzten Jahrhunderts nur wenig bekannt. Inzwischen weiß man, dass die Tiere je nach Lebensraum sowohl in der Größe als auch in der Fellfarbe sehr stark variieren können.

Sinkende Bestände

Es werden die beiden Gattungen Nacktnasenwombat *(Vombatus ursinus)* und Haarnasenwombat *(Lasiorhinus spec.)* unterschieden, deren Bestände durch direkte Bejagung, Zerstörung der Lebensräume sowie aufgrund der Futterkonkurrenz mit Schafen und Rindern überall stark zurückgegangen sind. Die Situation des Nördlichen Haarnasenwombats *(Lasiorhinus krefftii)* ist besonders kritisch: Die IUCN listet die Art als „stark gefährdet"; nur etwa 100 Tiere leben in einem Nationalpark in Queensland (Australien).

Den stark bedrohten Haarnasenwombat findet man nur noch in wenigen Regionen im Süden und im Nordosten Australiens.

Der Nacktnasenwombat bewohnt in mehreren Unterarten einige Gebiete Südostaustraliens und Tasmaniens. Außerhalb der Schutzgebiete ist er gefährdet.

Das Goodfellow-Baumkänguru *(Dendrolagus goodfellowi)* gilt wegen der fortschreitenden Rodung der Regenwälder als stark bedroht.

Wegen der Zerstörung der Lebensräume und der starken Bejagung ist das Kurznagelkänguru von der Ausrottung bedroht.

Mit etwas Glück kann man die scheuen Hübschgesichtkängurus *(Wallabia canguru)* in den frühen Morgen- oder späten Abendstunden beobachten.

KÄNGURUS

Es gibt über 75 Känguruarten, von denen die kleinste nur etwa so groß wie eine Ratte ist, während die größte hoch aufgerichtet bis zu 2 m Kopf-Rumpf-Länge misst – ohne den langen kräftigen Schwanz, der beim Rennen zum Halten der Balance dient und beim langsamen Hüpfen wie ein weiteres Bein benutzt wird. Die Vorderbeine sind meist kurz und tragen fünf bekrallte Zehen, während die Hinterbeine und -füße verlängert und bei einigen Arten sehr kräftig ausgeprägt sind.

Viele Arten sind ausdauernde und schnelle Läufer: Riesenkängurus beispielsweise können Spitzengeschwindigkeiten von knapp 70 km/h erreichen.

Unterschiedliche Lebensweisen

Kängurus leben im offenen Grasland, in felsigen Gebirgsregionen, an Flussufern, in Sümpfen und auch auf Bäumen oder in lichten Buschlandschaften und sind Pflanzenfresser, vereinzelt auch Wiederkäuer. Einige Arten sind Einzelgänger, bei denen sich die Partner nur zur Paarungszeit zusammenfinden, andere leben in kleineren Gruppen, die in der Regel aus einem Männchen und mehreren Weibchen mit ihren Jungen bestehen.

Viele bedrohte Arten

Weniger die Bejagung als vielmehr die Faunenverfälschung, also die Einführung von Feinden wie Füchsen durch den Menschen, sowie vor allem die Umwandlung des Lebensraums in Weideflächen für Nutztiere stellen ein großes Problem für die Kängurus dar. Vier Arten wurden in jüngerer Zeit ausgerottet, zahlreiche weiterere Arten werden von der IUCN als „gefährdet", „stark gefährdet" oder „vom Aussterben bedroht" klassifiziert, darunter fünf Arten der Baumkängurus *(Dendrolagus)*, einige Spezies der Felskängurus *(Petrogale)* und insbesondere das Kurznagelkänguru *(Onychogalea fraenata)*, das bereits als ausgerottet galt, bis vor wenigen Jahren noch eine winzige Kolonie entdeckt wurde.

AFROSORICIDA
TANREKS

Tanreks (Tenrecidae) zählen gemeinsam mit Goldmullen (Chrysochloridae) zu den Tanrekartigen (Afrosoricida) – einer Ordnung sehr urtümlicher Insektenfresser, die insgesamt etwa 45 Arten umfasst.

Verschiedene Lebensräume

Die Familie der Tanreks lebt fast ausschließlich auf Madagaskar, Mauritius, den Seychellen und anderen umliegenden kleinen Inseln. Da dort keine größeren Räuber zu finden sind, konnte sich die Säugetierfamilie ein Refugium erhalten und verschiedene Arten entwickeln, die im Laufe der Zeit unterschiedliche Lebensräume eroberten: Die meisten Tanreks sind Bodenbewohner, einige Arten leben aber auch weitgehend unterirdisch und übernehmen die Rolle von Maulwürfen, andere spielen in der Ökologie der Inseln die Rolle von Spitzmäusen oder Ottern. Alle Tanreks ernähren sich überwiegend von Wirbellosen, Kerbtieren und – je nach Größe – auch von kleinen Wirbeltieren. Manche Arten legen während des madegassischen Winters, von Mai bis Oktober, eine Art Winterruhe ein.

Einige Tanrekarten sind wegen der Vernichtung ihrer Lebensräume bedroht.

Lebensraumverlust dezimiert die Bestände

Aufgrund der massiven Umweltzerstörungen auf Madagaskar und den umliegenden Inseln werden die Tanreks zunehmend ihres ohnehin recht kleinen Lebensraums beraubt. Während einige Arten Kulturfolger und noch relativ weit verbreitet sind, ist es um andere weniger gut bestellt. Die IUCN klassifiziert sechs Arten als „gefährdet" bzw. „stark gefährdet", darunter den etwa 13 cm langen Wassertanrek *(Limnogale mergulus)*, der an Flussufern lebt und eine otterähnliche Gestalt entwickelt hat. Auch für weitere Arten dieser Unterfamilie, die bis heute kaum erforscht sind, besteht die Gefahr, dass sie ausgerottet sein werden, bevor geeignete Schutzmaßnahmen zu ihrer Rettung in Angriff genommen werden können.

CHIROPTERA
FLUGHUNDE UND FLEDERMÄUSE

Mit über 1000 Arten, die weltweit verbreitet sind, sind die Fledertiere (Chiroptera) nach den Nagetieren (Rodentia) die zweitgrößte Ordnung in der Klasse der Säugetiere – und sie sind die einzigen Säugetiere mit schlagenden Flügeln und der Fähigkeit zu fliegen. Obwohl sich Flughunde (Megachiroptera) und Fledermäuse (Microchiroptera) auf den ersten Blick gleichen, bilden sie innerhalb der Ordnung Fledertiere jeweils eine eigene Unterordnung.

FLUGHUNDE

Die Familie der Flughunde (Pteropodidae) umfasst etwa 40 Gattungen mit über 170 bisher bekannten Arten, die alle in den Tropen und Subtropen Asiens, Afrikas, Australiens und Ozeaniens leben.

Die mit einer Kopf-Rumpf-Länge von 40 cm und einer Flügelspannweite von gut 1,50 m größte bekannte Art ist der Indische Riesenflughund *(Pteropus giganteus)*, die kleinste Art ist der Zwerg-Langzungenflughund *(Macroglossus minimus)*, der nur auf Java und den umliegenden Inseln vorkommt und bei einer Flügelspannweite von 25 cm maximal 6 cm lang wird. In der Regel sind die zu „Flügeln" umgestalteten Arme und Hände haarlos, der Körper ist mit einem weichen, kurzen Pelz bedeckt.

Im Gegensatz zu den Fledermäusen, die sich in erster Linie akustisch mittels Echoortung orientieren, finden sich die farbenblinden Flughunde mit ihren an die Dunkelheit angepassten Augen und dem hervorragenden Geruchssinn zurecht.

Wichtige Funktion für die Vegetation

Flughunde sind Pflanzenfresser; es gibt sowohl ausgesprochene Nektarsauger wie auch Blütenblattfresser und Fruchtliebhaber, die ihre Mahlzeit nicht vor Ort verzehren, sondern mit der Frucht im Mund zu den Wohnbäumen fliegen. Dadurch übernehmen sie eine sehr wichtige Funktion in den dichten Regenwäldern: Sie sind für den Transport von Samen und für die Bestäubung von Blüten zuständig.

Die Flügel der Flughunde bestehen aus einer doppelten Hautschicht, die zwischen den vier stark verlängerten Fingern der Hand gespannt ist.

Rückläufige Bestände der Fledertiere

Die Bestände der Flughunde sind im gesamten Verbreitungsgebiet rückläufig, viele Arten sind von der IUCN als „gefährdet", „stark gefährdet" oder „vom Aussterben bedroht" gelistet. Hauptgrund ist der Verlust des Lebensraums durch die Rodung der Regenwälder; hinzu kommt, dass Flughunde, die in Kolonien von bis zu 500 000 Tieren leben, für Farmer zu einer richtigen Plage werden können, wenn sie in den Dämmerungsstunden ihre Schlafplätze verlassen und über Obst- und Gemüseplantagen herfallen. Sie werden dementsprechend verfolgt, geschossen oder massenweise vergiftet. Da Flughunde üblicherweise nur ein Junges pro Jahr zur Welt bringen, ist eine Erholung der Bestände kaum denkbar. Auch die Fledermauspopulationen sind durch die Zerstörung der Überwinterungs- und Ruheplätze sowie durch den massiven Einsatz von Insektenbekämpfungsmitteln stark zurückgegangen. Vor allem viele Arten aus den Familien der Glattnasen (Vespertilionidae) und der Hufeisennasen (Rhinolophidae) sind bedroht und in verschiedenen Kategorien der Roten Liste erfasst.

FLEDERMÄUSE

Die zweite ausgesprochen arten- und formenreiche Unterordnung der Fledertiere sind die Fledermäuse. Im Gegensatz zu den Flughunden fehlt ihnen die Kralle am zweiten Finger, dafür haben Fledermäuse einen Schwanz. Außerdem sind ihre Ohren zweigeteilt, was – kombiniert mit einer länglichen Ohrklappe – der Verbesserung der ohnehin hochgradig entwickelten Hörfähigkeit dient.

Fledermäuse sind relativ klein: Die größte Art ist die australische Gespenstfledermaus *(Macroderma gigas)*, die von der Kopf- bis zur Schwanzspitze 16 cm misst, wahre Winzlinge sind dagegen die maximal 4 cm langen Zwergfledermäuse *(Pipistrellus)* aus Europa. Abgesehen von der Flughaut und den Ohrmuscheln ist meist der ganze Körper behaart.

Die Legende vom Blutsauger

Sehr viele Fledermausarten sind überwiegend Insektenfresser, einige wenige Arten ernähren sich von Früchten oder haben sich auf Nektar und Pollen spezialisiert. Wieder andere Arten machen Jagd auf kleinere Wirbeltiere, und es gibt sogar ausgesprochene Fischliebhaber.

Die Legende vom Blut saugenden Vampir entstand wahrscheinlich durch die Vampirfledermäuse (Desmodontinae) aus dem tropischen und subtropischen Amerika, die sich ausschließlich vom Blut anderer Tiere ernähren. Der Gemeine Vampir *(Desmodus rotundus)* etwa ritzt die Haut größerer Säugetiere an und leckt das austretende Blut auf.

Echoortung

Die meist nachtaktiven Säuger verlassen sich bei der Nahrungssuche weitgehend auf die Echoortung: Sie stoßen Töne im Ultraschallwellenbereich aus, fangen das Echo mit ihren großflächigen Ohren – zum Teil auch mit den seltsam geformten Nasen und Mündern – wieder auf und können in Bruchteilen von Sekunden darauf reagieren und einem Hindernis ausweichen oder Jagd auf ein Beutetier machen.

Hintergrund: Tagsüber hängen die schlafenden Flughunde – wie hier auf Sri Lanka – in ihren Ruhebäumen. Sie erwachen bei Einbruch der Dämmerung.

Linke Seite: Im Gegensatz zu den Fledermäusen orientieren sich Flughunde in erster Linie mit dem Gesichts- und Geruchssinn.

Eine Wochenstubenkolonie des Alpenlangohrs *(Plecotus macrobullaris)* in einer schweizerischen Kirche.

Die Mückenfledermaus *(Pipistrellus pygmaeus)* aus Mitteleuropa wurde erst im Jahre 2000 entdeckt und steht unter strengem Naturschutz.

PRIMATES
LEMUREN

Die Familie der Lemuren (Lemuridae) umfasst nach der neuen Systematik die auf Madagaskar lebenden Halbaffen aus der Teilordnung der Feuchtnasenaffen (Strepsirrhini), die sich in erster Linie mittels ihrer feuchten, hundeähnlichen Nasen bzw. mit ihrem Geruchssinn orientieren. Lemuren sind sehr ursprüngliche, maus- bis hundegroße Primaten mit buschigem Schwanz, die den Insektenfressern (Eulipotyphla) nahestehen und überwiegend nachtaktiv sind.

Benannt nach Geisterwesen

Lemuren erhielten ihren Namen von europäischen Forschern wegen ihrer nächtlichen, schauerlich anmutenden Gesänge und ihrer in schwachem Lichtschein unheimlich rot und gelb leuchtenden Augen – er verweist auf die umherirrenden Seelen der ruhelosen Toten aus der römischen Mythologie. Auch den madegassischen Ureinwohnern ist so mancher Lemur nicht geheuer – je nach Region gelten einige Arten als gute oder böse Geister.

Besondere Werkzeuge zur Fellpflege

Zahlreiche Lemurenarten leben in Gruppen, in denen die gegenseitige Fellpflege – wie bei vielen Affenarten üblich – zur Festigung der sozialen Beziehungen dient. Lemuren verfügen hierzu über zwei besondere Merkmale, nämlich über lange Krallen an der zweiten Zehe des Fußes sowie einen sogenannten Zahnkamm – eine verbundene Zahnreihe der Schneide- und Eckzähne des Unterkiefers, die in einem Winkel von 45° nach vorne steht und sich damit perfekt zum Kämmen des Fells eignet.

Selbst die verbreiteten Arten sind bedroht

Der bekannteste Vertreter der Lemuren dürfte der Katta *(Lemur catta)* sein, der wegen seiner schnurrenden Lautäußerungen oft auch Katzenmaki genannt wird. Er lebt in Gruppen von üblicherweise ein bis zwei Dutzend Tieren in den Trockenwäldern im Südwesten Madagaskars und ist dunkel- bis perlgrau, wobei Gesicht, Ohren und der bis zu 55 cm lange Schwanz schwarz-weiß gezeichnet sind. Obwohl er noch zu den verbreiteteren Lemurenarten zählt, ist auch er in der Roten Liste als „gefährdet“ geführt.

Braune Makis pflanzen Bäume

Vorwiegend im Norden und Osten Madagaskars findet man die fünf Arten aus der Gattung der Braunen Makis *(Eulemur)*, die in besonderem Maße mitverantwortlich für den Transport der Samen von rund 20 Baumarten in den madegassischen Wäldern sind, indem sie deren Früchte fressen und die Samen an anderer Stelle mit dem Kot wieder ausscheiden. Mit abnehmender Anzahl der Tiere nimmt auch die so wichtige Verbreitung der Samen ab, dementsprechend hat es massive Auswirkungen auf den Baumbestand, dass vier der fünf Arten als „gefährdet“ eingestuft werden.

Kronenmakis *(Eulemur coronatus)* bewohnen in kleinen Gruppen feste Reviere. Mit einer Gesamtpopulation von 10 000 Tieren gelten sie als „gefährdet“.

Geringe Überlebenschancen

Der Volksglaube der madegassischen Eingeborenen schützte die Tiere lange Zeit vor Jagd und Verfolgung. Heute kann er sie jedoch nicht mehr bewahren: Durch weiträumige Biotopzerstörungen – der WWF schätzt, dass 90 Prozent der ursprünglichen Wälder auf Madagaskar bereits vernichtet wurden – und starke Bejagung sind fast alle Lemuren mittelbar oder unmittelbar bedroht. Solange ihre Lebensräume trotz gesetzlichen Schutzes weiterhin rücksichtslos zerstört werden, sind ihre Überlebenschancen sehr gering, zumal die Insellage die Möglichkeit des Ausweichens stark begrenzt. Und selbst ein Ortswechsel auf der Insel ist praktisch unmöglich: Die meisten Lemuren sind so spezialisiert, dass die Anpassung an einen neuen Lebensraum unter veränderten Bedingungen kaum möglich wäre.

Wegen der fortschreitenden Zerstörung der Lebensräume sind alle Lemurenarten Madagaskars bedroht – sogar der einst sehr häufige Katta.

In den Trockenwäldern Madagaskars und auf den Komoren lebt der bedrohte Mongozmaki *(Eulemur mongoz)*.

Wie alle Lemuren sind auch die bedrohten Mohrenmakis *(Eulemur macao)* soziale Tiere. Sie leben in Gruppen zusammen, die bis zu 20 Tiere umfassen können.

PRIMATES
MEERKATZENVERWANDTE

Die Meerkatzenverwandten oder Hundsaffen (Cercopithecidae) sind mit etwa 80 Spezies die artenreichste Gruppe der Altweltaffen, zu denen auch die Menschenartigen (Hominoidea) gehören, die ausschließlich in der Alten Welt leben. Alle Arten der Meerkatzenverwandten, die sich in die Unterfamilien Backentaschenaffen (Cercopithecinae) sowie Schlank- und Stummelaffen (Colobinae) teilen, sind heute ausschließlich in Afrika und weiten Teilen Asiens verbreitet, eine Art kommt auf Gibraltar vor, wo sie allerdings eingeführt wurde.

Unterschiedliche Ernährung

Meerkatzenverwandte sind tagaktiv und ausgesprochen gesellig, sie leben meist in größeren Verbänden und haben ein ausgeprägtes Sozialverhalten. In der Regel werden die Gruppen von einem älteren – dem ranghöchsten – Männchen angeführt, das für die Sicherheit sorgt und Nahrungsplätze sucht. Ihre Ernährung ist unterschiedlich: Schlank- und Stummelaffen sind vorwiegend Laub fressende Vegetarier, Backentaschenaffen hingegen sind Allesfresser, die sich von Früchten, Samen, Knospen und Blättern, Insekten und kleinen Wirbeltieren ernähren. Ihren Namen tragen sie aufgrund ihrer Backentaschen, in denen sie Nahrung verstauen können.

HANUMANLANGUR

Einer der anmutigsten Vertreter der Schlankaffen ist der Hanumanlangur oder Hulman *(Semnopithecus entellus)*, der in 15 Unterarten in ganz Indien – von den Hängen des Himalaja bis zum tropischen Cape Comorin – verbreitet ist. Die Jungen kommen pechschwarz zur Welt und wechseln ihre Fellfarbe innerhalb der ersten drei Lebensjahre zum Silberweiß der Alttiere, wobei das Gesicht dunkel bleibt.

Zu den auffallendsten Gestalten unter den Altweltaffen gehört der männliche Mandrill. Einige Populationen der Art sind „stark gefährdet".

Obwohl Hutaffen sehr anpassungsfähig sind und als Kulturfolger auch in Städten leben, sind sie in weiten Teilen der ursprünglichen Verbreitungsgebiete ausgerottet.

Die Männchen der Nasenaffen aus den Urwäldern Borneos sind leicht an ihren auffälligen Nasen zu erkennen.

Unten: Meerkatzen sind Vertreter der sogenannten Altweltaffen, die fast ausschließlich in Afrika südlich der Sahara und in Südostasien leben. Ihnen werden die Neuweltaffen gegenübergestellt, deren Verbreitungsgebiet sich von Mittel- bis ins zentrale Südamerika erstreckt.

Oben: Infolge des Kriegs in Vietnam sind die Kleideraffen heute von der Ausrottung bedroht.

Der Schopfmakak *(Macaca nigra)* – hier Mutter mit Kind – steht auf der Roten Liste der IUCN.

Die Legende erzählt, dass der weise Affenminister Hanuman einst dem Königssohn Rama half, dessen Gattin Sita aus der Gefangenschaft des Riesen Ravanna zu befreien. Zur Strafe wollte Ravanna Hanuman auf dem Scheiterhaufen verbrennen, der kluge Affe aber entfloh – mit leicht verbrannten und seitdem schwarzen Händen, Füßen und Gesicht. Alle Unterarten sind in unterschiedlichen Gefährdungsstufen auf der Roten Liste geführt.

NASENAFFE

Ebenfalls zu den Schlankaffen gehört der seltsame Nasenaffe *(Nasalis larvatus)* aus Waldgebieten an den Küsten und Flussufern auf Borneo, der ein beachtlich guter Schwimmer ist und bei Gefahr ins Wasser springt, um davonzuschwimmen.

Die Männchen werden bis zu 75 cm lang und wiegen bis zu 25 kg, die Weibchen sind erheblich kleiner und leichter. Die Tiere leben in Horden zusammen und ernähren sich ausschließlich von Pflanzenkost; viel mehr ist bislang nicht über sie bekannt. Die Bestände gelten als „stark gefährdet".

KLEIDERAFFEN

Auch die Kleideraffen *(Pygathrix)*, die ihren Namen ihrer charakteristischen Fellzeichnung verdanken, werden der Gruppe der Schlankaffen zugeordnet. Alle drei bekannten Arten bewohnen die Regenwälder Zentral- und Indochinas und sind Pflanzenfresser. Wahrscheinlich besteht eine Gruppe aus ein oder zwei erwachsenen Männchen und mehreren Weibchen mit Jungen, allerdings ist über das Leben der Kleideraffen ebenfalls wenig bekannt. Es besteht Anlass zu der Befürchtung, dass die Bestände, die vor allem durch starke Bejagung wegen des schönen Fells, den Vietnamkrieg

Viele Bedrohungsfaktoren

Wie die meisten Primaten leiden auch die Meerkatzenverwandten unter der Ausbreitung des Menschen in ihren Lebensräumen, durch die sie in immer kleinere Gebiete zurückgedrängt werden. Viele dieser Affen sind außerdem hoch spezialisiert, das heißt, sie sind auf besonderes Futter oder auf ganz bestimmte Bedingungen in ihrem Lebensraum angewiesen – was ein Ausweichen in andere Gebiete schwierig machen würde. Das prächtige Fell vieler Arten aus der Familie der Meerkatzenverwandten ist ein Grund, warum die Tiere stark bejagt werden, ein anderer ist ihr Fleisch. Der Handel mit Affenfleisch hat seit den 1990er-Jahren stark zugenommen und zeigt gravierende Auswirkungen auf die Bestände, zumal sogenanntes Buschfleisch inzwischen nicht mehr nur in Afrika, sondern zum Teil auch illegal in Europa verkauft wird – ungeachtet der Tatsache, dass Affenfleisch ein erhebliches Gesundheitsrisiko für den Menschen birgt und sehr wahrscheinlich den HIV-Erreger und Ebola auf den Menschen übertragen hat.

In weiten Teilen Afrikas sind Primaten – hier eine Blaumaulmeerkatze (Cercopithecus cephus) *– begehrtes Buschfleisch.*

und die Rodung der Regenwälder deutlich reduziert wurden, im Freiland nicht mehr zu retten sind.

DIANAMEERKATZE

Zahlreiche Arten aus der Gattung der Meerkatzen, die ihrerseits zu den Backentaschenaffen zählen, stehen auf der Roten Liste – darunter die Dianameerkatze *(Cercopithecus diana)*, die die westafrikanischen Küstenwälder und das Kongobecken bewohnt. Die Bestände der auffällig gefärbten, bis zu 70 cm langen Meerkatzenart gelten wegen massiver Biotopzerstörungen und Bejagung als „stark gefährdet".

Die wunderschöne Roloway-Meerkatze *(Cercopithecus roloway)* lebt in einem sehr kleinen Gebiet im Osten der Elfenbeinküste und in Ghana. Sie gilt als „stark gefährdet".

HUT- UND BARTAFFEN

Die einzigen in Asien lebenden pavianartigen Backentaschenaffen sind die 21 Makaken-Arten *(Macaca)*, die im Laufe der Zeit in mehreren Regionen der Erde, darunter auf Gibraltar, angesiedelt wurden. Besonders anpassungsfähige und überlebenstüchtige Vertreter sind die Hutaffen aus Indien *(Macaca radiata)*, die auch die Nähe des Menschen nicht scheuen: In Gruppen von bis zu 50 Tieren streifen sie durch ihre Reviere im Süden Indiens und räumen Obstkulturen, Plantagen und Felder leer. Sie gelten nicht als unmittelbar bedroht – ganz im Gegensatz zu den Hutaffen auf Sri Lanka *(Macaca sinica)*, die als „gefährdet" eingestuft sind.

Ebenfalls zu den Makaken gehört der Bartaffe oder Wanderu *(Macaca silenus)*. Er lebt in den tiefen Wäldern der westlichen Küstengebirge Südindiens und ist wegen der rücksichtslosen Landnahme der explosionsartig wachsenden Bevölkerung „stark gefährdet".

PAVIANE

Von den Makaken abgesehen leben alle anderen Angehörigen der Pavianartigen *(Papionini)* in Afrika, meist südlich der Sahara, sowie im südlichen Arabien. Die fünf bis 200 Tiere umfassenden Gruppen werden – je nach Größe – von einem oder mehreren Männchen geführt, die ausgesprochen wehrhaft sind: Sogar Löwen und Leoparden weichen den Rudelführern mit den zentimeterlangen Eckzähnen lieber aus, als sich auf einen Kampf einzulassen.

Auffällige Mandrills

Neben den imposanten Steppen- und Mantelpavianen aus der Paviangattung *(Papio)* finden sich weitere schöne und auffallende Arten, so

Der dem Mandrill sehr ähnliche Drill *(Mandrillus leucophaeus)* ist einer der seltensten Primaten Afrikas; man schätzt seine Gesamtpopulation in freier Wildbahn auf 3000 Exemplare.

zum Beispiel der männliche Mandrill *(Mandrillus sphinx)* mit seinem bunt gefärbten Gesicht und den signifikanten Gesäßschwielen, die im Sozialverhalten der Verbände eine wichtige Rolle spielen. Der Mandrill bewohnt die tropischen Wälder Kameruns und wird als „gefährdet" eingestuft, wobei einzelne Populationen „stark gefährdet" sind.

Blutbrustpaviane

Auf der anderen Seite Afrikas, im äthiopischen Hochland, lebt der Dschelada oder Blutbrustpavian *(Theropithecus gelada)*, dem ein haarloses blutrotes Dreieck auf der Brust seinen Namen eingetragen hat. Dscheladas werden vor allem wegen ihres Fleischs gejagt und verlieren außerdem zunehmend Lebensraum an den Menschen. Auf der Roten Liste sind sie – nicht zuletzt aufgrund ungenügender Datenlage – als „nur" potenziell bedroht geführt.

Die Drohgebärden der Blutbrustpaviane sind wahrlich Furcht einflößend.

PRIMATES

MENSCHENAFFEN

Die Menschenaffen (Hominidae) sind eine Familie innerhalb der Teilordnung Altweltaffen, mit denen sie Ähnlichkeiten hinsichtlich des Zahnschemas und der Nasenform haben, von denen sie sich aber in anderen Merkmalen deutlich unterscheiden: So fehlt ihnen ein Schwanz, sie haben dafür aber ein Steißbein, ein breites Becken, einen fassförmigen Brustkorb mit breiten, beweglichen Schultern, eine gut entwickelte Rücken- und Armmuskulatur, bewegliche Handgelenke sowie einen gegenüberstehenden Daumen. Dieser Körperbau befähigt die Menschenaffen – zu denen auch der Mensch (Homo) *zählt – als einzige Primaten aufrecht sitzen, stehen und sich fortbewegen zu können. Auch bezüglich des weitaus komplexeren Sozialverhaltens unterscheiden sich Menschenaffen von den anderen Altweltaffen.*

Die Menschenaffen sind eine relativ junge Familie innerhalb der Ordnung der Primaten, deren früheste Vertreter vor etwa 98 Millionen Jahren auftraten: Erst vor ca. 4 Millionen Jahren begannen sich die letzten beiden Primatengattungen – Mensch und Schimpanse (Pan) *– auseinanderzuentwickeln, bis dann vor ca. 2,4–1,8 Millionen Jahren schließlich der moderne Mensch in Ostafrika auftauchte. Das jüngste Mitglied der Hominiden ist zugleich das einzige, das nicht bedroht ist.*

Orang-Utans halten sich überwiegend auf Bäumen auf. Vor allem wenn sie es eilig haben, schwingen sie sich an den langen Armen von Ast zu Ast.

Vor Einbruch der Nacht bauen sich die tagaktiven Tiere täglich ein neues Schlafnest aus Blättern in den Bäumen.

ORANG-UTANS

Der Name Orang-Utan stammt aus der malaiischen Sprache und heißt wörtlich übersetzt „Waldmensch". Fossile Funde zeigen, dass der Orang-Utan *(Pongo)* früher auch auf Java, in Vietnam und Südchina vorkam, heute beschränkt sich sein Verbreitungsgebiet allerdings auf die weit auseinanderliegenden Inseln Sumatra und Borneo, wo er – bevorzugt in Wassernähe oder Sumpfgebieten – die tropischen Regenwälder in fast allen Höhenlagen bewohnt. Die beiden Populationen werden aufgrund starker Unterschiede in Körperbau und Verhalten in zwei Arten aufgeteilt: den Sumatra-Orang-Utan *(Pongo abelii)* und den etwas schwereren und dunkleren Borneo-Orang-Utan *(Pongo pygmaeus)*.

Rechte Seite: Orang-Utans sind im Gegensatz zu anderen Menschenaffen in der Regel alleine anzutreffen.

Unten: Der Stammbaum zeigt die verzweigten Verwandtschaftsverhältnisse der Primaten. Die Aufspaltung der Menschenaffen und die Entwicklung der Gattungen erfolgten erst relativ spät.

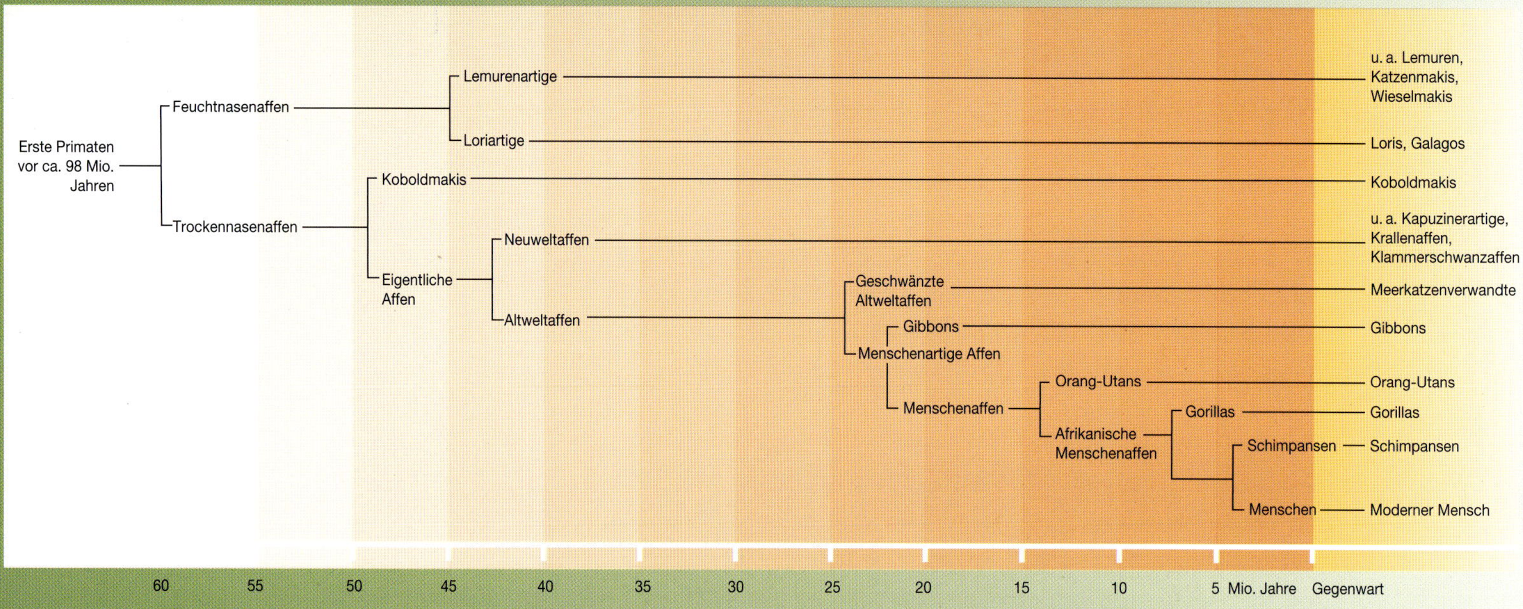

Individuelles Aussehen

Bei Orang-Utans herrscht starker Geschlechtsdimorphismus. Männliche Tiere erreichen eine Kopf-Rumpf-Länge von 1,25–1,50 m und ein Gewicht von bis zu 90 kg – damit sind sie fast doppelt so schwer wie die Weibchen. Auffallend sind neben dem großen Kehlsack vor allem auch die prägnanten Wülste an der Schädeloberseite der Männchen – Sagittal- und Nuchalkämme genannt – sowie die Wangenwülste, die lebenslang wachsen und jedem Tier ein ganz eigenes Aussehen verleihen. Bärte tragen beide Geschlechter.

Spezialisierte Baumbewohner

Die vorwiegend vegetarisch lebenden Orang-Utans sind spezialisiert auf das Leben in Bäumen: Ihre Arme sind lang und kräftig und erreichen eine Spannweite von über 2 m, die langgestreckten, hakenförmigen Hände mit dem kurzen Daumen sind perfekte Greifwerkzeuge. Die kurzen, sehr beweglichen Beine mit den handähnlichen Füßen sind hilfreich beim senkrechten Klettern an Bäumen.

Lockere Bindungen

Orang-Utans sind zwar keine ausgesprochenen Einzelgänger, im Gegensatz zu anderen Menschenaffen pflegen sie aber nur lockere Kontakte zu ihren Artgenossen; enge, längere Bin-

Überleben ungewiss

Beide Orang-Utan-Arten sind bedroht; die IUCN führt die Sumatra-Art als „vom Aussterben bedroht", die Art auf Borneo als „stark gefährdet". Die Gründe dafür liegen in der schnellen Zerstörung des Lebensraumes durch die Rodung der Wälder zur Gewinnung von Holz. Neue landwirtschaftliche Nutzflächen in Form riesiger Plantagen werden derzeit insbesondere deshalb benötigt, weil die Staaten Malaysia und Indonesien, zu denen die Heimatinseln der Orang-Utans gehören, Hauptproduzenten des gefragten Palmöls sind.

Außerdem werden Orang-Utans noch immer gejagt, zum Teil als Fleischlieferanten, zum Teil aber auch als Schädlinge, weil sie auf der Nahrungssuche bisweilen größere Verwüstungen auf den Plantagen anrichten.

Die Jungen sind in einigen Gebieten Asiens beliebte Haustiere, sodass man davon ausgeht, dass auch heute noch – trotz der Listung der beiden Orang-Utan-Arten im Washingtoner Artenschutzabkommen – wöchentlich zwei Babys außer Landes geschmuggelt und die Mütter getötet werden.

Um die Orang-Utans zu retten, wurden auf Borneo und Sumatra Schutzgebiete und Nationalparks gegründet, daneben gibt es Auswilderungsstationen, in denen beschlagnahmte Jungtiere wieder auf ein Leben in Freiheit vorbereitet werden.

Eine Orang-Utan-Mutter mit Kind im Tanjung-Puting-Nationalpark auf Borneo.

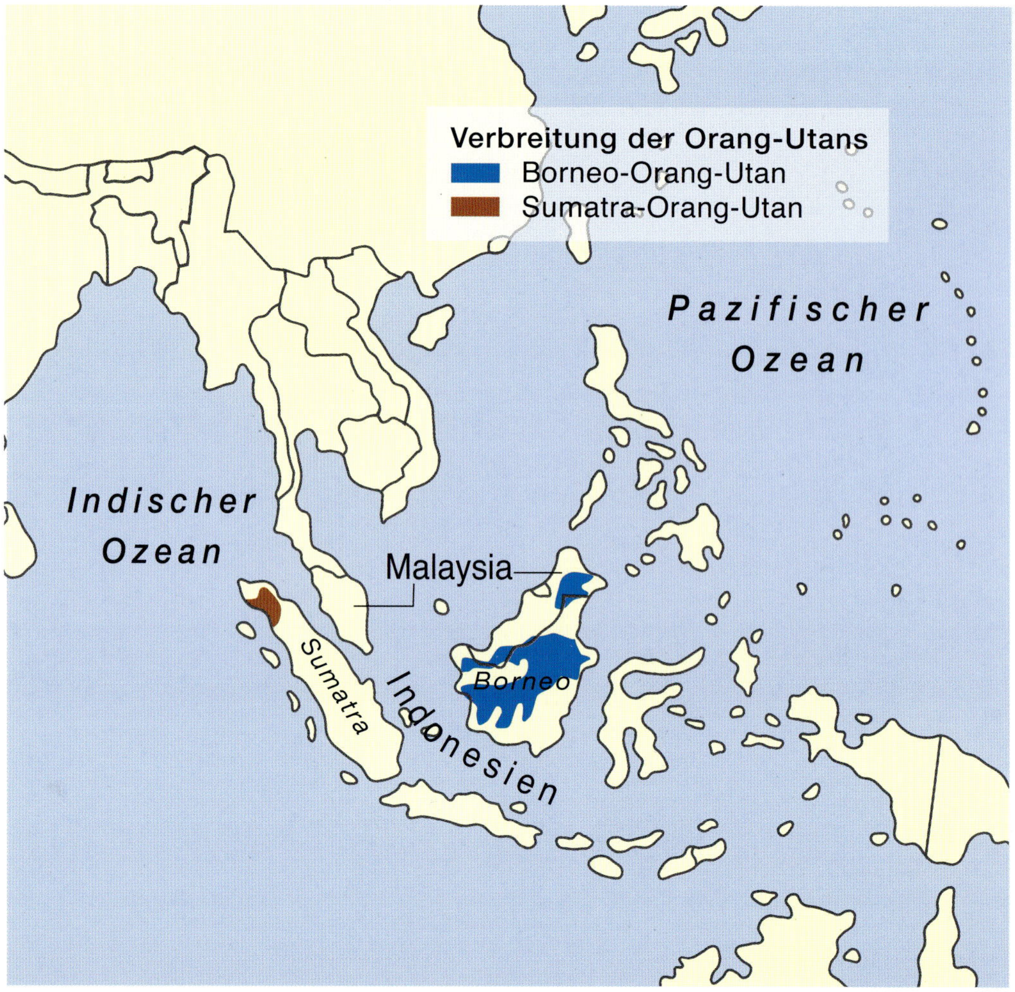

dungen bestehen nur zwischen Mutter und Kind. Vor allem die Männchen, die im Gegensatz zu den Weibchen selten feste Reviere haben, sondern umherziehen, reagieren häufig feindselig auf Geschlechtsgenossen; gelegentlich kommt es sogar zu Kämpfen. Weibchen gehen friedlicher miteinander um: Manchmal bleiben zwei oder mehr Mütter mit ihren Jungen, bisweilen sogar mit einem Mann, mehrere Tage lang zusammen.

Trotz der lockeren Bindungen gibt es eine Rangordnung, in der Tiere mit Revier höher stehen als Tiere ohne Revier.

Männliche Orang-Utans haben im Gegensatz zu Weibchen deutlich ausgeprägte Backenwülste.

Oben: Da das Verbreitungsgebiet der Orang-Utans inzwischen stark eingeschränkt wurde und die Vermischung der Familien nicht mehr ohne weiteres möglich ist, besteht die Gefahr von Inzucht.

GORILLAS

Zwei Gorilla-Arten mit jeweils zwei Unterarten leben in den west- und zentralafrikanischen Urwäldern: der Westliche Gorilla *(Gorilla gorilla)* und der Östliche Gorilla *(Gorilla beringei)*. Die Populationen der beiden Arten sind rund 1000 km voneinander getrennt und vermischen sich nicht.

Waldbewohner in verschiedenen Regionen

Alle Gorillas sind Waldbewohner, sie halten sich allerdings je nach Unterart in unterschiedlichen Waldtypen auf, zum Beispiel in tief gelegenen Regenwäldern, Bergregenwäldern oder Sekundärwäldern. Der Berggorilla *(Gorilla beringei beringei)*, der im Gebiet der Virungavulkane und im Bwindi-Regenwald in Uganda vorkommt, kann sogar in Höhen von rund 4000 m aufsteigen und trägt demzufolge ein dichtes und wärmendes Haarkleid, das ihn sowohl gegen die täglichen Regengüsse als auch gegen Kälte schützt.

Die größten Primaten

Gorillas sind die größten und schwersten Tiere unter den etwa 200 Primaten-Arten, wobei der Östliche generell etwas größer und schwerer ist als der Westliche Gorilla. Zwischen den Geschlechtern besteht ein beträchtlicher Größen- und Gewichtsunterschied: Während die Weibchen etwa 1,50 m groß und 75 kg schwer werden, misst ein Männchen zirka 1,80 m – bei einem Gewicht von bis zu 200 kg und einer

Ein Weibchen des Westlichen Flachlandgorillas säugt sein Baby. Die Mutter-Kind-Bindung ist bei Gorillas sehr eng.

Die zärtliche Fürsorge für ihre Jungen erlernen junge Gorillamütter im Familienverbund.

Gorillas leben in zwei streng voneinander getrennten Populationen: die Flachlandgorillas im Westen Afrikas und die Berggorillas in den Hochgebirgen im Osten, zwischen Edward- und Tanganjikasee.

Die alten Gorillamänner werden wegen der silbergrauen Rückenfärbung Silberrücken genannt. Hier ein Prachtexemplar im Volcanoes-Nationalpark in Ruanda.

Spannweite von fast 3 m. Zum Vergleich: Die Spannweite eines durchschnittlich großen Menschen beträgt rund einen Meter weniger.

Den ganzen Tag lang fressen

Gorillas sind reine Vegetarier. Sie ernähren sich von mehr als 100 unterschiedlichen Pflanzenarten, von wildem Sellerie über Schösslinge bis hin zu verschiedensten Kräutern. Da die Nahrung vergleichsweise nährstoffarm ist, müssen die Tiere riesige Mengen zu sich nehmen, um den täglichen Bedarf zu decken. Demzufolge sind Gorillas acht bis zehn Stunden täglich auf der Suche nach fressbarem Grünzeug. Sie bewegen sich in Familiengruppen durch den Wald und halten permanent Blick- und Stimmkontakt. Oberhaupt eines Familienverbandes ist grundsätzlich ein Silberrücken, ein ausgewachsenes Männchen mit silberfarbenem Rücken, das von fünf oder sechs ausgewachsenen Weibchen – einige mit Jungen – begleitet wird.

Nächte in sicherer Höhe

Tagsüber halten sich Gorillas vorwiegend auf dem Waldboden auf; vor Anbruch der Nacht klettern die Weibchen mit ihren Jungen dann auf Bäume, bauen ein Nest aus Blättern und Zweigen und kommen erst am nächsten Morgen von ihren sicheren Schlafplätzen herunter. Die Männchen sind für solche Kletter- und Hangelübungen zu schwer. Sie verbringen die Nacht auf dem Boden – relativ gefahrlos, denn sie haben keine natürlichen Feinde zu fürchten.

Vielfältige Ursachen für die Bestandseinbrüche

Die IUCN stuft den Östlichen Flachlandgorilla *(Gorilla beringei graueri)* mit geschätzten 8000–17 000 Tieren als „stark gefährdet" ein, die drei anderen Unterarten als „vom Aussterben bedroht": Vom Cross-River-Gorilla *(Gorilla gorilla diehli)* gibt es nur noch etwa 250 Tiere und vom Berggorilla *(Gorilla beringei beringei)* etwa 650. Die letzten 90 000 überlebenden Westlichen Flachlandgorillas *(Gorilla gorilla gorilla)* fallen rasend schnell einer Ebola-Epidemie zum Opfer.

Die gravierendsten Ursachen für die Bedrohung sind neben dem Ebolafieber die großflächige Zerstörung der Wälder zur Gewinnung wertvoller Tropenhölzer sowie die Ausbeutung von Bodenschätzen. Weitere Gefahren stellen Bürgerkriege im Lebensraum der Gorillas sowie die Wilderei dar: Das Fleisch der erlegten Menschenaffen ist sehr begehrt und wird auf lokalen Märkten verkauft.

Gorillas werden nach wie vor illegal von Wilderern erlegt. Hier ein in Kamerun zum Verkauf ausgestelltes Weibchen.

Eine Familie von Berggorillas. Man erkennt deutlich den markanten Größenunterschied zwischen dem Silberrücken und seinen Frauen.

Entgegen wilder Abenteuergeschichten sind Gorillas meist sanftmütig. Allerdings setzen sie ihre enormen Körperkräfte ein, wenn sie Rangordnungskämpfe austragen oder sich bedroht fühlen.

Starke Regenfälle sind im Lebensraum der Gorillas üblich, weswegen die Tiere einen dichten, Wasser abweisenden Pelz haben.

Gorillas als Monster?

Lange galten Gorillas, besonders die Männchen, als mörderische Bestien, die Menschenfrauen verschleppten und Bauern totbissen. Tatsache ist jedoch, dass es kaum ein anderes Tier vergleichbarer Größe gibt, das so friedfertig ist wie ein Gorilla. Der amerikanische Zoologe George Schaller (* 1933), der die Tiere ab 1959 erforschte, und später die 1985 ermordete Verhaltensforscherin Dian Fossey (* 1932) – ihr Buch „Gorillas im Nebel" wurde ein Welterfolg und mit Sigourney Weaver in der Hauptrolle verfilmt – gehörten zu den Ersten, die das Monsterbild vom Gorilla zurechtrückten und gleichzeitig das heutige Wissen über diese Menschenaffen begründeten.

SCHIMPANSEN

In der Gattung der Schimpansen *(Pan)* finden sich die beiden nächsten Verwandten des Menschen: die Gemeinen Schimpansen *(Pan troglodytes)* mit vier Unterarten und die Bonobos *(Pan paniscus)*, deren ebenfalls gebräuchlicher Name Zwergschimpanse irreführend ist: Denn der Zwergschimpanse ist zwar zierlicher, aber nicht wesentlich kleiner als der Gemeine Schimpanse, von dem ihn außerdem längere, schlankere Gliedmaßen und ein friedlicheres Verhalten unterscheiden.

BONOBOS

Der Bonobo wurde erst 1929 anhand eines Schädels in einem belgischen Museum als eigene Art entdeckt, vier Jahre später wurden die ersten ausführlichen Beschreibungen veröffentlicht. Männliche Bonobos erreichen eine Kopf-Rumpf-Länge von bis zu 85 cm und ein Gewicht um die 60 kg, wobei starker Geschlechtsdimorphismus herrscht: Die Männchen sind deutlich größer und schwerer als die Weibchen.

Geschickt auf den Bäumen

Auf dem Boden bewegen sich Bonobos – wie die meisten afrikanischen Menschenaffen – im sogenannten Knöchelgang fort, das heißt auf allen vieren, wobei sie sich mit der Rückseite der mittleren Fingerglieder der vorderen Extremitäten nur aufstützen. In den Baumkronen, wo sie sich überwiegend aufhalten, setzen sie alle Gliedmaßen gleichwertig ein – zum Hangeln, Schwingen und Klettern; sie gehen dort aber teilweise auch auf zwei Beinen.

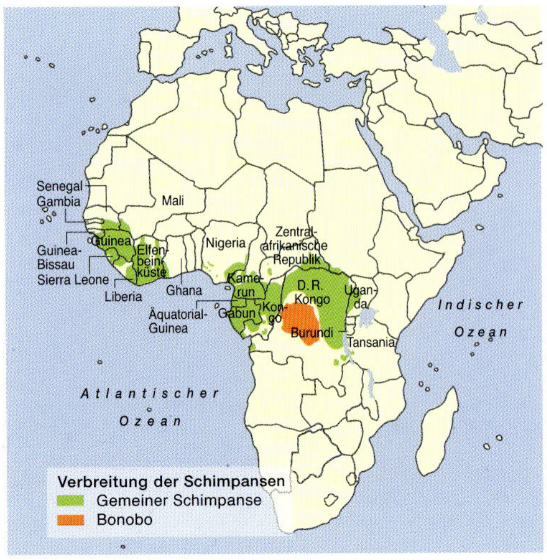

Oben: Während das Verbreitungsgebiet der Gemeinen Schimpansen recht groß ist, leben Bonobos ausschließlich in den tropischen Regenwäldern der Demokratischen Republik Kongo.

Rechts: Sogar bei der gemeinsamen Nahrungsaufnahme verhalten sich die Bonobos sehr friedlich.

Unten: Bonoboweibchen bringen nach einer Trächtigkeitsdauer von etwa 250 Tagen ein einziges Junges zur Welt. Dieses bleibt vier Jahre lang bei seiner Mutter.

Populationsgröße der Bonobos schwer einzuschätzen

Die IUCN stuft den Bonobo als „stark gefährdet" ein, es ist aber wegen der Unübersichtlichkeit des Lebensraums fast unmöglich, die Gesamtpopulation zu schätzen; so schwanken die Angaben zwischen 29 500 und 50 000 Tieren, wobei man es für möglich hält, dass die tatsächlichen Zahlen höher liegen könnten. Fest steht, dass die Bestände durch die unvermindert starke Abholzung der Regenwälder, den zunehmenden Besiedlungsdruck und die Bejagung in den letzten Jahren massiv zurückgegangen sind.

Sinkende Bestände

Trotz der relativ hohen Flexibilität der Gemeinen Schimpansen bezüglich ihres Lebensraums sind auch sie durch die Zerstörung bzw. Zersplitterung ihres Verbreitungsgebiets bedroht. Ihre Bestände werden immer kleiner und zudem in kleine Gruppen zerstreut, die untereinander keinen Kontakt mehr haben – was insbesondere für die westafrikanischen Populationen gilt.

Krankheiten wie Ebola und die bürgerkriegsähnlichen Zustände im Lebensraum der Tiere verschlechtern ihre Situation zusätzlich, zudem sind Schimpansen immer noch begehrtes Jagdwild für die Eingeborenen: Nicht nur ihr Fleisch ist sehr beliebt, sondern Haut, Hände, Füße und Köpfe lassen sich als Trophäen verkaufen.

Die letzte Bestandsschätzung lag bei 173 000–300 000, wobei die Anzahl der Tiere ähnlich schwierig einzuschätzen ist wie bei den Bonobos. Die IUCN bezeichnet die Art als „stark gefährdet".

Oben: Da die Schimpansenkinder sehr lange bei ihrer Mutter bleiben, bringen die Weibchen nur alle fünf bis sechs Jahre ein Junges zur Welt.

Rechte Seite: Wie alle Primaten, Menschenaffen und Menschen eingeschlossen, haben Schimpansen sehr individuelle, ausdrucksstarke Gesichtszüge.

Mimik und Gestik sind als Kommunikationsmittel genauso wichtig wie die vielfältigen verbalen Äußerungen.

Ohne den Schutz der Mutter mit all ihrer Lebenserfahrung würden die neugierigen Jungtiere die ersten Lebensmonate nicht überstehen.

GEMEINER SCHIMPANSE

Wie bereits erwähnt ist der Gemeine Schimpanse mit einer Kopf-Rumpf-Länge von 65–95 cm und einem Gewicht von bis zu 70 kg bei den Männchen – Weibchen sind gut 20 kg leichter – gar nicht viel größer als sein vermeintlich „kleiner Bruder", der Zwergschimpanse.

Der Gemeine Schimpanse ist im Vergleich zu anderen Primaten sehr flexibel bezüglich der Ansprüche an seinen Lebensraum: Er bewohnt sowohl Regenwälder als auch fast baumlose Savannen und ist darüber hinaus im Bergland in bis zu 3000 m Höhe zu finden.

Enge Bindungen

Im Gegensatz zu allen anderen Menschenaffen, vom Bonobo abgesehen, erfolgt bei der Schimpansin während der Zeit der Fruchtbarkeit eine deutliche Anschwellung der Gesäßregion, die dem Männchen ihre Paarungsbereitschaft signalisiert. Nach einer Tragzeit von 220–250 Tagen bringt das Weibchen üblicherweise ein Junges zur Welt, das 1–2 kg wiegt. Es verbringt die ersten Lebenswochen fest ins Bauchfell der Mutter geklammert, später reitet es auf ihrem Rücken und erforscht langsam die Welt. Schimpansen haben eine verhältnismäßig lange Säugezeit, sie werden erst mit etwa vier Jahren entwöhnt und sind frühestens drei Jahre später selbst fortpflanzungsfähig.

Bei Handaufzuchten in Gefangenschaft hat man festgestellt, dass ein Junges, dem die sozialen Kontakte, Streicheleinheiten, Körperwärme und -kontakt fehlen, auch bei optimaler Ernährung verkümmert und kaum oder mit schweren psychischen Schäden überlebt. Die enge Mutterbindung und die Geborgenheit innerhalb der Gruppe sind für ein Schimpansenkind überlebensnotwendig.

Gebrauch von Werkzeugen

Gemeine Schimpansen sind als einzige Primaten neben den Orang-Utans dafür bekannt, auch in freier Wildbahn selbsttätig Werkzeuge zu benutzen: Steine dienen ihnen als Hammer, Stöcke als Wurfgeschosse, Armverlängerung, Haken oder gar als Speer und zerkaute Blätter als Schwämme. Werkzeuggebrauch wird tradiert, er zählt also nicht zu den angeborenen, sondern zu den erlernten Verhaltensweisen, die von Tier zu Tier weitergegeben werden. Dementsprechend ist die Fähigkeit, Werkzeuge zu benutzen, von Population zu Population unterschiedlich.

PRIMATES
GIBBONS

Gibbons oder Kleine Menschenaffen (Hylobatidae), die in tropischen und Bergregenwäldern in Südostasien leben, sind nach den großen Menschenaffen die nächsten Verwandten des Menschen. Die Primatenfamilie umfasst 12–15 Arten in den vier Gattungen Schopfgibbons (Nomascus), *Weißbrauengibbons* (Hoolock), *Symphalangus und Kleine Gibbons* (Hylobates).

Lange Arme und laute Gesänge

Da die meisten Gibbonarten reine Pflanzenfresser sind – ihre Nahrung besteht im Wesentlichen aus Früchten, Blättern und Knospen –, müssen sie sehr viel Futter zu sich nehmen; durchschnittlich sind sie neun bis zehn Stunden mit der Suche nach Fressbarem beschäftigt. Durch den fast ausschließlichen Aufenthalt in Bäumen und Baumkronen haben die schwanzlosen Gibbons im Laufe ihrer evolutionären Entwicklung im Verhältnis zum Körper überlange Arme entwickelt, außerdem ist ihre Hand so ausgebildet, dass sie einen sehr sicheren Griff an Ästen und Zweigen ermöglicht.

Berühmt sind die Gibbons für ihre Gesänge, die vor allem in den Morgen- und Abendstunden die Wälder erfüllen, und die zur akustischen Markierung der bis zu 50 ha großen Reviere, aber auch zur Paarbindung dienen. Sowohl Männchen wie Weibchen „singen" – oft auch im Duett.

Lebenslange Paarbindung

Gibbons leben monogam, ihre Partnerschaft hält meist das ganze Leben lang. Entsprechend klein sind die Familien: Sie umfassen lediglich ein Elternpaar und ein bis drei Jungtiere verschiedenen Alters; junge Erwachsene müssen die Familie verlassen und eigene Territorien sowie einen Partner suchen.

Gibbons – hier ein Weißhandgibbon *(Hylobates lar)* – leben ausschließlich in Südostasien und sind die kleinsten und leichtesten Menschenaffen. Alle Arten sind durch die Zerstörung ihrer Lebensräume stark bedroht.

Keine feste Paarungszeit

Wegen der günstigen klimatischen Voraussetzungen haben Gibbons keine feste Paarungszeit, sondern pflanzen sich das ganze Jahr über fort. Nach einer Tragezeit von etwa sieben Monaten wird ein winziges Junges geboren, das 400–500 g schwer ist und in den ersten Lebenswochen von der Mutter intensiv umsorgt wird. Später übernimmt auch der Vater einen Teil der Betreuung. Im Alter von eineinhalb Jahren sind die Jungen entwöhnt, es dauert aber weitere fünf bis acht Jahre, bis der Nachwuchs geschlechtsreif ist und sich fortpflanzt.

Der stark bedrohte Schopfgibbon *(Hylobates concolor)* lebt in kleinen Familiengruppen, die sich aus einem Männchen, einem Weibchen und den Jungtieren zusammensetzen.

Die Siamangs *(Hylobates syndactylus)* grenzen ihre Territorien akustisch durch melodiöse Gesänge, an denen sich die ganze Familie beteiligt, voneinander ab.

Viele bedrohte Arten

Die IUCN führt sämtliche Gibbon-Arten in der Roten Riste, die meisten davon als „gefährdet", „stark gefährdet" oder „vom Aussterben bedroht". Sehr schlecht steht es um den Silbergibbon *(Hylobates moloch)*, der in einer sehr kleinen Region auf Java endemisch ist und dessen Bestand auf 1000–2000 Tiere geschätzt wird. Aber auch andere Arten stehen kurz vor der endgültigen Ausrottung, etwa der Östliche Schwarze Schopfgibbon *(Nomascus nasutus)*, von dem nur noch zwei winzige Populationen mit insgesamt weniger als 100 Tieren bekannt sind. Hauptbedrohung für alle Gibbons ist die schnell fortschreitende Abholzung der Tropenwälder, die dafür verantwortlich ist, dass innerhalb von nur etwa 50 Jahren die Bestände aller Arten um bis zu 90 Prozent eingebrochen sind. Außerdem werden Gibbons stark bejagt, denn viele Ethnien in ihrem Lebensraum verzehren Affenfleisch und benutzen Knochen und andere Körperteile für medizinisch-kultische Zwecke. Häufig werden sie auch als Haustiere gehalten, wobei bei ihrem Fang in den meisten Fällen mindestens ein Alttier abgeschossen wird.

PRIMATES

KRALLENAFFEN UND ANDERE NEUWELTAFFEN

Krallenaffen (Callitrichidae), Kapuzinerartige (Cebidae), Nachtaffen (Aotidae), Klammerschwanzaffen (Atelidae) und Sakiaffen (Pitheciidae) sind die fünf bekannten Familien aus der Teilordnung der Neuwelt- oder Breitnasenaffen (Platyrrhini), die sich durch ihre meist seitwärts gerichteten Nasenlöcher von den Altweltaffen unterschieden.

Alle Breitnasenaffen halten sich überwiegend auf Bäumen auf, haben – von einer Ausnahme abgesehen – lange, kräftige Greifschwänze, leben vegetarisch und sind – bis auf den Nachtaffen – tagaktiv. Damit sind die Gemeinsamkeiten aber auch schon erschöpft, denn die Arten unterscheiden sich beträchtlich in Fellfarbe, Größe und Gewicht.

KRALLENAFFEN

Alle Arten der Krallenaffen leben in kleinen Gruppen in den Regenwäldern Süd- und Mittelamerikas, ihr Sozialverhalten wird durch Rangrituale bestimmt. Sie ernähren sich von Baumsäften, Früchten, Nektar, Insekten, kleinen Wirbeltieren und Eiern. Wie ihr Name vermuten lässt, haben Krallenaffen keine Nägel, sondern Krallen an allen Zehen.

Beeindruckende Zeichnungen

Viele Arten fallen durch ihre außergewöhnliche Fell- bzw. Gesichtszeichnung auf, die bisweilen ziemlich eigenartig anmutet. So trägt beispielsweise das Lisztäffchen *(Saguinus oedipus)* eine schneeweiße Perücke, der Kaiserschnurrbarttamarin *(Saguinus imperator)* einen langen, gebogenen, weißen Schnurrbart, der ihm ein sehr würdevolles Aussehen verleiht, und viele Arten der Löwenäffchen *(Leontopithecus)* beeindrucken mit ihren üppigen, auffallenden Mähnen.

Viele bedrohte Arten

Der bekannteste Krallenaffe, der Weißbüschelaffe *(Callithrix jacchus)*, dessen Ohren von einem Kranz steifer, weißer Haare büschelartig umgeben sind, konnte als ausgesprochener Kulturfolger über weite Teile seines ursprünglichen Verbreitungsgebietes hinaus neue Lebensräume erobern. Er gehört damit zu den wenigen Arten, die absolut nicht gefähr-

det sind – ganz im Gegensatz zu vielen anderen Krallenaffenarten, darunter das Manteläffchen *(Saguinus bicolor)* und der Lisztaffe.

LÖWENÄFFCHEN

Die vier Arten des Löwenäffchens leben in einem winzigen Stück Küstenurwald in Südostbrasilien. Dieses inselartige Vorkommen in einem sehr begrenzten Lebensraum birgt immer ein latentes Risiko: Jagd, Wilderei, Biotopveränderungen und Krankheiten können einen Bestand in kürzester Zeit kollabieren lassen – und genau das wiederfuhr den Löwenäffchen in den 1970er-Jahren.

Wegen der sehr kleinen Verbreitungsgebiete ist über die Lebensweise vieler Tamarine – hier ein Weißgesichtseidenäffchen *(Callithrix geoffroyi)* – wenig bekannt.

Der Springtamarin *(Callimico goeldii)* ist ein tagaktiver Bewohner des Regenwalds. Die Population in Kolumbien gilt als „gefährdet".

Rechts: Das Goldkopflöwenäffchen lebt ausschließlich in einer kleinen Küstenregion des brasilianischen Bundesstaats Bahia.

Linke Seite: Der Kaiserschnurrbarttamarin erhielt seinen Namen aufgrund seiner angeblichen Ähnlichkeit mit dem deutschen Kaiser Wilhelm II.

Die seltsamen Uakaris mit den auffallend roten Gesichtern und dem zotteligen Pelz haben nur einen Stummelschwanz.

Die vorläufige Rettung des Goldgelben Löwenäffchens

Vom Goldgelben Löwenäffchen *(Leontopithecus rosalia)* existierten um 1970 nur noch 150–200 Exemplare, und kaum ein Fachmann glaubte daran, dass diese winzigen Affen überleben würden. Die äußerst intensiven Schutzbemühungen von mehr als einem Dutzend Organisationen – Universitäten, Tiergärten und Naturschutzverbände – haben das unmöglich Erscheinende möglich gemacht: Im Laufe der folgenden Jahrzehnte konnten knapp 1000 Löwenäffchen in Zoos nachgezüchtet und mehrere Hundert davon in den folgenden Jahren wieder ausgewildert werden. Heute liegt der Bestand der wild lebenden Tiere zwischen 1000 und 1500 Exemplaren. Da das Verbreitungsgebiet wegen der Zerstörung der Wälder durch Brandrodungen, Holzschlag und Neuansiedlungen stark zergliedert und mit 20 000 km^2 nur noch sehr klein ist – Anfang des 20. Jahrhunderts belief sich die Größe noch auf knapp 1 Mio. km^2 –, gelten die Goldgelben Löwenäffchen nach wie vor als „stark gefährdet".

Um die drei anderen Arten der Gattung steht es nicht besser: Das Goldkopflöwenäffchen *(Leontopithecus chrysomelas)* ist ebenfalls „stark gefährdet", das Rotsteißlöwenäffchen *(Leontopithecus chrysopygus)* und das Schwarzkopflöwenäffchen *(Leontopithecus caissara)* sind „vom Aussterben bedroht".

BRÜLLAFFEN

Die größten Neuweltaffen-Arten finden sich in der Familie Klammerschwanzaffen *(Atelidae)*. Bei allen Angehörigen dieser Familie ist der Schwanz zu einem regelrechten Greiforgan umgebildet, mit dessen Hilfe sich die Tiere scheinbar völlig mühelos und äußerst geschickt in den Baumkronen bewegen.

Relativ große Vertreter sind die Brüllaffen *(Alouatta)* aus den tropischen Regenwäldern Süd- und Mittelamerikas: Sie haben bei einer Kopf-Rumpf-Länge von 50–75 cm – der Schwanz ist etwa ebenso lang – ein Gewicht von 10 kg. In unterschiedlich großen Gruppen durchstreifen sie die Baumkronen und hangeln sich – scheinbar gemächlich – mit Hilfe ihres Greifschwanzes durchs Geäst. Hin und wieder machen sie ihrem Namen alle Ehre, indem sie ein Brüll-

Mit großer Leichtigkeit und Eleganz schwingen sich die Klammeraffen durch die Baumkronen der Urwälder. Alle Arten sind bedroht.

konzert anstimmen, das bis zu 5 km weit zu hören ist und vor allem der Kommunikation zwischen den verschiedenen Gruppen dient. Einige Arten bzw. Unterarten des Brüllaffen stehen als gefährdete Arten auf der Roten Liste, darunter der Guatemalabrüllaffe *(Alouatta pigra)* und der Rothandbrüllaffe *(Alouatta belzebul)*.

KLAMMERAFFEN

Die Klammeraffen *(Ateles)*, die in den tropischen Regenwäldern Süd- und Mittelamerikas leben, sind wahre Akrobaten. Sie erreichen eine Kopf-Rumpf-Länge von 55–60 cm, der Schwanz wird mit 95 cm fast doppelt so lang. Die Tiere halten sich fast ausschließlich in den höchsten Baumkronen auf, schwingen sich mit Leichtigkeit von Ast zu Ast und überqueren auch größere Lichtungen scheinbar schwerelos. Drei der sieben Arten werden von der IUCN als „gefährdet" geführt.

WOLLAFFEN

Nur im mittleren und oberen Amazonasgebiet leben die Wollaffen *(Lagothrix)*, 50–60 cm große Tiere mit etwa 70 cm langem Greifschwanz, deren Fellfarbe selbst innerhalb der gleichen Art von Tiefschwarz über Grau bis hin zu einem hellen Ocker variieren kann. Zu den von mehreren Männchen geführten Gruppen können bis zu 80 Tiere gehören, die meist sehr friedlich und liebevoll miteinander umgehen. Zwei der drei Arten gelten als „gefährdet" bzw. „vom Aussterben bedroht".

UAKARIS

Die Uakaris oder Kurzschwanzaffen *(Cacajao)* aus der Familie der Sakiaffen (Pitheciidae) sind die einzigen Neuweltaffen mit kurzem Schwanz: Er wird bei einer Kopf-Rumpf-Länge von 50 cm nur etwa 15 cm lang und ist der Grund dafür, dass Uakaris nicht gut springen können – ihnen fehlt das Werkzeug zum Ausbalancieren.

Es gibt zwei Arten mit insgesamt sechs Unterarten: den weniger bedrohten Schwarzen Uakari *(Cacajao melanocephalus)* und den Roten Uakari *(Cacajao calvus)*, dessen vier Unterarten wegen der massiven Lebensraumzerstörung als „gefährdet" auf der Roten Liste geführt werden.

Der Weißstirnklammeraffe *(Ateles belzebul)* mit dem weißen oder braunen Dreieck auf der Stirn wird als „gefährdet" auf der Roten Liste geführt.

PILOSA

AMEISENBÄREN

Die Familie der Ameisenbären (Myrmecophaidae) gehört zur Ordnung der Zahnarmen (Pilosa), deren Verbreitung auf das südliche Amerika beschränkt ist: Dort konnten sich die Tiere während der Jahrmillionen andauernden Isolation im Tertiär zu spezialisierten Ameisen- und Termitenfressern entwickeln.

Eine seltsame Gestalt

Als einziger Vertreter seiner Familie lebt der Große Ameisenbär *(Myrmecophaga tridactyla)* ausschließlich auf dem Boden; seine kleineren Verwandten halten sich überwiegend auf Bäumen auf. Das schmal wirkende Tier wird bis zu 2,10 m lang – wovon bis zu 90 cm auf den Schwanz entfallen können – und bis zu 35 kg schwer. An den Zehen der Vorderfüße befinden sich kräftige Krallen, mit denen es Ameisen- und Termitenbaue aufreißen, in Gefahrensituationen aber auch kräftige Hiebe gegen seine Feinde austeilen kann.

Der kräftige Hals des Ameisenbärs wird vom Rumpf aus zunehmend dünner und geht übergangslos in den Kopf mit der langen, röhrenförmigen Schnauze mit den zahnlosen Kiefern über. Die Öffnung des Mauls ist nur sehr klein, gerade groß genug für die dünne, etwa 1 m lange Zunge, die mit klebrigem Schleim bedeckt ist und blitzschnell herausgestreckt und wieder eingezogen werden kann – bis zu 160 Mal pro Minute.

Der völlig zahnlose Ameisenbär ernährt sich ausschließlich von Ameisen und Termiten.

Unsichere Datenlage

Die fortschreitende Landkultivierung in Südamerika, aber auch die starke Bejagung sowie – in geringerem Maße – der zunehmende Verkehr in den Revieren, dem immer mehr Tiere zum Opfer fallen, haben die Bestände des Großen Ameisenbären in den letzten Jahrzehnten sehr stark reduziert.

Von der IUCN wurde er 1986 als „gefährdet" klassifiziert, seit 2006 gilt er aufgrund der mangelnden Schätzbarkeit der Gesamtpopulation nur noch als potenziell gefährdet. Im Washingtoner Artenschutzabkommen hingegen ist er immer noch als gefährdete Art geführt.

PILOSA
FAULTIERE

Wie die Ameisenbären gehören auch die beiden Gattungen aus der Unterordnung der Faultiere (Folivora) zur Ordnung der Zahnarmen. Man unterscheidet Zweifingerfaultiere (Megalonychidae), die in Mittelamerika und im nördlichen Südamerika vorkommen, und Dreifingerfaultiere (Bradypodidae), die in den tropischen Regenwäldern vom südlichen Mittelamerika bis nach Peru und dem Amazonasbecken im Süden Brasiliens leben.

Mindestens eine Art ist bedroht

Da alle Faultierarten Regenwaldbewohner sind, ist sicher davon auszugehen, dass auch sie unter dem Verlust ihres Lebensraums durch Brandrodungen und Abholzungen zu leiden haben. Die Bejagung wegen ihres schmackhaften Fleischs ist ein weiterer, wenngleich untergeordneter Bedrohungsfaktor. Dass genauere Aussagen über die Bestände von Faultieren schwierig zu treffen sind und noch nicht vorliegen, dürfte der entscheidende Grund dafür sein, warum die meisten Arten noch nicht als unmittelbar bedroht geführt werden. Bislang gilt nur das Kragenfaultier *(Bradypus torquatus)* aus der Familie der Dreifingerfaultiere als „stark gefährdet", da es den kleinsten Lebensraum von allen Faultieren hat. Es kommt nur in einem schmalen Küstenstreifen in den Regenwäldern Südostbrasiliens vor, der zudem dicht besiedelt ist und deshalb besonders schnell gerodet wird.

Nomen est omen

Ihren Namen tragen die Faultiere aufgrund ihrer Lebensweise: Sie verbringen bis zu 18 Stunden täglich schlafend, den Rest der Zeit hangeln sie sich in Zeitlupentempo – hängend, mit dem Rücken nach unten – von Ast zu Ast und fressen dabei immense Mengen an Blättern.

Einmal wöchentlich verlassen sie die Bäume, um auf dem Boden ihren Darm zu entleeren. Da ihr Körperbau ihr Gewicht nicht trägt, können sie allerdings weder stehen noch laufen, sondern müssen sich mit den Vorderbeinen vorwärtsziehen.

Gewappnet gegen Regen

Das Fell der Faultiere hat zwei Schichten: kurze, sehr dichte Unterwolle und darüber lange, strohähnliche Haare mit auffallenden Längsrillen. Diese lassen – in Verbindung mit dem vom Bauch zum Rücken verlaufenden Haarstrich – das Regenwasser besser ablaufen. Die Farbe des Fells ist eigentlich graubraun, es wirkt jedoch aufgrund der darin lebenden Algen häufig grünlich.

Dreifingerfaultiere wie das Braunkehlfaultier *(Bradypus variegatus)* sind an ihre hängende Lebensweise angepasst.

ARTIODACTYLA
ECHTE SCHWEINE

Hirscheber (Babyrousa babyrussa) *und Bartschwein* (Sus barbatus) *sind zwei Vertreter der Echten Schweine (Suidae). Zu dieser Familie aus der Ordnung der Paarhufer (Artiodactyla) zählt außerdem das Wildschwein* (Sus scrofa), *aus dem das Hausschwein hervorging.*

HIRSCHEBER

Der Hirscheber oder Babirusa ist vor allem wegen seines begrenzten Lebensraums auf der indonesischen Insel Sulawesi bedroht, wo er dichte Sumpfwälder, Mangrovensümpfe und die unteren Regionen bewaldeter Berghänge bewohnt und sich von Früchten, Nüssen, Palmenmark und Insekten ernährt.

Babirusas werden bis zu 1,10 m lang, 80 cm hoch und wiegen etwa 100 kg. Den Namen Hirscheber tragen sie wegen der seltsamen Eckzähne des Oberkiefers: Sie wachsen fast senkrecht nach oben, stoßen dabei durch die Rüsseldecke und wachsen dann in einem Bogen zurück.

Durch Brandrodungen und Abholzung wurden die Lebensräume der Hirscheber in den letzten Jahrzehnten so stark zerstört, dass das Überleben der Art nicht gesichert ist. Die IUCN schätzt den Gesamtbestand aller Unterarten auf 4000 Tiere und stuft die Art als „gefährdet“ ein.

BARTSCHWEIN

Das Bartschwein wiegt bei einer Kopf-Rumpf-Länge von etwa 1,50 m und einer Schulterhöhe von etwa 75 cm bis zu 150 kg und ist damit das größte und schwerste Schwein Südostasiens. Je nach Nahrungsangebot unternehmen Bartschweine größere Wanderungen, bei denen sich oft 100 und mehr Tiere zusammenschließen.

Über die Bestände ist wenig bekannt, aufgrund von Biotopzerstörungen in ihrem begrenzten Lebensraum nehmen sie aber mit Sicherheit ab. Das Palawan-Bartschwein, das manchmal auch als eigene Art geführt wird, ist in der Roten Liste als „gefährdet“ eingestuft.

Mit einem Gewicht von bis zu 150 kg ist das Bartschwein die größte Wildschweinart Südostasiens. Wo sie nicht gejagt werden, sind die Tiere auch tagsüber aktiv und zeigen keine Scheu.

Der Hirscheber ist ein sehr urtümliches Tier, das sich nur in den entlegenen Regionen abgeschlossener Inseln halten konnte. Er lebt heute lediglich noch auf Sulawesi und den benachbarten Inseln.

ARTIODACTYLA
KAMELE

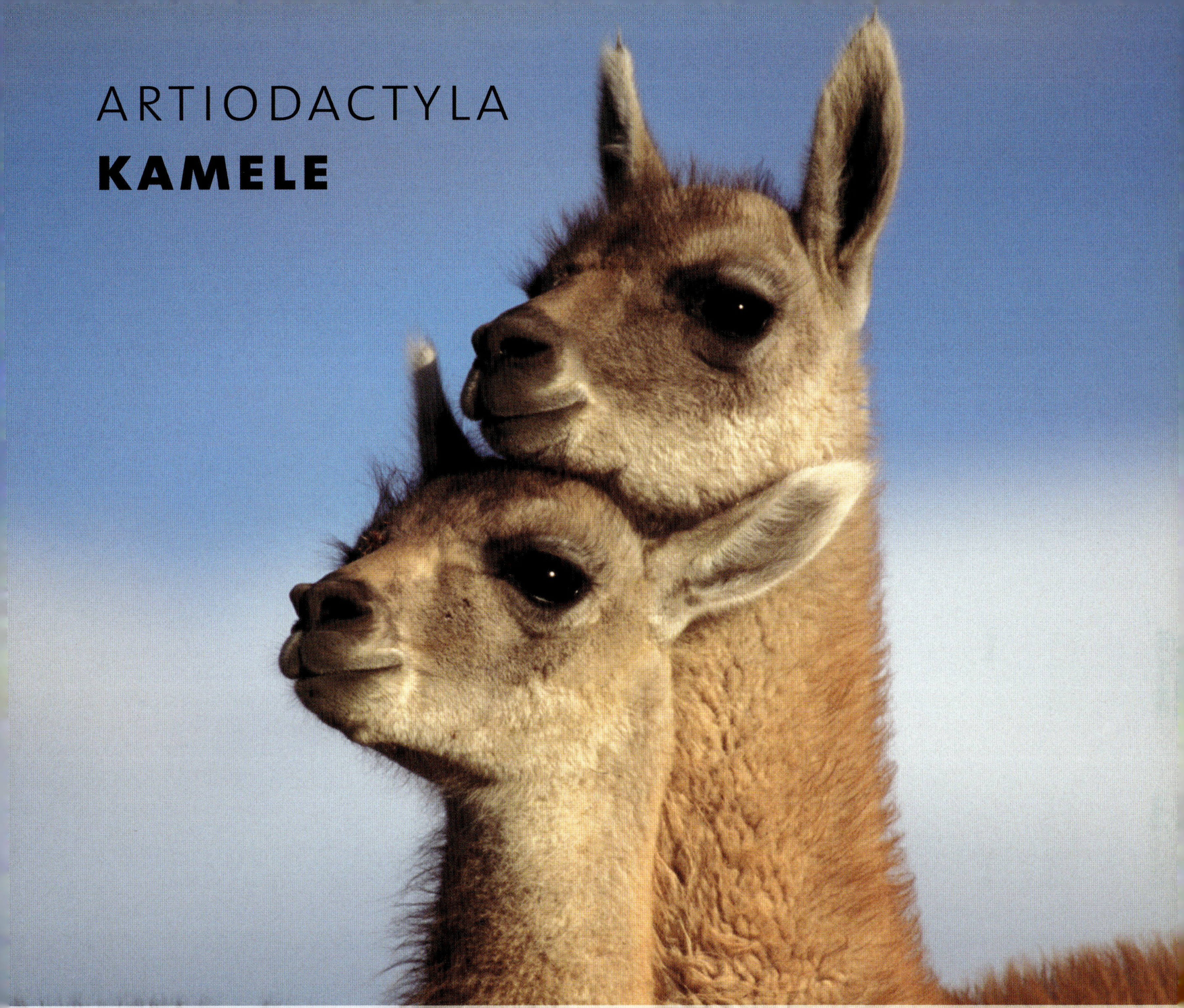

Die Familie der Kamele (Camelidae) gehört zu den Paarhufern (Artiodactyla) und lässt sich in Altweltkamele (Camelus) *und Neuweltkamele mit den Gattungen Lamas* (Lama) *und Vikunjas* (Vicugna) *unterteilen. Alle Arten können in Gegenden mit sehr niedriger Luftfeuchtigkeit leben und haben einzigartige Füße, die der Gattung den Namen Schwielensohler* (Tylopoda) *eingetragen haben: Unter den ausgeprägten dritten und vierten Zehen finden sich polsterartige Sohlen aus dickem, aber elastischem Bindegewebe, auf denen das Körpergewicht beim Laufen ruht; indes berühren die Spitzen der Zehen – anders als bei den übrigen Paarhufern – den Boden nicht.*

VIKUNJA

Das zierliche Vikunja *(Vicugna vicugna)* lebt im Hochgebirge der südamerikanischen Anden auf einer Höhe von 3500–5000 m. Um den Bedingungen in diesem extremen Lebensraum gewachsen zu sein, ist das Herz eines Vikunjas etwa um 50 Prozent größer als das eines vergleichbaren Tieres im Flachland. Sie benötigen täglich Wasser und decken ihren Bedarf in der trockenen Hochebene durch den Niederschlag der nächtlichen Nebel.

Europäer dezimieren die Bestände

Obwohl Vikunjas wegen ihrer feinen Wolle und als Fleischlieferant schon von den Ureinwohnern geschätzt wurden, gerieten die Bestände erst mit der Ankunft der Europäer in Südamerika in Bedrängnis. In den 1960er-Jahren standen die Tiere kurz vor dem Aussterben, allerdings zeigten eiligst aktivierte Schutzprogramme gute Erfolge, sodass heute wieder etwa 100000 Tiere in freier Wildbahn leben. Ihr weiteres Überleben ist von Schutzmaßnahmen abhängig

Das südamerikanische Guanako ist eine der beiden Wildformen des Lamas. Von ihm stammen die domestizierten Lamas und Alpakas ab.

GUANAKO

Auch Guanakos *(Lama guanaco)* kommen in den weiten Gebirgslandschaften der Hochanden bis 4000 m Höhe vor, außerdem sind sie in Patagonien verbreitet und auf den Inseln an der Südspitze Südamerikas, die sie schwimmend erreichen. Weder Hitze noch Kälte scheinen ihnen viel auszumachen.

Mit einer Kopf-Rumpf-Länge von 1,50–2,00 m bei einer Schulterhöhe von 1,30 m und einem Gewicht von bis zu 120 kg ist das Guanako erheblich größer und schwerer als das Vikunja.

In vielen Gebieten ausgerottet

Auch das Guanako hat beträchtliche Bestandseinbußen zu verzeichnen. Man geht davon aus, dass die heute in freier Wildbahn lebenden etwa 500 000 Guanakos nur noch ein Prozent des Bestands vor dem Eintreffen der Weißen in Südamerika ausmachen. In einigen Regionen seines früheren Verbreitungsgebietes ist die Art ausgerottet, viele Populationen sind gefährdet. Die IUCN führt von den insgesamt vier Unterarten zwei als „gefährdet" und eine als „stark gefährdet".

Links: Guanakos sind an die harten Lebensbedingungen des südamerikanischen Hochlandes bestens angepasst und kommen auch mit karger Nahrung aus.

Unten: Die Neuweltkamele, die Guanakos und Vikunjas, leben in den Hochgebirgsregionen der südamerikanischen Anden, während die Altweltkamele – Dromedar und Trampeltier – das nördliche Afrika, Arabien und die zentralasiatischen Wüsten bewohnen.

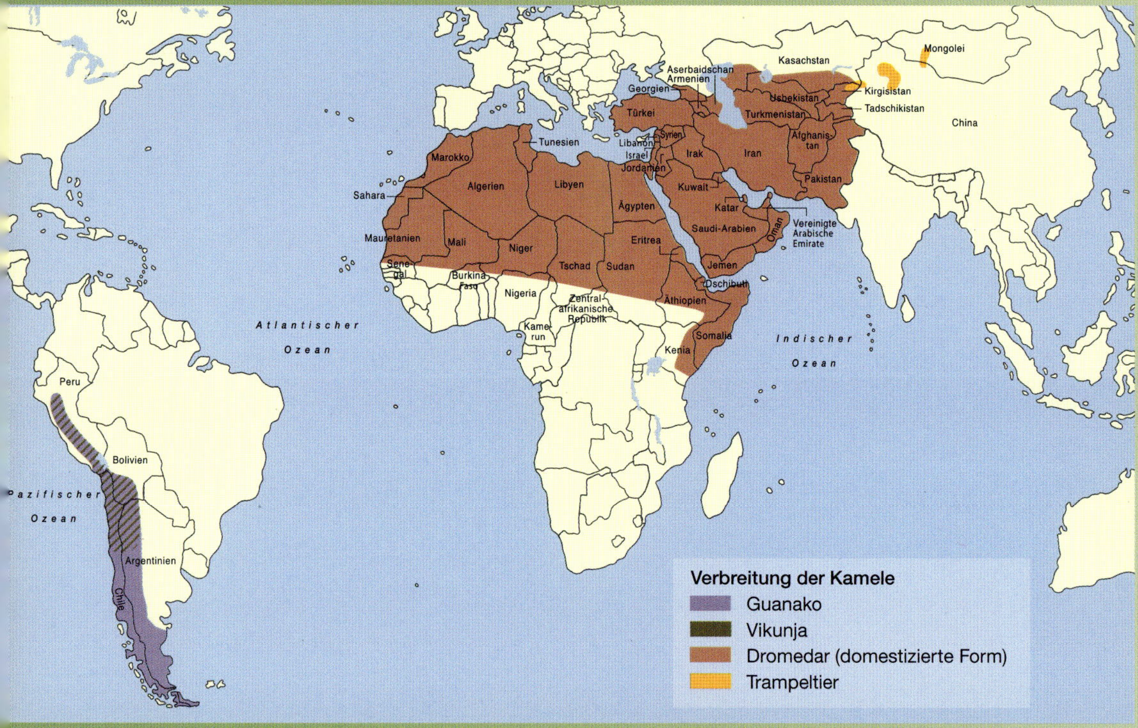

Das zierliche Vikunja, das sich nie domestizieren ließ, lebt in den Anden in extremen Höhen bis 5000 m.

ALTWELTKAMELE

Zur Gattung der Altweltkamele gehören die beiden Arten Dromedar *(Camelus dromedarius)* und Trampeltier oder Zweihöckriges Kamel *(Camelus bactrianus)*, die im Vergleich zu den Neuweltkamelen relativ groß und massig sind. Außerdem unterscheiden sie sich von den kleineren Verwandten durch den bzw. die Höcker.

Anpassung an Extrembedingungen

Die Altweltkamele sind für ihre Genügsamkeit und ihre hervorragende Anpassung an die extremen Bedingungen in Wüsten und Halbwüsten bekannt. Sie können dort überleben, wo es keine anderen großen Säugetiere gibt, nicht zuletzt aufgrund ihrer Fähigkeit, viele Tage lang ohne Wasser und Nahrung auszukommen. Sie sind imstande, bis zu 150 l Wasser in ihrem Verdauungssystem einzulagern und Fettreserven in ihren Höckern anzulegen, von denen sie in besonders trockenen und heißen Zeiten zehren.

Oben: Das Dromedar gilt als die domestizierte Form des Trampeltieres und ist als Wildform unbekannt. Verwilderte Hauskamele können sich aber in vielen Wüsten in Freiheit behaupten.

Kaum wild lebende Tiere

Vom einhöckrigen Dromedar ist keine Wildform bekannt, sondern lediglich die als Last- und Reittier domestizierte Form, ohne die die Sahara auf Jahrtausende unbewohnt geblieben wäre. Vom Trampeltier existieren noch rund 750 wild lebende Exemplare in Zentralasien, besonders in der Mongolei. Vor allem Bejagung und Lebensraumverlust sind verantwortlich für die stetig sinkenden Bestandszahlen.

Unten: Vom Trampeltier existieren nur noch rund 750 Exemplare in Freiheit, es gilt als „vom Aussterben bedroht".

ARTIODACTYLA
FLUSSPFERDE

Die Familie der Flusspferde (Hippopotamidae) besteht aus zwei Gattungen mit jeweils einer Art: dem Flusspferd (Hippopotamus amphibius)*, auch Nilpferd genannt, und dem Zwergflusspferd* (Choeropsis liberiensis *oder* Hexaprotodon liberiensis)*. Sie zählen zu den Paarhufern, allerdings belegen neuere genetische Untersuchungen, dass sie den Walen näherstehen.*

FLUSSPFERD

Das Flusspferd ist mit einem Körpergewicht von über 3000 kg eines der schwersten Landsäugetiere überhaupt. Sein Gewicht verteilt sich auf bis zu 4,50 m Länge und 1,65 m Höhe, sein gedrungener, walzenförmiger Körper sitzt auf kurzen säulenförmigen Beinen. Obwohl sie so wirken, sind Flusspferde nicht fett, im Gegenteil: der Muskelfleischanteil ist sehr hoch und ihr Fleisch gilt in vielen Gegenden Afrikas als Delikatesse. Die Haut des Flusspferds ist grau bis rosa, mit Schleimdrüsen versehen und weitgehend haarlos, lediglich die Schnauzenregion, die Ränder der Ohren und der Schwanz tragen einige wenige, borstenartige Haare. Nasenlöcher und Ohren sind verschließbar und liegen wie auch die Augen so, dass die Tiere atmen, hören und sehen können, wenn nur der oberste Teil des Kopfes aus dem Wasser herausschaut.

Leben am und im Wasser

Nilpferde bewohnen Flussufer, Seen, Teiche und Flussmündungen an den afrikanischen Küsten und verbringen die meiste Zeit des Tages im Wasser in sogenannten Schulen, Gruppen von bis zu 30 Tieren, die aber nur aus Weibchen und Jungtieren bestehen; die Bullen halten sich abseits. Obwohl das Wasser ihr Element ist, sind Flusspferde keine besonders guten Schwimmer; dank ihres spezifischen Gewichts können sie allerdings unter Wasser auf dem Grund laufen – bis zu 10 Minuten lang.

Nächtliche Wanderungen

Nach Einbruch der Dämmerung werden die Tiere richtig lebendig: Auf über Generationen hinweg benutzten Trampelpfaden wandern sie zu ihren Weidegründen, die oft kilometerweit entfernt liegen. Dort angekommen, vertilgt jedes Tier bis zu 50 kg Gras, um seinen Tagesbedarf zu decken.

Als Anpassung an ihre Lebensweise im Wasser haben Flusspferde verschließbare Nasenlöcher.

ZWERGFLUSSPFERD

Das Zwergflusspferd lebt in Westafrika in relativ unzugänglichen Gebieten – Sümpfen, dichtem Busch und feuchtem Grasland – und wurde deshalb erst Mitte des 19. Jahrhunderts entdeckt. Mit Körpermaßen von etwa 1,65 m Länge und 80 cm Höhe bei einem Gewicht von 180–260 kg ist es nicht nur deutlich kleiner und leichter als das Flusspferd, es wirkt auch viel kompakter und agiler. Im Gegensatz zum größeren Flusspferd ist das Zwergflusspferd ein ausgesprochener Einzelgänger.

Auf dem Weg zu ihren Nahrungsgründen legen Nilpferde oft beträchtliche Strecken in einem beachtlich hohen Tempo zurück.

Oben: Erwachsene Flusspferde haben kaum Feinde. Die Kälber sind allerdings beliebte Beutetiere und werden darum von der Mutter scharf bewacht.

Unten: Das heutige Verbreitungsgebiet des Flusspferds ist gemessen am Lebensraum noch zu Beginn des 20. Jahrhunderts erschreckend klein.

Schlechte Zukunftsaussichten

Der Bestand der Flusspferde wird von der IUCN auf 125 000–148 000 Exemplare geschätzt und als „gefährdet" eingestuft. Die Gründe für den stetigen Bestandsrückgang sind vielfältig: Wie so oft ist der Lebensraumverlust die Hauptursache, negativ wirken sich auch die Bürgerkriege im Verbreitungsgebiet aus. Darüber hinaus wird das Flusspferd vom Menschen, seinem einzigen Feind, stark bejagt; sein schmackhaftes Fleisch, die Zähne aus Elfenbein und seine Haut, aus der Peitschen hergestellt werden, sind sehr begehrt.

Noch schlechter steht es um die Zwergflusspferde: Ihr Bestand wird auf 2000–3000 Tiere geschätzt, sie gelten als „stark gefährdet". Die Gründe für die rückläufigen Zahlen sind fast die gleichen wie beim Flusspferd, allerdings werden die kleineren Tiere nicht nur vom Menschen, sondern auch von Leoparden gejagt.

Angehörige der El-Molo-Ethnie, die am Turkanasee (Kenia) leben, zerteilen ein erlegtes Flusspferd.

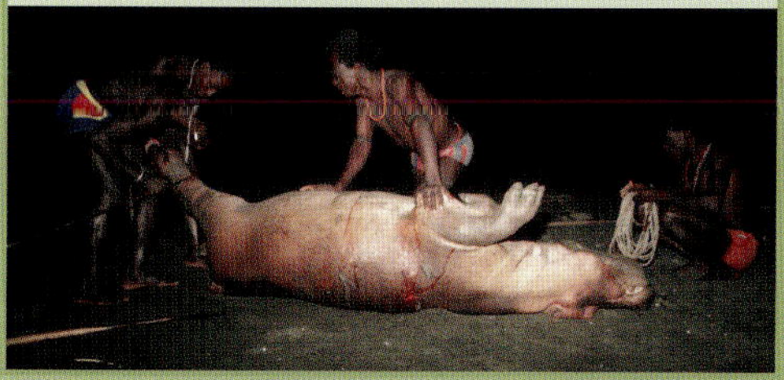

ARTIODACTYLA
GIRAFFENARTIGE

Die Familie der Giraffenartigen (Giraffidae) umfasst zwei Gattungen mit jeweils einer Art: Giraffen (Giraffa camelopardalis) *und Okapis* (Okapia johnstoni). *Beide kommen auf dem afrikanischen Kontinent vor und haben – auch wenn sie sich nicht allzu ähnlich sehen – einige gemeinsame Merkmale wie eine blauschwarze Zunge oder mit Fell überzogene Hörner.*

GIRAFFEN

Die Giraffe ist das höchste Landsäugetier der Welt: Ausgewachsene Bullen können bei einem Körpergewicht von bis zu 2000 kg eine Scheitelhöhe von fast 6 m erreichen, die Weibchen sind etwas kleiner und leichter. Selbst ein Giraffenkalb hat bei seiner Geburt bereits die stattliche Größe von 1,70–1,80 m und ein Gewicht von ca. 70 kg. Im Gegensatz zu den meisten anderen Säugetieren gebärt die Giraffenmutter nicht im Liegen, sondern im Stehen, sodass ihr riesiges Junges aus etwa 2 m Höhe zu Boden fällt.

Neun Unterarten mit unterschiedlicher Fellzeichnung

Es gibt etwa neun Giraffenunterarten, die sich äußerlich zum Teil stark voneinander unterscheiden, vor allem in der Fellzeichnung. Als die schönste gilt im Allgemeinen die Netzgiraffe *(Giraffa camelopardalis reticulata)*, die in Nordkenia und Westsomalia vorkommt, die seltenste ist die Rothschild- oder Ugandagiraffe *(Giraffa camelopardalis rothschildi)* und die bekannteste die Massaigiraffe *(Giraffa camelopardalis tippelskirchi)*.

Die netzartige Fellzeichnung der Netzgiraffen unterscheidet sich deutlich von den Mustern der anderen Unterarten.

Die junge Massaigiraffe und das Hinterteil der Mutter weisen das schöne, fast sternförmige Fellmuster auf.

Nach neuesten Schätzungen leben nur noch wenige 100 Exemplare der Rothschildgiraffe in isolierten Gebieten in Kenia und Uganda.

Während die verschiedenen Unterarten der Giraffen inselartig in Afrika südlich der Sahara vorkommen, lebt das Okapi in einem kleinen Gebiet in der Demokratischen Republik Kongo.

Am Rande der Ausrottung

Die Zerstörung der natürlichen Lebensräume und – in geringerem Maße – die Wilderei haben viele Populationen an den Rand der Ausrottung gebracht. Die nordafrikanischen Unterarten und die Angolagiraffe *(Giraffa camelopardalis angolensis)* sind bereits ausgerottet, weitere Arten wie die schon erwähnte Ugandagiraffe, die Nubische Giraffe *(Giraffa camelopardalis camelopardalis)* und die Kordofangiraffe *(Giraffa camelopardalis antiquorum)* sind stark bedroht und könnten ihnen bald folgen.

Buschmänner mit dem Fell einer erlegten Giraffe in der Kalahari.

Anpassung

Giraffen leben vor allem in den Baum- und Buschsavannen des tropischen, aber auch des subtropischen Afrikas. In der offenen Savannenlandschaft sind Giraffen aufgrund ihrer Größe kaum zu übersehen, sobald sie jedoch im Schatten einiger Schirmakazien stehen, können sie den Blicken durchaus entgehen.

Der lange Hals der Giraffe hat sieben Halswirbel – wie der Hals aller anderen Säugetiere auch – und ist sehr wahrscheinlich eine evolutionäre Anpassung an die Futterquellen: Giraffen ernähren sich fast ausschließlich von den Blättern und Trieben verschiedener, oft sehr hoher Bäume. Mit Hilfe ihrer 50 cm langen, sehr beweglichen Zunge pflücken sie die Blätter zwischen den spitzesten Dornen heraus; später, in der heißen Tageszeit, wird die aufgenommene Nahrung im Schatten eines lichten Waldes oder einzelner Akazien wiedergekäut.

Mit geradezu tänzerischer Grazie tragen männliche Massaigiraffen ihre Rangordnungskämpfe aus. Gelegentlich kommt es dabei zu tödlichen Unfällen mit gebrochenem Genick.

OKAPI

Das auch als Kurzhals- oder Waldgiraffe bezeichnete Okapi ist mit einem Stockmaß von etwa 1,60 m und einem Gewicht von 200–250 kg deutlich kleiner und leichter als die Giraffe. Es lebt weitgehend einzelgängerisch in einem festen Territorium, ernährt sich vorwiegend von Blättern und ist äußerst scheu – beim ersten Anzeichen von Gefahr verschwindet es im Blätterdickicht.

Zurückgezogenes Leben

Das Okapi, von dessen Existenz die westliche Welt erst 1901 erfuhr – seine Entdeckung war damals eine wissenschaftliche Sensation –, zählt zu den Tieren, deren natürliches Verbreitungsgebiet sehr klein ist und die somit einer potenziellen Gefährdung ihrer Populationen weit mehr ausgesetzt sind als Arten mit großem Lebensraum.

Das späte Bekanntwerden dieses in freier Wildbahn kaum anzutreffenden Tiers hängt ebenfalls mit seinem Lebensraum zusammen: Es lebt im Kongobecken, im dichten Urwald der Demokratischen Republik Kongo – wobei bis heute nicht sicher ist, wie groß das Verbreitungsgebiet ist und wie viele Tiere existieren.

Unbekannte Bestände

Die IUCN klassifiziert das Okapi „nur“ als potenziell gefährdet, wobei diese Einschätzung auf mangelndem Datenmaterial basieren dürfte, denn über die Bestände des scheuen Tiers ist praktisch nichts bekannt und sämtliche kursierenden Zahlen sind mit großer Vorsicht zu genießen. Sicher ist aber, dass der Lebensraum des Okapis, der zu allem Übel auch noch in einer von Bürgerkriegen erschütterten Region liegt, durch Brandrodungen und den Holzschlag internationaler Konzerne, die Tropenhölzer ohne Rücksicht auf die ökologischen Folgen aus dem Land schaffen, täglich kleiner wird.

Das Okapi ähnelt optisch eher einem Pferd als einer Giraffe.

Bezüglich der Bestandszahlen von Okapis in freier Wildbahn sind nur Spekulationen möglich.

Mit seiner blauen, beweglichen Zunge ergreift das Okapi Blätter von Bäumen.

ARTIODACTYLA
HIRSCHE

Sämtliche Angehörige der Familie Hirsche (Cervidae) mit den diversen Unterfamilien, die alle zur Gruppe der Stirnwaffenträger (Pecora) *gehören, fallen durch den Kopfschmuck der männlichen Tiere auf. Damit hören ihre Gemeinsamkeiten, zumindest die rein äußerlichen, aber auch schon auf.*

Sehr unterschiedliche Arten

Hirsche sind in Europa, Asien und Amerika sowie im Nordwesten Afrikas in allen Lebensräumen verbreitet, selbst in der Wüste und der arktischen Tundra. In andere Regionen – beispielsweise nach Australien und Neuseeland – wurden sie eingeführt.

Die verschiedenen Arten unterscheiden sich unter anderem beträchtlich in der Größe: So ist die kleinste Art – der Südpudu *(Pudu puda)* aus dem südwestlichsten Zipfel Südamerikas – nur bis zu 35 cm hoch, während der Elch *(Alces alces)* als größter Vertreter der Hirsche bis zu 2,30 m Widerristhöhe erreichen kann. In der Regel sind die Arten im Norden größer als die im Süden und die Weibchen kleiner und leichter als die Männchen – es herrscht ausgeprägter Geschlechtsdimorphismus.

WEISSLIPPENHIRSCH

Besonders extreme Lebensräume bevorzugt der Weißlippenhirsch *(Cervus albirostris)* aus den Hochgebirgen im tibetisch-chinesischen Grenzgebiet: Er lebt in 3500–5000 m Höhe und ernährt sich von Kräutern, Gräsern, Flechten und Moosen. Wie die meisten Hirsche ist er gesellig und bildet kleinere bis größere Rudel, lediglich die alten Männchen sind Einzelgänger. Der Weißlippenhirsch wird stark bejagt – nicht nur wegen seines Fleischs, sondern auch wegen seines Geweihs, das in der Chinesischen Medizin verwendet wird – und von der IUCN als „gefährdet“ geführt.

Als seltenster Hirsch der Welt gilt der Mesopotamische Damhirsch. Die meisten heute noch lebenden Tiere sind in zoologischen Gärten zu finden.

SIKAHIRSCH

Sikahirsche *(Cervus nippon)* lebten einst zahlreich in den Wäldern und Gebirgswäldern Asiens; heute ist eine Unterart, der Dybowskihirsch *(Cervus nippon dybowski)*, in freier Wildbahn ausgerottet, verschiedene andere Unterarten stehen als „stark gefährdet“ bzw. „vom Aussterben bedroht“ auf der Roten Liste. Auch

Viele Unterarten der Sikahirsche sind in freier Wildbahn bedroht.

Die asiatischen Weißlippenhirsche sind geschickte Kletterer, die außerhalb der Paarungszeit in getrennten Männer- bzw. Frauenrudeln leben.

für die starke Bejagung der Sikahirsche ist die Volksmedizin ein wesentlicher Grund: Die mit Sexualhormonen angereicherten Geweihe sind als Aphrodisiakum sehr begehrt.

MESOPOTAMISCHER DAMHIRSCH

Im unruhigen Grenzgebiet zwischen dem Iran und dem Irak lebt der Mesopotamische Damhirsch *(Dama dama mesopotamica)*, der zwischenzeitlich bereits als ausgerottet galt und erst in den 1950er-Jahren wiederentdeckt wurde. Inzwischen schätzt die IUCN seinen Bestand auf um die 350 Tiere und stuft ihn als „gefährdet" ein, nicht zuletzt aufgrund seines Verbreitungsraums in einem politischen Krisengebiet.

BARASINGHA

Auch die Lebensräume des Barasingha *(Cervus duvaucelii)*, der früher in Indien weit verbreitet war, wurden immer weiter eingeschränkt, sodass heute nur noch einige kleine Populationen in Schutzgebieten zu finden sind und die Art als „gefährdet" eingestuft ist. Eine Unterart, der Schomburgkhirsch *(Cervus schomburgki)*, gilt seit den 1930er-Jahren als ausgerottet, und dem nahe verwandten Leierhirsch *(Cervus eldi)* droht das gleiche Schicksal: Man schätzt seinen Bestand auf maximal 2000–3000 Exemplare und es ist fraglich, ob die Art überleben wird.

Oben: In seiner asiatischen Heimat leben zahlreiche Unterarten des Sikahirsches, die in den westlichen Zoos teilweise vermischt wurden.

Unten links: In Sumpfregionen Assams lebt der Barasinghahirsch, der mit seinen weit spreizbaren Klauen dem morastigen Untergrund hervorragend angepasst ist.

Unten rechts: Nur durch gezielte züchterische Maßnahmen konnte der Davidshirsch gerettet werden.

DAVIDSHIRSCH

Der Davidshirsch oder Milu *(Elaphurus davidianus)* wird von der IUCN als „vom Aussterben bedroht" geführt, trotzdem ist er ein Beispiel für eine geglückte Rettungsaktion einer in Freiheit bereits ausgerotteten Tierart.

Der Hirsch mit seinem lang gezogenen, schmalen Kopf, den großen Augen, dem Geweih, dessen Enden nach hinten stehen, einem langen Schwanz und weit spreizbaren Hufen war der westlichen Welt lange unbekannt. Erst 1865 bekam der französische Jesuitenpater Armand David, dem die Hirschart ihren Namen verdankt, das Tier im Jagdpark des chinesischen Kaisers bei Peking als erster Europäer zu Gesicht; zu diesem Zeitpunkt war die Art in freier Wildbahn wahrscheinlich bereits ausgerottet.

Nachzucht in Europa

Einige Exemplare aus der kaiserlichen Population wurden in den folgenden Jahren nach Frankreich, England und Deutschland verschenkt, nicht viel später kamen die meisten in Peking lebenden Tiere bei einer Flutkatastrophe um. Die wenigen Überlebenden, die in die Wildnis geflüchtet waren, wurden wahrscheinlich während des Boxeraufstands 1900 getötet und gegessen. Nachdem bekannt wurde, dass der Davidshirsch in seiner Heimat ausgerottet war, wurden sämtliche in Europa gehaltenen Tiere dem englischen Herzog von Bedford übergeben. Er begründete auf seinen ausgedehnten Ländereien eine Zuchtstation mit 18 Davidshirschen, und bereits wenige Jahre später konnten Tiere aus der Nachzucht an zoologische Gärten in Europa und Amerika weitergegeben werden, sodass mehrere Zuchtgruppen entstanden. Heute existieren weltweit wieder über 1000 Davidshirsche, und es gibt Bestrebungen, die Art wieder in ihrem natürlichen Lebensraum, den Sumpfgebieten Ostasiens, anzusiedeln.

Als der erste Europäer Davidshirsche in einem kaiserlichen Park entdeckte, war die Art in freier Wildbahn wahrscheinlich schon seit Jahrhunderten ausgerottet.

ARTIODACTYLA
GABELHORNTRÄGER

Gabelböcke oder -antilopen (Antilocapra americana) *sind trotz der Ähnlichkeit nicht mit den Antilopen verwandt, sondern die einzige Art in der Familie der Gabelhornträger (Antilocapridae).*

Schnelle und ausdauernde Läufer

Gabelböcke sind etwas größer als Rehe und haben bei einer Schulterhöhe von bis zu 1 m ein Gewicht von etwa 70 kg, wobei Weibchen kleiner und leichter sind als Männchen und keine oder nur fingerlange Hörner haben.

Die Tiere sind sehr schnelle Läufer – sie erreichen im Spurt 70–80 km/h – und können darüber hinaus mit einem einzigen Sprung bis zu 6 m überbrücken. Um Wasser oder Nahrung zu finden, legen sie mitunter weite Strecken von bis zu 150 km zurück.

Siedler sorgen für Bestandseinbrüche

Bis Ende des 19. Jahrhunderts lebten Gabelböcke in großer Zahl in der nordamerikanischen Prärie sowie in den Halbwüsten und Wüsten der USA. Die indianischen Ureinwohner konnten die riesigen Bestände nie ernsthaft gefährden, ebenso wenig wie die natürlichen Feinde der Gabelböcke: Steinadler, denen manchmal Jungtiere zum Opfer fallen, sowie Wölfe und Kojoten. Als Nordamerika allerdings von den Weißen besiedelt wurden, änderte sich die Lage: Die Tiere wurden nicht nur durch eingeschleppte Infektionskrankheiten wie Milzbrand dezimiert, sondern die Siedler schossen sie außerdem in großer Anzahl aus reinem Vergnügen ab.

Erst nach 1920, als nur noch etwa 20 000 Gabelböcke existierten, wurden ernsthafte Schutzbestimmungen erlassen. Heute leben in den USA und in Kanada wieder über eine Million Tiere, die mexikanischen Unterarten haben sich hingegen nie erholt: der Sonora-Gabelbock *(Antilocapra americana sonoriensis)* und der Baja-California-Gabelbock *(Antilocapra americana peninsularis)* gelten als „gefährdet“ bzw. „stark gefährdet“.

Eine kleine Gruppe Gabelantilopen im Yellowstone-Nationalpark im Bundesstaat Wyoming/USA.

Die schnelle, ausdauernde Gabelantilope ist nicht mit den Antilopen Afrikas und Asiens verwandt.

ARTIODACTYLA
HORNTRÄGER

Die Familie der Hornträger (Bovidae) umfasst etwa 135 Arten – vom 2 m großen Büffel über Schafe und Ziegen bis hin zu 25 cm kleinen Antilopen. Die vielgestaltigen Tiere leben auf allen Kontinenten – wobei sie nach Australien und Ozeanien eingeführt wurden –, die größte Artenvielfalt herrscht in Afrika.

RINDER

Zur Gattungsgruppe Rinder *(Bovini)* gehören unter anderem die Asiatischen Büffel *(Bubalus)*, die Eigentlichen Rinder *(Bos)* und die Bisons *(Bison)*, die sich ihrerseits in Amerikanische Bisons *(Bison bison)* und Europäische Bisons oder Wisente *(Bison bonasus)* unterteilen.

AMERIKANISCHER BISON

Der Amerikanische Bison oder Indianerbüffel, oft auch einfach nur Büffel genannt, wiegt bei einer Höhe von bis zu 2 m knapp 1000 kg. Es gibt zwei Unterarten, den Flachland- oder Präriebison *(Bison bison bison)*, der sich überwiegend von Gräsern und Kräutern ernährt, und den Waldbison *(Bison bison athabascae)*, der Blätter, Zweige, Baumrinde und Flechten frisst. Beide sind – wie alle Rinder – Wiederkäuer.

Indianerbüffel sind gegen kalte Temperaturen – oft –30 °C – durch ein dickes, langhaariges Fell mit dichter Unterwolle geschützt, dessen Wärmedämmung so gut ist, dass Schnee auf dem Fell liegen bleibt, ohne zu schmelzen.

Siedler vernichten die Bestände

Im 18. und 19. Jahrhundert lebten auf dem nordamerikanischen Kontinent 50–60 Millionen Bisons, doch als ihre Lebensräume, die Prärien östlich der Rocky Mountains, zunehmend besiedelt wurden, schrumpften sowohl die Habitate als auch die Bestände. Die Tiere wurden teilweise wegen ihres Fleischs gejagt, teilweise wegen ihrer Haut, die in der Lederherstellung gefragt war; Millionen wurden aber auch aus reinem Vergnügen abgeschossen, sodass der Indianerbüffel bereits kurz vor

Bisons zogen früher zu Millionen durch die Prärien Nordamerikas – bis weiße Siedler massive Bestandseinbrüche verursachten.

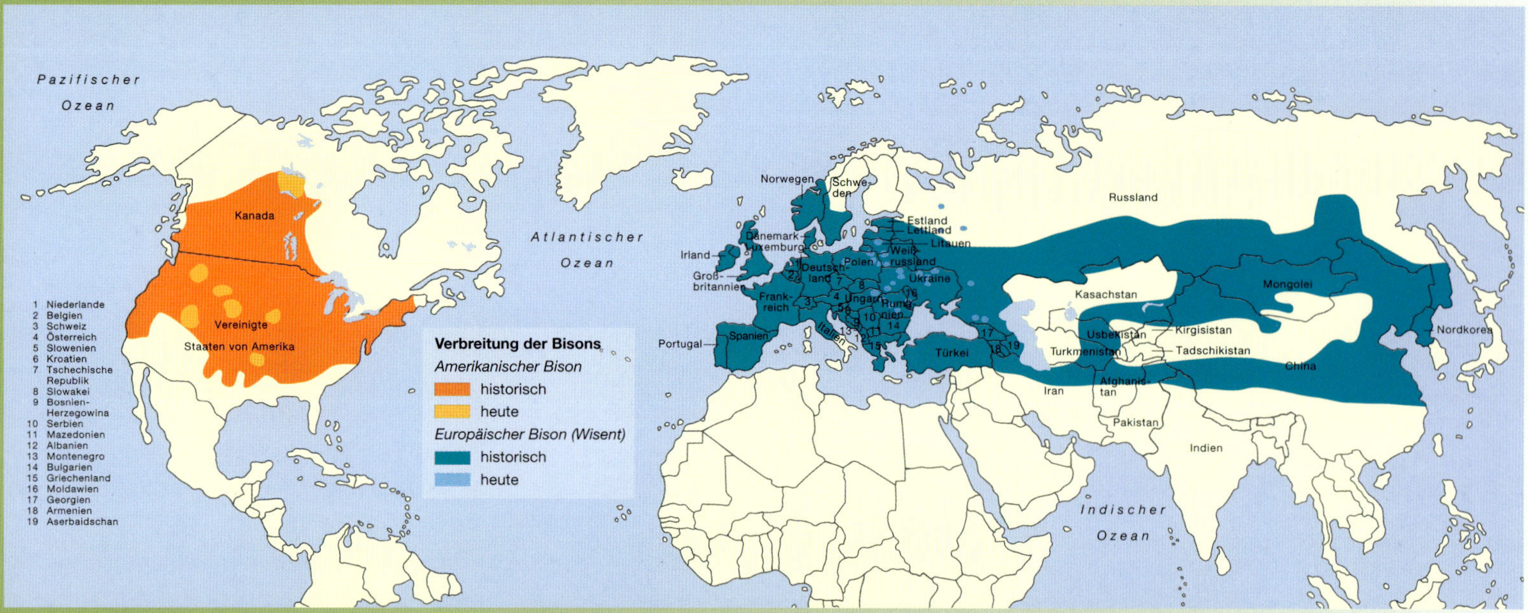

Die Verbreitungsgebiete des Amerikanischen Bisons und des Wisents sind im Vergleich zu früher immens geschrumpft. Vor allem der europäische Wisent ist heute in weiten Teilen seines ursprünglichen Lebensraums ausgerottet.

der Ausrottung stand. Nur die Schaffung eines Schutzgebiets in Form des Yellowstone-Nationalparks sicherte das Überleben der Tiere. Heute gibt es in Reservaten und auf großen Farmen in den USA und in Kanada wieder etwa 400 000 Bisons, weshalb die IUCN die Art zwar nicht mehr als unmittelbar gefährdet einstuft, sie jedoch für immer noch abhängig von Schutzmaßnahmen hält. Der Waldbison steht außerdem auf der Liste des Washingtoner Artenschutzabkommens.

AUEROCHSE

Bis Anfang des 17. Jahrhunderts lebte in Europa der Auerochse oder Ur *(Bos primigenius)* – gewaltige Tiere, die mit einer Höhe von etwa 2 m und einem Gewicht von 1000 kg die Ausmaße des Amerikanischen Bisons erreichten. Bereits im Jahr 1627 wurde das letzte Exemplar der Wildrinderart in Polen erlegt und die Art damit ausgerottet.

In den 1930er-Jahren starteten die beiden Zoodirektoren Heinz Heck in München und

Inzwischen konnten nachgezüchtete Wisente in einigen Regionen ihres Lebensraums wieder ausgewildert werden – hier eine Kuh mit Kalb in Masuren/Polen.

Lutz Heck in Berlin den Versuch, die Auerochsen aus etwa 40 anderen ursprünglichen Rinderarten rückzuzüchten. Es entstanden Tiere, die zwar im Aussehen und teilweise auch im Verhalten den wilden Auerochsen glichen – die aber keine wirklichen Auerochsen sind.

WISENT

Der Wisent, der eng mit dem nordamerikanischen Bison verwandt ist, durchzog in Herden von 10–30 Tieren die Wälder in weiten Teilen Europas. Er war ebenfalls schon früh bedroht: Die starke Bejagung führte – verbunden mit dem Abholzen der Wälder und der Zunahme der Hausrinder – dazu, dass die Populationen schon im späten Mittelalter zu schwinden begannen, sodass die Bestände bereits im 19. Jahrhundert in einem kritischen Zustand waren.

Rettung in letzter Minute

Von den ursprünglich drei Unterarten Flachlandwisent *(Bison bonasus bonasus)*, Karpatenwisent *(Bison bonasus hungarorum)* und Kaukasuswisent *(Bison bonasus caucasicus)* konnte nur der Flachlandwisent gerettet werden – und das in letzter Minute: 1923, als es schon keine frei lebenden Tiere mehr gab, wurde die „Internationale Gesellschaft zur Erhaltung des Wisents" gegründet, der es zu verdanken ist, dass dieses mächtige Wildrind überlebte. Von den letzten 56 Wisenten aus mehreren europäischen Tiergärten wurden die geeignetsten zur Zucht abgestellt, die so erfolgreich verlief, dass 1952 die ersten der nachgezüchteten Tiere wieder in der freien Wildbahn ausgesetzt werden konnten. Ihre neue Heimat waren die Wälder von Bialowieza, die sich in Polen und Weißrussland befinden, und in denen heute schätzungsweise 800 Exemplare der Art leben. Auch im Kaukasus und im Baltikum wurden Wisente eingebürgert, außerdem gibt es Zuchtgruppen in mehreren Tierparks und Zoos. Der Gesamtbestand der Wisente liegt heute um die 3000 Tiere, sie gelten immer noch als „stark gefährdet".

ASIATISCHE RINDER

In Asien lebt eine Vielzahl von Rindern, die im Laufe der vergangenen 10 000 Jahre mehr oder weniger stark domestiziert wurden, deren Wildformen aber fast ausnahmslos bedroht sind. Hauptgründe sind einerseits die Zerstörung der natürlichen Lebensräume und die Überweidung der Biotope durch Hausrinder, Ziegen und Schafe, andererseits die Ansteckung mit Viehseuchen sowie die direkte Verfolgung durch Jäger und Wilderer. Hinzu kommt die häufige Kreuzung der Wildform mit den Hausrindern, die den Fortbestand der wilden Tiere in ihrer Reinrassigkeit bedroht.

Ausgewilderte Wisentbullen bei einem Kampf in tiefem Schnee.

Der mächtige Gaur aus Süd- und Südostasien ist der größte Vertreter der Rinder.

Bedrohte Wildformen

Der Gaur *(Bos frontalis)*, der in seiner domestizierten Form Gayal heißt und häufig halbzahm als Nutztier gehalten wird, wurde in seiner Wildform durch Viehkrankheiten und die Abholzung der lichten Laubwälder so stark dezimiert, dass er als „gefährdet" gilt. 90 Prozent der

Ein kleineres und leichteres asiatisches Rind ist der stark bedrohte Banteng, dessen domestizierte Formen allerdings in weiten Teilen Südostasiens verbreitet sind.

Der kälteunempfindliche Wildyak *(Bos grunniens)* lebt in Höhen bis 6000 m im Himalaja. Es existieren zunehmend weniger reinblütige Tiere dieser Art, weswegen sie als „gefährdet" gilt.

Gaurs leben heute in Indien, wo die Bestände stabil sind; in anderen südostasiatischen Staaten kommen hingegen nur noch kleine Populationen von wenigen Hundert Tieren vor, deren Überleben nicht gesichert ist.

Um den meist rötlich gefärbten, untersetzten Banteng *(Bos javanicus)* aus Südostasien, in seiner domestizierten Form als Balirind bekannt, steht es noch schlechter. Er gilt als „stark gefährdet": Allein Thailand hat innerhalb der letzten 20 Jahre aufgrund der Zerstörung der Regenwälder über 85 Prozent seiner Bantengpopulation verloren, und in Malaysia ist er ganz verschwunden. Auf Borneo kommt er zwar noch relativ häufig vor, ist aber durch die Vermischung mit Hausrindern in seiner Reinrassigkeit bedroht.

Die seltensten wilden Rinder

Zu den seltensten Rindern der Welt zählen unter anderem Flachland- und Berganoa *(Bubalus depressicornis* und *Bubalus quarlesi)*, die auf der Insel Sulawesi leben. Beide Arten, die nur eine Schulterhöhe von 70–80 cm und ein Gewicht von 150–200 kg haben, stehen als „stark gefährdet" auf der Roten Liste. Ihr Gesamtbestand dürfte 3000 Tiere nicht übersteigen – Tendenz abnehmend.

Ebenso schlecht steht es um den Arni oder Wildbüffel *(Bubalus bubalis)*. Die Vermischung mit Hausrindern macht es schwierig, die Bestandsgröße der reinrassigen Form zu schätzen, man geht von minimal 200, maximal 4000 wild lebenden Tieren aus und listet ihn ebenfalls als „stark gefährdet".

TRAGELAPHUS

Zur Gattung *Tragelaphus*, für die es keinen deutschen Namen gibt, gehören einige der eindrucksvollsten afrikanischen Antilopenarten, die alle ausschließlich südlich der Sahara vorkommen. Die meisten von ihnen sind groß und imposant, wobei die Elenantilope *(Tragelaphus oryx)* die größte und schwerste von allen ist: Sie kann ein Gewicht von 900 kg und eine Schulterhöhe von 1,60–1,80 m erreichen und springt, obwohl sie etwas schwerfällig wirkt, problemlos 2 m aus dem Stand. Auch andere Tragelaphus-Arten haben ein beachtliches Sprungvermögen: Der Buschbock *(Tragelaphus scriptus)* beispielsweise, der nur eine Schulterhöhe von 70–90 cm hat, überspringt Hindernisse bis 2 m Höhe.

Unterschiedliche Lebensweise

Die Lebensräume der Tiere sind recht unterschiedlich: Einige Arten leben relativ versteckt in Wäldern, anderen reichen leicht hügelige Ge-

Oben: Tieflandnyala und Bergnyala unterscheiden sich nicht nur im Aussehen, sondern auch in ihren Lebensräumen: Den stark bedrohten Berglandnyala gibt es fast nur noch im Bale-Mountain-Nationalpark in Äthiopien.

Unten: Der Große Kudu leidet zunehmend unter Lebensraumzerstörung und starker Bejagung. Gleiches gilt für den Kleinen Kudu *(Tragelaphus imberbis)*, der ein verhältnismäßig beschränktes Verbreitungsgebiet hat.

Der Bongo *(Tragelaphus eurycerus)* lebt in freier Wildbahn inselartig in den west- und mittelafrikanischen Regenwaldgebieten sowie an den Hängen des Mount Kenia und in den Aberdares.

Wiederkäuen kann Leben retten

Alle *Tragelaphus*-Arten sind Wiederkäuer, was vermutlich eine Anpassung an den hohen Feinddruck ist: Die Tiere schlucken die Nahrung zunächst nahezu unzerkaut. Dann ziehen sie sich an einen sicheren Ort zurück, von dem aus sich die Umgebung gut beobachten lässt, würgen das Fressen aus dem mehrteiligen Magen wieder hoch und zerkleinern es durch ausgiebiges Kauen zu einem dünnflüssigen Brei. Raubkatzen, Hyänen und andere potenzielle Feinde können sich in dieser Zeit kaum unbeobachtet nähern, um die Wiederkäuer zu erlegen; sie müssen warten, bis die Tiere beim Äsen oder Trinken an Wasserstellen die Umgebung weniger gut im Blick haben.

Starke Bejagung aller Antilopenarten

Keine Antilope war und ist vor Bejagung sicher – weder die winzigen Dikdiks *(Madoqua)*, die nur 3–4 kg wiegen, noch die fast eine Tonne schweren Elenantilopen. Die Jäger rücken ihnen mit Treibhunden, Drahtschlingen, Fallgruben, Speeren, Pfeil und Bogen und natürlich mit Gewehren zu Leibe. Die chronisch mit Eiweiß unterversorgte Bevölkerung ist dankbarer Abnehmer der meist illegal erlegten Antilopen, weshalb der Handel mit „Bushmeat", Buschfleisch, in ganz Schwarzafrika blüht. Da die Zerstörung der Lebensräume ein zusätzliches Gefährdungspotenzial birgt und immer größere Ausmaße annimmt, sind fast alle afrikanischen Tragelaphus-Arten bzw. deren Unterarten mehr oder weniger stark in ihren Beständen bedroht, wobei es besonders schlecht um den Östlichen Bongo *(Tragelaphus eurycerus isaaci)* und den Bergnyala *(Tragelaphus buxtoni)* steht, die beide als „stark gefährdet" in der Roten Liste geführt werden.

In vielen Regionen Afrikas gelten Antilopen immer noch als begehrte Bereicherung der Speisekarte und werden – wie hier in Südafrika – stark bejagt.

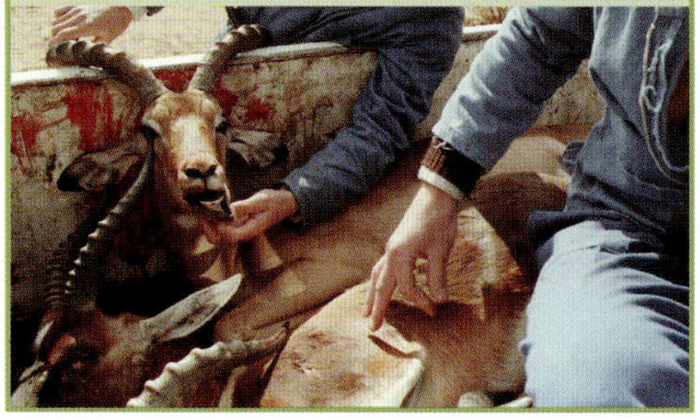

biete, in denen sie ausreichend Deckung finden. In offenen Savannen sieht man nur die Elenantilope und den Großen Kudu *(Tragelaphus strepsiceros)* regelmäßig, die Sitatunga oder Sumpfantilope *(Tragelaphus spekei)* kommt in Feuchtgebieten vor.

Die verschiedenen Spezies zeigen auch kein einheitliches Sozialverhalten. Der Buschbock ist beispielsweise ein Einzelgänger, während der Große Kudu in kleinen Familiengruppen lebt, Nyalas *(Tragelaphus angasii)* wiederum schließen sich in Herden von 10–20, Elenantilopen von über 50 Tieren zusammen.

Rechte Seite: Das Weißschwanzgnu kommt nur noch in einigen Gras- und Dornbuschsavannen Südafrikas vor.

Die größten Antilopen sind die mächtigen Elenantilopen, die trotz sinkender Bestandszahlen immer noch unkontrolliert abgeschossen werden.

GNUS UND BUNTBÖCKE

In der Hornträger-Unterfamilie Kuhantilopen (Alcelaphinae) finden sich sehr auffallende und unterschiedliche Antilopen, darunter zwei Arten aus der Gattung der Gnus *(Connochaetes)* sowie der Buntbock *(Damaliscus pygargus)* aus der Gattung *Damaliscus*. Sie kommen wie alle Kuhantilopen ausschließlich in Afrika vor, sind relativ groß und haben – nicht zuletzt aufgrund ihrer Hörner – eine gewisse Ähnlichkeit mit Rindern, wenngleich sie mit diesen nicht näher verwandt sind.

GNUS

Die Gattung der Gnus besteht aus den zwei Arten Weißschwanzgnu *(Connochaetes gnou)* und Streifengnu *(Connochaetes taurinus)*. Die mittelgroßen Tiere haben eine Schulterhöhe von 1,20–1,40 m, wiegen etwa 200 kg und besitzen ein kurzes, glattes Fell sowie eine zottelige Mähne. Wegen ihrer schweren Köpfe, die auf einem kurzen Hals sitzen, dem Nackenwulst und den seltsam gebogenen Hörnern, wirken die harmlosen Pflanzenfresser ziemlich bedrohlich. Sie leben in unterschiedlichen Regionen: Während das Verbreitungsgebiet des Weißschwanzgnus auf das südliche Afrika beschränkt ist, kommt das Streifengnu in den weiten Grasländern Ost- und Südafrikas bis nach Namibia vor.

Grund zur Hoffnung

Mit dem Eintreffen der Weißen in Afrika wurden die Gnuherden kontinuierlich kleiner. Zwar jagten auch die afrikanischen Ureinwohner die Tiere von jeher, allerdings nur zur Deckung ihres Fleischbedarfs sowie zur Verwertung der Häute und nicht – wie die neuen Siedler – in großem Stil und aus reinem Vergnügen am Abschießen. Der Verlust der Lebensräume dezimierte die Bestände zusätzlich.

Das Streifengnu hat zwar nach wie vor in manchen Gebieten Afrikas starke Verluste zu verzeichnen, da sich die Anzahl der Tiere in anderen Gegenden aber infolge gut greifender Schutzprogramme inzwischen auf über 1,5 Millionen beläuft, gelten die Bestände derzeit als nicht unmittelbar bedroht. Gefährdeter ist das Weißschwanzgnu, das Anfang des 20. Jahrhunderts in Südafrika bereits ausgerottet war, mithilfe von Nachzuchten aus zoologischen Gärten aber wieder im ursprünglichen Verbreitungsgebiet angesiedelt werden konnte. Inzwischen sind die Bestände auf etwa 10 000 Tiere angewachsen und es besteht Grund zur Hoffnung, beide Arten in freier Wildbahn erhalten zu können.

Die Wanderungen der Streifengnus

Bekannt sind vor allem die Streifengnus für ihre jährlichen Wanderungen von der Serengeti in Tansania nach Kenia in das Massai-Mara-Wildreservat, die zeitlich auf die Regenzeit und den damit verbundenen Pflanzenwuchs abgestimmt sind. Zeitweise sammeln sich am zu

überquerenden Mara-Fluss Tausende Tiere, von denen viele den im Wasser lauernden Krokodilen und den am anderen Ufer wartenden Raubkatzen zum Oper fallen. Weit verhängnisvoller als ihre natürlichen Feinde ist für die Gnus allerdings die Tatsache, dass das Ziel der Wanderung in einer dicht bevölkerten Region liegt, in der sie stark vom Menschen verfolgt werden.

BUNT- UND BLESSBÖCKE

Wie die Gnus wurde auch der Buntbock, der einst in zwei Unterarten ausschließlich in Südafrika vorkam, von den weißen Siedlern nahezu vollständig ausgerottet. Vom Echten Buntbock *(Damaliscus pygargus pygargus)* lebten zwischenzeitlich nur noch 17 Tiere, deren Anzahl inzwischen aber dank intensiver Zuchtbemühungen wieder auf nahezu 1000 erhöht werden konnte. Trotzdem gilt die Art immer noch als „gefährdet". Besser ist es um die Bestände des Blessbocks *(Damaliscus pygargus phillipsi)* bestellt, von dem etwa 250 000 Tiere in Freiheit leben: Er steht zwar auf der Roten Liste, gilt aber nicht als unmittelbar, sondern nur als potenziell bedroht.

Oben: Durch Nachzuchten in Zoos und Tierparks konnten Blessböcke wieder in Teilen des ursprünglichen Verbreitungsgebietes angesiedelt werden.

Unten: Rund 1,5 Millionen Streifengnus begeben sich jährlich auf die bis zu 2000 km lange Wanderung von der Serengeti in Tansania nach Kenia.

ORYXANTILOPEN UND ANDERE PFERDEBÖCKE

In der Hornträger-Unterfamilie Pferdeböcke (Hippotraginae) finden sich die drei Gattungen *Addax*, Eigentliche Pferdeböcke *(Hippotragus)* und Oryxantilopen *(Oryx)* mit insgesamt acht Arten. Alle Tiere sind hirsch- bis pferdegroß und tragen einen auffallenden Kopfschmuck, der bei beiden Geschlechtern gleich stark ausgeprägt ist. Die Hörner sind allerdings bei einigen Arten lang und spießartig, bei anderen schraubenartig um die Längsachse gedreht und bei wieder anderen säbelförmig nach hinten gebogen. Aufgrund ihrer Stirnwaffen setzen sich die Pferdeböcke häufig gegen Wildhunde und Löwen erfolgreich zur Wehr.

PFERDE- UND RAPPENANTILOPE

Zu den Eigentlichen Pferdeböcken, die in lichten Buschwäldern leben und regelmäßig Wasser brauchen, zählen die Pferdeantilope *(Hippotragus equinus)* sowie die Rappenantilope *(Hippotragus niger)*, wobei bei Letzterer nur die männlichen Tiere ihren Namen zu Recht tragen, denn lediglich sie sind schwarz, während die Weibchen ein kastanienbraunes Fell haben. Als unmittelbar gefährdet, nämlich als „vom Aussterben bedroht", steht derzeit nur die Riesen-Rappenantilope *(Hippotragus niger variani)* auf der Roten Liste, eine dritte Art der Pferdeböcke ist allerdings bereits ausgestorben: Der letzte südafrikanische Blaubock *(Hippotragus leucophaeus)* fiel um das Jahr 1800 einer Kugel zum Opfer.

In freier Wildbahn lebt die prachtvolle Mendesantilope nur noch in sehr kleinen Vorkommen am Südrand der Sahara.

MENDESANTILOPE

Mehr als alle anderen Antilopen ist die Mendesantilope *(Addax nasomaculatus)* dem Leben in der Wüste angepasst. Sie erträgt die extremen Temperaturen, indem sie sich bei großer Hitze eine Mulde scharrt, die ihr von unten Kühle spendet, und man nimmt an, dass die Tiere erhöhte Luftfeuchtigkeit und Pflanzenwuchs auf große Entfernung wittern. Es ist

Gefährdung vieler Arten

Neben dem Verlust von Lebensräumen ist im Falle der Pferdeböcke vor allem die unkontrollierte Jagd der Grund für die Gefährdung vieler Arten, die wegen ihres Fleischs und ihrer Haut abgeschossen werden, insbesondere aber wegen der prächtigen Hörner in großer Anzahl Opfer von Trophäensammlern werden. Solange die Jagd noch als Luxus weniger Privilegierter galt oder Tiere als Fleischlieferanten erlegt wurden, waren sie nie ernsthaft gefährdet. Als die schnellen, ausdauernden Antilopen dann aber von Autos, Motorrädern und Flugzeugen aus verfolgt wurden, waren ihre Chancen auf ein Entkommen in ihrem Lebensraum, der kaum Möglichkeiten zur Deckung bietet, verwirkt, und ihre Bestände wurden in kurzer Zeit drastisch reduziert.

Auch die mit der Oryx nahe verwandte Säbelantilope konnte in freier Wildbahn nicht überleben. Nachzuchten werden inzwischen in geeigneten Biotopen ausgesetzt.

noch nicht lange her, dass die kräftigen Mendesantilopen in Gruppen von bis zu 30 Tieren – manchmal auch in riesigen Herden, die sich auf der Suche nach Nahrung und Wasserstellen zusammenschlossen – durch die Sahara zogen; inzwischen sind die Bestandszahlen in freier Wildbahn allerdings auf 350–400 Exemplare geschrumpft. Die IUCN stuft sie als „vom Aussterben bedroht" ein, und ihre Zukunft ist – trotz einiger Auswilderungsprojekte, durch die man die Art zu retten versucht – ungewiss.

ARABISCHE ORYX

Zu den Oryxantilopen, die die Halbwüsten und Wüsten in Afrika und Arabien bewohnen, und die teilweise tage- und wochenlang ohne Wasser auskommen können, zählt unter anderem die Arabische oder Weiße Oryx *(Oryx leucoryx)*. Mit einer Schulterhöhe von etwa 90 cm und einem Gewicht von 70 kg ist sie die kleinste Art ihrer Gattung.

Ihr ursprüngliches Verbreitungsgebiet reichte von der Sinaihalbinsel über Mesopotamien bis über die ganze Arabische Halbinsel, doch bereits im 19. Jahrhundert war die weiße Antilopenart nur noch im Süden Arabiens zu finden. Vermutlich 1972 waren alle Exemplare in freier Wildbahn ausgerottet. Unmittelbar nach Bekanntwerden dieser Nachricht wurde ein weltweites Zuchtprogramm zur Erhaltung der Art initiiert: Nach einigen Jahren konnte die Nachzucht der in Zoos und Tierparks gehaltenen Tiere in den ursprünglichen Verbreitungsgebieten ausgewildert werden.

Die IUCN listet die Art immer noch als „stark gefährdet", da die Bestände in manchen Ländern inzwischen wieder um ein Vielfaches geschrumpft sind – nicht zuletzt deshalb, weil die Weiße Oryx regional wieder illegal bejagt wird.

SÄBELANTILOPE

Die Säbelantilope *(Oryx dammah)* ist bei einem Gewicht von etwa 200 kg bis zu 1,20 m hoch und unterscheidet sich von allen anderen Oryxantilopen durch die nach hinten gebogenen Hörner, die über einen Meter lang werden können. Meist leben Säbelantilopen paarweise oder in kleineren Gruppen, wie andere Arten schlossen sie sich bisweilen zur Nahrungs- und Wassersuche zu riesigen Verbänden von bis zu 1000 Tieren zusammen. Diese Zeiten sind allerdings vorbei, denn die Säbelantilope wurde durch starke Bejagung in freier Wildbahn vermutlich ausgerottet: In Ägypten war sie bereits um 1850 verschwunden, in der zentralen Sahara überlebten einige Bestände bis in die 1970er-Jahre. Eine ausgesandte Suchexpedition fand 1998 aber auch dort keine Säbelantilopen mehr.

In Zoos auf der ganzen Welt ist die Säbelantilope nach wie vor in großer Zahl zu besichtigen – denn dort ist die in freier Wildbahn offenbar ausgerottete Spezies die am zweithäufigsten gehaltene Tierart.

Oben: Nur durch geeignete Zuchtmaßnahmen konnte die Weiße Oryx vor der Ausrottung bewahrt werden.

Linke Seite: Trotz strengster Schutzbestimmungen wird die Weiße Oryx in den arabischen Ländern wieder gejagt. Die Art war bereits einmal in freier Wildbahn ausgerottet.

GAZELLEN UND VERWANDTE

Innerhalb der Familie der Hornträger fallen vor allem die Gazellen *(Eurdorcas, Gazella* und *Nanger)* aus der Unterfamilie der Gazellenartigen (Antilopinae) auf. Sie haben eine feingliedrige Gestalt, hohe, schlanke Beine mit kleinen, dreieckigen Klauenhufen und gedrehte Hörner, die bei den Weibchen schwächer ausgebildet sind oder ganz fehlen. Alle Arten bewohnen das östliche und nördliche Afrika, die Arabische Halbinsel, das Zweistromland zwischen Euphrat und Tigris sowie Nordwestindien, einzig die Kropfgazelle *(Gazella subgutturosa)* hat ihren Lebensraum bis weit nach Innerasien ausgedehnt.

DAMAGAZELLE

Die Damagazelle *(Nanger dama)* war früher in verschiedenen Unterarten in der ganzen Sahara verbreitet und führte jahreszeitlich bedingte Wanderungen durch: Zur Regenzeit zogen die riesigen Herden nach Norden, ins Herz der Sahara, während der Trockenzeit wanderten sie zurück in den Sudan. Inzwischen gelten zwei Unterarten als ausgerottet, die drei verbliebenen Subspezies sind in ihren Beständen stark bedroht und werden von der IUCN als „vom Aussterben bedroht" gelistet.

Jagddruck und Lebensraumvernichtung

Viele Vertreter der Gazellenartigen sind mehr oder weniger stark gefährdet, wobei vor allem von den asiatischen und arabischen Arten, die traditionell stark bejagt werden, einige Unterarten bereits ausgerottet sind, während andere als „vom Aussterben bedroht", „stark gefährdet" oder „gefährdet" auf der Roten Liste stehen. Auch in Afrika sind alle Populationen von der Lebensraumvernichtung durch den Menschen betroffen und stehen unter starkem Jagddruck, insbesondere seit die motorisierte Bejagung gängige Praxis ist.

Die Dorkasgazelle *(Gazella dorcas)* ist seit Jahrhunderten ein begehrtes Jagdwild und gilt heute als „gefährdet". Trotz ihrer Schnelligkeit kann sie ihren motorisierten Verfolgern in der Wüste, die wenig Deckung bietet, kaum entkommen.

Der bevorzugte Lebensraum der Damagazelle ist die Halbwüste Nordafrikas mit Büschen, Sträuchern und kleineren Grasflächen.

Die mittelgroßen Kropfgazellen zählen weltweit zu den schnellsten Landsäugetieren.

In Afrika berichtet die Legende vom Gerenuk als Antilope, die niemals Wasser braucht, sondern sich mit der Feuchtigkeit der vom Morgentau benetzten Blätter begnügt.

Das sehr dichte, wollige Fell der Saigaantilopen besteht aus längeren Deckhaaren und sehr dichter, weicher Unterwolle. Das Winterfell ist mit bis zu 8 cm doppelt so lang wie das Sommerfell.

KROPFGAZELLE

Die Kropfgazelle, die in mehreren Unterarten nur in Asien vorkommt, verdankt ihren Namen der seltsamen Verdickung der Kehle und des Nackens der männlichen Tiere während der Brunftzeit. Kropfgazellen sind sehr schnelle und ausdauernde Läufer, die bis zu 70 km/h erreichen können. Sie gelten als robust, haben eine Schulterhöhe von 50–65 cm und wiegen bis zu 40 kg.

In manchen Regionen ist die Populationsgröße in den letzten einhundert Jahren um 95 Prozent geschrumpft. 2001 schätzte die IUCN die Gesamtpopulation auf etwa 120 000–140 000 Tiere, wobei zu befürchten ist, dass die Bestände seitdem weiter gesunken sind.

GIRAFFENGAZELLE

Aus einer anderen Gattung der Gazellenartigen stammt die Giraffengazelle oder das Gerenuk *(Litocranius walleri)*, die als eine der schönsten Gazellen gilt. Das zierliche Tier, das eine Schulterhöhe von etwa 1 m und ein Gewicht von bis zu 50 kg hat, lebt in den trockensten, ödesten Savannen und Buschlandschaften Ostafrikas und durchzieht sein Revier in kleinen Gruppen. Bei Gefahr flüchten Gerenuks nicht blindlings, sondern versuchen, sich davonzuschleichen und Deckung hinter einem Busch oder einem Termitenhügel zu finden.

Giraffengazellen ernähren sich vorwiegend von Akazienblättern, -zweigen und -blüten, wobei ihnen der lange Hals zugutekommt. Um noch höher hinaufzugelangen, stellen sie sich oft auf die Hinterbeine, bevor sie mit ihrer Zunge und den verlängerten Lippen die Äste abfressen.

Die IUCN schätzt den Gesamtbestand der Art auf 70 000 und führt sie als potenziell bedrohte Art in der Roten Liste.

SAIGA

Erst seit kurzem wird auch die Saiga *(Saiga tatarica)* zu den Gazellenartigen gerechnet. Sie kam früher in den weiten Steppen Eurasiens, zeitweise selbst auf den Britischen Inseln, in Deutschland, Russland und Alaska vor; die Änderung des Weltklimas führte allerdings dazu, dass ihr heutiger Lebensraum nur noch Zentralasien und den russischen Teil Europas umfasst.

Saigas, die sich durch die Rüsselform ihrer Nase, der Zweck noch nicht sicher geklärt ist, von anderen Gazellenartigen unterscheiden, standen bereits im frühen 20. Jahrhundert kurz vor der Ausrottung, erholten sich aber im Laufe der Jahre. Inzwischen bereitet ihr Bestand erneut Anlass zur Sorge: Bejagung und Lebensraumverlust führten dazu, dass sich die Anzahl der Tiere von zwei Millionen in den 1950er-Jahren auf wenige Zehntausend verringerte, sodass die IUCN die Art als „vom Aussterben bedroht" führt.

ZIEGEN, SCHAFE UND ANDERE ZIEGENARTIGE

Die Unterfamilie Ziegenartige (Caprinae) ist eine der Gruppen, in der Wissenschaftler verschiedenste Gattungen und Arten zusammengefasst haben, die alle mittelgroß sind, Hörner tragen und – von einigen Ausnahmen abgesehen – in Asien und Europa leben.

GORAL UND SERAU

Zwei asiatische Ziegengattungen sind die Gorale *(Naemorhedus)* und die Seraue *(Capricornis)*. Sie sind nahe verwandt und leben beide im Gebirge, unter anderem in und um den Himalaja, wobei der etwas größere Goral Höhen bis 4000 m, der Serau nur bis etwa 2500 m besteigt. Zwei der drei Arten jeder Gattung, die wegen ihres Fells und ihres Fleischs gejagt werden und unter Lebensraumverlust leiden, stehen als „gefährdet" auf der Roten Liste.

Ausgesprochene Gebirgsbewohner sind die asiatischen Seraue aus der Familie der Hornträger und der Unterfamilie der Ziegenartigen.

Lange Zeit waren sich die Wissenschaftler über die systematische Zugehörigkeit des Takin uneinig. Namen wie Rindergemse oder Gnuziege für den Mishmitakin *(Budorcas taxicolor taxicolor)* erinnern daran.

Die Brunftzeit des Himalajatahr beginnt im Dezember. Die Schwanzdrüsen der Böcke verbreiten dann einen für Tahrweibchen unwiderstehlichen Duft.

Unten: Obwohl der Goral *(Nemorhaedus caudatus)* trockene Bergregionen bevorzugt, steigt er – wie hier im Ussuriland, im fernen Osten Russlands – auch bis auf Meereshöhe herunter.

Die Schraubenziege ist eine Wildziege der asiatischen Gebirgsregionen. Vor allem wegen des prachtvollen Gehörns ist sie eine begehrte Jagdbeute.

TAKIN

Die Zugehörigkeit des ebenfalls in Asien vorkommenden Takin *(Budorcas taxicolor)* zu den Ziegenartigen war lange Zeit umstritten. Das kräftige Tier mit einer Kopf-Rumpf-Länge von 2 m, einer Schulterhöhe von 1,10 m und einem Gewicht von bis zu 350 kg erinnert mit seinem schweren Kopf und den kurzen Hörnern eher an ein Rind als an eine Ziege. Sein Lebensraum sind die östlichen Ausläufer des Himalaja, von Tibet über Sikkim und Bhutan bis nach Südwestchina, wo er sich bevorzugt in Höhen zwischen 1000 und 4000 m aufhält. Die Unterarten sind in ihren Beständen „gefährdet" oder „stark gefährdet" – aus den gleichen Gründen wie Serau und Goral.

SCHRAUBENZIEGEN UND BEZOARZIEGEN

Sehr auffallende Erscheinungen aus der Gattung der Ziegen *(Capra)* sind die Schraubenziegen oder Markhors *(Capra falconeri)*. Sie leben in mittleren und hohen Gebirgslagen in Kaschmir, Afghanistan, Turkmenistan, Usbekistan sowie Tadschikistan und werden stark bejagt – teils wegen des Fleischs und des Leders, vor allem aber wegen der prachtvollen Hörner. Die IUCN bezeichnet zwei der drei Unterarten als „stark gefährdet", eine als „vom Aussterben bedroht".

Ähnlich verhält es sich mit der Bezoarziege *(Capra aegagrus aegagrus)*, die als Stammform der Hausziege gilt und einst in vielen Gebirgen zwischen der östlichen Türkei und Afghanistan lebte, heute aber wegen intensiver Bejagung auf Restbestände zusammengeschrumpft ist und als „gefährdet" gilt.

STEINBÖCKE

Ebenfalls zur Ziegengattung zählen die Steinböcke, deren südlichster und kleinster Vertreter der Nubische Steinbock *(Capra ibex nubiana)* ist. Er lebt in Felsengebirgen in Israel, Eritrea und im Sudan, wird maximal 80 cm hoch, hat aber prächtige, lange Hörner. Er wird vor allem in arabischen Gebieten stark bejagt und ist in der Roten Liste als „stark gefährdet" geführt. Andere Steinbockarten haben kleine, inselartige Verbreitungsgebiete und sind vor allem deshalb in ihren Beständen gefährdet, so zum Beispiel der Äthiopische Steinbock *(Capra ibex walie)*, der als „vom Aussterben bedroht" gilt.

Die Rettung des Alpensteinbocks

Es hätte nicht viel gefehlt und der Alpensteinbock *(Capra ibex ibex)* wäre ausgerottet worden. Die Tiere, die früher im größten Teil des Alpenraums vorkamen, wurde bereits im frühen Mittelalter wegen des Aberglaubens an die Heilwirkung von Horn und Knochen stark bejagt und in vielen Regionen vernichtet oder an den Rand der Ausrottung gebracht. Dass heute wieder Steinböcke in den Alpen zu sehen sind, ist Schutzbestimmungen des Königs von Piemont-Sardinien, Viktor Emanuel II., aus dem 19. Jahrhundert zu verdanken. Bis Anfang des 20. Jahrhunderts wurden mehrere Tiere aus Italien in die Schweiz eingeführt und dort zur Zucht eingesetzt. 1911 konnte man die ersten Steinböcke auswildern; sie vermehrten sich nach Anlaufschwierigkeiten prächtig. Heute gibt es wieder etwa 35 000 Steinböcke in weiten Teilen der Alpen, weshalb sogar eine beschränkte Reduktionsjagd notwendig wurde.

MÄHNENSPRINGER

Nicht weniger auffallend als Markhor und Bezoarziegen mit ihren gewaltigen Hörnern sind die Mähnenspringer *(Ammotragus lervia)* aus der Gattung *Ammotragus*, die systematisch zwischen Ziegen und Schafen stehen. Sie leben in felsigen Wüstengebieten Nordafrikas, wo sie ein sehr beliebtes Jagdwild sind, und gelten als „gefährdet". Mindestens eine Unterart, *Ammotragus lervia ornata* aus Ägypten, wurde bereits ausgerottet.

TAHRE

Ebenfalls eine Mittelstellung zwischen Ziegen und Schafen nehmen die Tahre *(Hemitragus)* ein. Drei Arten leben in voneinander isolierten Regionen: der Himalajatahr *(Hemitragus jemlahicus)*, der Nilgiritahr *(Hemitragus hylocrius)* und der Arabische Tahr *(Hemitragus jayakin)*. Die erstgenannte Art ist gemäß Roter Liste trotz ihres großen Verbreitungsgebiets „gefährdet", die Bestände des Nilgiri- und des Arabischen Tahrs sind weit stärker rückläufig; sie werden als „stark gefährdet" geführt.

Trotz der Gefährdung werden Sibirische Steinböcke *(Capra ibex)* von Trophäenjägern verfolgt.

Auch dem Mähnenspringer wäre sein prachtvolles Gehörn fast zum Verhängnis geworden.

Als ausgezeichnete Kletterer und Springer bewegen sich Bezoarziegen geschickt im Hochgebirge

Es hätte nicht mehr viel gefehlt, dann wäre der Alpensteinbock für immer aus dem gesamten Alpenraum verschwunden.

SCHAFE

Nicht nur von allen Ziegenartigen, sondern von allen wild lebenden Hornträgern haben die Schafe *(Ovis)* das größte Verbreitungsgebiet – von Europa über Vorder- und Innerasien bis nach Nordamerika und Mexiko.

Beinahe ausgerottet – der Mufflon

Ein recht bekannter Vertreter ist der wilde Mufflon *(Ovis ammon musimon)*, der ursprünglich zwischen Osteuropa und dem Mittelmeerraum verbreitet war und später nur noch auf den Mittelmeerinseln Sardinien und Korsika lebte. Beinahe wären die kleinen Populationen auf den Inseln ebenfalls ausgerottet worden, wenn nicht bereits im 18. Jahrhundert Zuchtgruppen in ganz Europa gegründet worden wären, sodass sich die Bestände – trotz zwischenzeitlicher kleiner Rückschäge – erholen konnten und heute als einigermaßen gesichert gelten.

Eines der charakteristischsten Tiere der nordamerikanischen Rocky Mountains ist das Dickhornschaf, das in kleineren Gruppen bis großen Herden die Bergregionen bewohnt.

Tibetantilopen leben in extremen Hochgebirgsregionen Asiens: In Tibet beginnt ihr Verbreitungsgebiet bei 3500 m und überschreitet die 5000-m-Grenze.

Weiße Siedler gefährden das Dickhornschaf

Ein typischer Bewohner der nordamerikanischen Rocky Mountains ist das Dickhornschaf *(Ovis canadensis)*, ein ausgesprochenes Gebirgstier, das hervorragend klettern kann und sich von Gräsern, Flechten, Moos und Kräutern ernährt. Auffällig sind die großen, schweren Hörner der Widder, die der Weibchen sind wesentlich kleiner.

Vor der Ankunft der Weißen lebten in den Rocky Mountains über zwei Millionen Dickhornschafe, doch Trophäenjagd und durch Haustiere eingeschleppte Krankheiten dezimierten die Bestände radikal. Um 1900 lebten nur noch etwa 60 000 Tiere, und die Bestände haben sich bis heute nicht erholt. Zwei Unterarten – *Ovis canadensis nelsoni* und *Ovis canadensis sierrae* – wurden bereits in vielen Gegenden ausgerottet, andere sind teilweise „stark gefährdet".

TIBETANTILOPE

Erst modernste Untersuchungsmethoden haben gezeigt, dass die goldbraune Tibetantilope *(Pantholops hodgsonii)*, auch Tschiru genannt, ebenfalls zu den Ziegenartigen gehört. Obwohl sie vor etwa 50 Jahren noch zu den häufigsten Tieren Tibets zählte und es einen Gesamtbestand von etwa einer Million Tieren gab, findet man sie heute nur noch in kleinen Populationen in den Hochebenen Tibets und Kaschmirs sowie in China: Man schätzt ihren Bestand auf 50 000–60 000 Tiere, dementsprechend wird sie in der Roten Liste als „stark gefährdet" geführt. Hauptgrund für die massive Abnahme des Tschirus ist die Wilderei. Die Tiere werden vor allem wegen ihres Fells, aus dem die teure Shahtoosh-Wolle hergestellt wird, gejagt, aber auch wegen ihrer Hörner, die in der Chinesischen Medizin als Heilmittel verwendet werden.

Der Mufflon, der als Urform des Hausschafs gilt, war immer ein begehrtes Jagdwild. Einige Unterarten sind heute ausgerottet oder stark bedroht.

PERISSODACTYLA

PFERDE

Pferde oder Einhufer (Equidae) zählen zur Ordnung der Unpaarhufer (Perissodactyla). Alle Angehörigen der Familie – Pferde, Esel und Zebras – sind aufgrund ihres Aussehens eindeutig als solche zu erkennen. Einige Pferde sind bedroht oder bereits ausgerottet – in Nordamerika und im westlichen Europa sind sie aus ungeklärten Gründen bereits vor 10 000 Jahren ausgestorben, im östlichen Europa überlebte bis ins 19. Jahrhundert der Tarpan. Nachdem die iranisch-irakische Population des Asiatischen Esels (Equus hemionus) *im Laufe des 20. Jahrhunderts verschwand, leben die letzten wilden Pferdeartigen im südlichen und östlichen Afrika sowie in Zentralasien.*

Einige äußerliche Gemeinsamkeiten

Sämtliche Pferde haben bestimmte gemeinsame Merkmale. Sie alle sind kräftige Tiere mit langen Gliedmaßen, die eine Kopf-Rumpf-Länge von 2–3 m, ein Stockmaß von 1–1,60 m und ein Gewicht zwischen 175 und 450 kg erreichen. Ihr Fell ist meist kurz und glatt, nur Mähne und Schweif bestehen aus langen Haaren. Das auffälligste Charakteristikum sind aber vor allem ihre Beine bzw. Hufe: Lediglich die dritte Zehe – deren letztes Glied von einer Hornschicht umgeben ist – ist stark ausgebildet, und nur auf ihr laufen Pferde, die man deshalb auch Zehenspitzengänger nennt. Diese anatomische Besonderheit stellt eine Anpassung an ihre bevorzugten Lebensräume, Savannen und Steppen sowie Wüsten und Halbwüsten dar, denn sie ermöglicht ihnen die schnelle Flucht vor Feinden wie Wölfen, Löwen und anderen Raubtieren.

Unterschiedliche Lebensweisen

Obwohl Pferde in ihren Verbreitungsgebieten zu jeder Tageszeit beobachtet werden können, sind sie doch vorwiegend in den Dämmerungs- und Nachtstunden auf der Suche nach Nahrung – in erster Linie Gräser und Kräuter, gelegentlich auch Blätter und Knospen.

Das Sozialverhalten variiert bei den verschiedenen Arten: Beim Bergzebra *(Equus zebra)*, dem Steppenzebra *(Equus quagga)* und dem Przewalskipferd *(Equus ferus przewalskii)* wacht ein Hengst über eine Herde, die jedoch von einer Stute geführt wird; manchmal schließen sich auch mehrere Verbände zu großen Herden mit einer strengen Rangordnung zusammen. Bei Grevyzebra *(Equus grevyi)* und Afrikanischem Esel *(Equus africanus* oder *Equus asinus)* hingegen besetzen die Hengste zum Teil riesige Territorien von bis zu 100 km^2, und auch engere Beziehungen zwischen den erwachsenen Tieren gibt es nicht in gleichem Maße wie bei den ausgesprochenen Herdentieren.

Mit einer Widerristhöhe von bis zu 1,55 m ist das schön gezeichnete Grevyzebra *(Equus grevy)* die größte Zebraart.

ZEBRAS

Die drei Zebraarten mit ihrem auffallend schwarz-weiß gestreiften Fell leben heute in einem Gebiet vom südlichen Sudan bis nach Südafrika. Die weiteste Verbreitung hat das Steppenzebra, dessen Bestände nicht unmittelbar gefährdet sind, wobei der größte Teil der Tiere in einigen Nationalparks und Reservaten in Kenia und Tansania lebt.

Gefährdet trotz Erholung der Bestände

Um die beiden anderen Zebraarten steht es schlechter: Das Bergzebra lebt in Südafrika und Namibia, einige seiner Unterarten sind bereits ausgerottet, andere bedroht. Obwohl sich die Bestände dank extra eingerichteter Nationalparks wieder einigermaßen erholen konnten, werden sowohl das Hartmann-Bergzebra *(Equus zebra hartmannae)* als auch das Kap-Bergzebra *(Equus zebra zebra)* von der IUCN als „stark gefährdet" eingestuft; man findet beide nur noch in Reservaten und Schutzgebieten. Ebenfalls als „stark gefährdet" steht das Grevyzebra auf der Roten Liste, das in manchen afrikanischen Ländern bereits vollständig ausgerottet wurde und in anderen Bestandsrückgänge von bis zu 70 Prozent zu verzeichnen hat. Alle Zebraarten leiden unter dem Verlust des Lebensraums, werden aber auch seit jeher wegen ihres Fells gejagt.

ASIATISCHER ESEL

Der Asiatische Esel, der auch Halbesel oder Pferdeesel genannt wird und im Gegensatz zum Afrikanischen Esel nie domestiziert wurde, ist zwischen dem Iran, Indien und der Mongolei verbreitet. Alle Unterarten – in manchen Systematiken auch als Arten bezeichnet – werden auf der Roten Liste geführt.

Stark bedrohte Unterarten

„Stark gefährdet" ist beispielsweise der Khur *(Equus hemionus khur)*, dessen Bestand die IUCN auf 800–900 Tiere schätzt. Er ist – vor allem aufgrund des Lebensraumverlusts – bereits seit den 1960er-Jahren im Iran und in Pakistan ausgerottet, nur eine kleine Population im nordwestlichen Indien hat überlebt. Zwei weitere Unterarten, der Onager *(Equus*

Das Hartmann-Bergzebra lebt in den Hochebenen Namibias. Sein Bestand ist in den letzten 100 Jahren um etwa 85 % geschrumpft.

Bis zu 15 Stuten und Jungtiere gesellen sich bei den Grevyzebras zu einem Revierhengst, der ein festes Territorium besetzt.

Kap-Bergzebras leben fast ausschließlich in Schutzgebieten in Südafrika. Es existieren nur noch etwa 700 Tiere.

Der Khur lebt in kleinen Herden in einem einzigen Bundesstaat in Indien, in Gujarat, und wird bis heute bejagt.

Der Kiang *(Equus kiang)* ist ein naher Verwandter des Asiatischen Halbesels und wird teilweise als eine Unterart geführt.

hemionus onager) aus dem nördlichen Iran und der Kulan *(Equus hemionus kulan)* aus Turkmenistan und Kasachstan, gelten als „vom Aussterben bedroht". Ihre Bestandszahlen sind rapide gesunken; sie leiden nicht nur unter dem Lebensraumverlust, sondern auch unter starker Bejagung bzw. Wilderei, da sie an den wenigen vorhandenen Wasserstellen extrem leicht abzuschießen sind.

AFRIKANISCHER ESEL

Der Afrikanische Esel gilt als Stammform des heutigen Hausesels. Wie viele domestizierte Esel hat auch das kleinste Mitglied der Pferdefamilie kräftige, schwarze Querstreifen an den Beinen. Von den Unterarten ist mindestens eine, der Nordafrikanische oder Atlaswildesel *(Equus africanus atlanticus)*, ausgestorben, wahrscheinlich sogar eine zweite, der Nubische Wildesel *(Equus africanus africanus)*. Kleine Restbestände der dritten Unterart, des Somali-Wildesels *(Equus africanus somalicus)*, leben heute noch weit verstreut in Äthiopien, Eritrea, Somalia und dem Sudan; er zählt mit geschätzten etwa 570 Tieren zu den am stärksten bedrohten Großsäugern überhaupt und wird von der IUCN als „vom Aussterben bedroht" geführt. Allerdings wurden 1969 und 1972 einige Wildtiere in Somalia und Äthiopien eingefangen und in verschiedenen Zuchtgruppen in zoologischen Gärten untergebracht, sodass es inzwischen regelmäßig Nachzuchten gibt und die Hoffnung besteht, dass die Art erhalten bleibt.

PRZEWALSKIPFERD

Als der Russe Nikolai Michailowitsch Przewalski 1878 von einer seiner Entdeckungsreisen in Zentralasien Haut und Schädel eines bis dahin im Westen fast unbekannten Pferdes mit an den Zarenhof brachte, war das Przewalskipferd in seinem ursprünglichen Verbreitungsgebiet bereits selten; keine 100 Jahre später, 1969, wurde

Der Somali-Wildesel, eine der Unterarten des Afrikanischen Wildesels, gilt heute weltweit als einzige Urform aller Hausesel.

Links unten: Wie die meisten Wildesel in Afrika und Asien bewohnt der Kulan Trockensteppen und Halbwüsten in Zentralasien.

Der Onager ist vom Erbgut her näher mit den Pferden als mit den Eseln verwandt.

das Tier zum letzten Mal in Freiheit gesehen. Allerdings waren in der Zwischenzeit, um die Jahrhundertwende, 55 Wildfänge nach Europa importiert und auf verschiedene Zoos verteilt worden, die alles daran setzten, die Art weiter zu züchten – mit Erfolg. Nach Ende des Zweiten Weltkriegs gab es zwar nur noch 40 Tiere, bis heute sind die Zahlen aber auf etwa 2000 angestiegen, sodass inzwischen Auswilderungsprojekte laufen: Nachzuchten aus den zoologischen Gärten wurden in ihrem ursprünglichen Lebensraum – unter anderem in China und der Mongolei – wieder angesiedelt, außerdem in Semi-Reservaten in Ungarn, wo mittlerweile um die 70 Tiere halbwild leben. Die kräftigen, widerstandsfähigen Pferde mit der Stehmähne, die Temperaturen von –30 °C überstehen, sind die einzige überlebende Wildpferdeart.

TARPAN

Anders als das Przewalskipferd wurden Steppen- und Waldtarpan *(Equus ferus gmelini* und *Equus ferus silvaticus)* im Laufe des 18. und 19. Jahrhunderts in Südrussland sowie in Mittel- und Osteuropa ausgerottet und konnten nicht gerettet werden. Verschiedene zoologische Gärten, Tierparks und Privatleute versuchen zwar seit den 1930er-Jahren, die Tarpane durch sogenannte „Abbildzüchtungen" wiederzuerschaffen und in ihren ursprünglichen Verbreitungsgebieten sowie in anderen Regionen auszuwildern, doch bei diesen Nachzuchten handelt es sich letztendlich um Hauspferde mit tarpanähnlichem Äußeren. Eine Art, die einmal ausgerottet wurde, ist nicht reproduzierbar und bleibt für immer vom Erdboden verschwunden.

Oben: Das Überleben des Przewalskipferds ist den Bemühungen verschiedener Züchter zu verdanken. Heute werden einige Tiere wieder ausgewildert.

Im Gegensatz zum Przewalskipferd wurde der Tarpan ausgerottet. Alle heutigen Tiere sind Rückzüchtungen.

PERISSODACTYLA
TAPIRE

Die Tapire (Tapiridae) aus der Ordnung Unpaarhufer sind – entwicklungsgeschichtlich betrachtet – sehr alte Tiere. Anhand von Fossilien lassen sie sich bereits im Eozän, also vor rund 50 Millionen Jahren, in Nordamerika nachweisen. Nach Südamerika, wo heute drei der vier rezenten Arten leben, kamen sie vor ein bis zwei Millionen Jahren, im Pleistozän; ab diesem Zeitpunkt ist auch die einzige asiatische Art, der Schabrackentapir (Tapirus indicus), *belegt. Die Urformen des Tapirs existierten auch im heutigen Europa, wo sie aber seit langem ausgestorben sind.*

Vegetarische Einzelgänger

Alle Tapire sind nachtaktive und sehr scheue Bewohner dichter Wälder und Dickichte, die bei der geringsten Gefahr ins Unterholz oder in naheliegende Gewässer flüchten, wo sie untertauchen. Auffallend ist ihr beweglicher Rüssel, mit dem die 0,80–1,20 m großen Vegetarier Blattwerk in größerer Höhe ergreifen können.

Tapire sind Einzelgänger, die sich lediglich zur Paarungszeit mit einem Artgenossen treffen; nur Mütter und ihre Jungen, die nach einer Tragezeit von knapp 14 Monaten geboren werden, bleiben etwa ein Jahr zusammen.

Tapire sind Ablieger

Das Junge ist bereits eine Stunde nach seiner Geburt fluchtbereit. Im Gegensatz zu den erwachsenen Tieren sind junge Tapire braun mit ausgeprägten weißen Längsstreifen, die im Laufe ihres ersten Lebensjahrs verschwinden. Diese Fellfärbung dient vermutlich zur Tarnung, denn obwohl die Jungtiere vollständig behaart sind und mit offenen Augen geboren werden, sind sie sogenannte Ablieger, was bedeutet, dass sie sich in den ersten zwei bis vier Wochen ihres Lebens unter Büschen verbergen, während die Mutter unterwegs ist.

Der Flachlandtapir lebt stets in der Nähe von Gewässern in den tropischen Regenwäldern der Flachlandregionen Südamerikas. Er badet gerne und ist ein hervorragender Schwimmer.

Linke Seite: Der Flachlandtapir ist nicht nur durch die Zerstörung seines Lebensraumes bedroht; sein Fleisch gilt als Delikatesse, weshalb er eine beliebte Jagdbeute ist.

Unten: Tapire sind erdgeschichtlich eine uralte Familie, die einst sehr artenreich und weit verbreitet war. Heute gibt es nur noch vier Arten in voneinander isolierten Gebieten.

Oben: Obwohl auf den ersten Blick wenig Ähnlichkeiten bestehen, bilden die Tapire – hier ein Schabrackentapir – zusammen mit Nashörnern und Pferden die Ordnung Unpaarhufer.

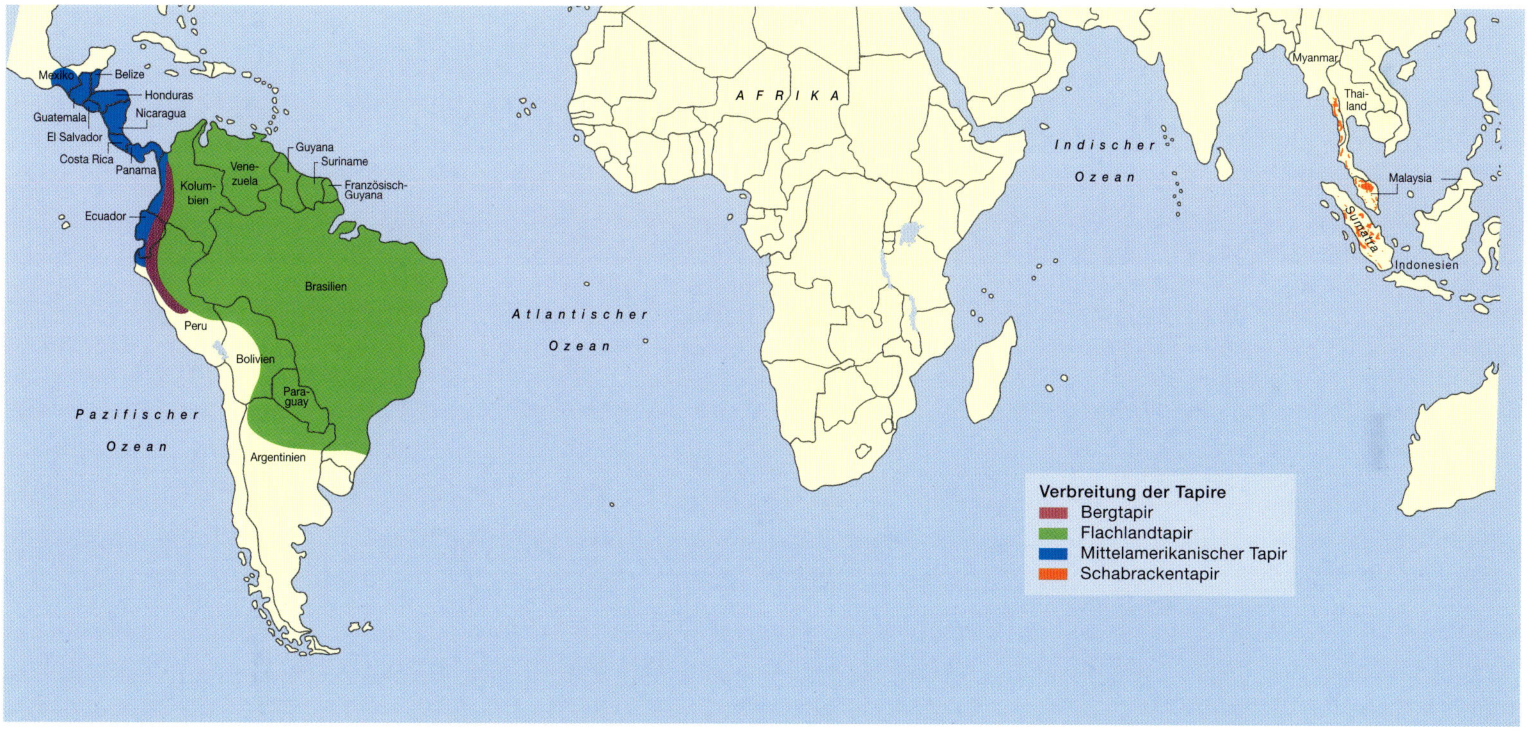

Alle Tapire sind gefährdet

Es sind in erster Linie die Umwandlung der Lebensräume in Kulturland bzw. die Abholzung der Wälder und die Brandrodung, die das Überleben der Tapire bedrohen; gebietsweise werden sie auch wegen ihres Fleischs und ihrer Häute bejagt. Mittelfristig dürften Tapire nur noch in gut geschützten Waldreservaten überleben – und deren Schaffung liegt noch in weiter Ferne. So sind alle Tapire in ihren Beständen bedroht. Als „gefährdet" eingestuft ist der Flachlandtapir *(Tapirus terrestris)*, der ein ausgedehntes Verbreitungsgebiet über weite Teile des tropischen Südamerikas bis ins nördliche Argentinien hat, aber in den Anden fehlt. Den Platz in den alpinen und hochalpinen Zonen im Westen des Halbkontinents nimmt der Bergtapir *(Tapirus pinchaque)* ein: Er lebt in den kolumbianischen, ecuadorianischen und peruanischen Anden, wo er sich in Höhen zwischen 2000 und 3000 m, im Sommer sogar bis 4000 m aufhält. Er gilt als „stark gefährdet", ebenso wie der Mittelamerikanische oder Baird-Tapir *(Tapirus bairdii)*, dessen Population durch die Zerstörung von über zwei Dritteln der Primärwälder schätzungsweise auf unter 5000 gesunken ist und der die bedrohteste Art seiner Familie sein dürfte.

Wie viele Individuen des Schabrackentapirs, des einzigen zweifarbigen Tapirs noch existieren, ist weitgehend unbekannt. Sicher ist: Auch ihm schadet die Vernichtung der Regenwälder in Südostasien ganz enorm, sodass die Weltnaturschutzunion IUCN ihn als „gefährdet" einstuft.

PERISSODACTYLA
NASHÖRNER

Nashörner (Rhinocerotidae) sind eine Familie der Unpaarhufer, deren Mitglieder zu den urtümlichsten Säugetieren der heutigen Zeit gehören. Sie lassen sich in ihrer direkten Entwicklungsgeschichte rund 40 Millionen Jahre zurückverfolgen.

Lebensräume und Sozialverhalten

Die fünf rezenten Nashornarten bewohnen ganz unterschiedliche Habitate in Afrika und Asien: Das Breitmaulnashorn *(Ceratotherium simum)* bevorzugt Grassavannen, das Spitzmaulnashorn *(Diceros bicornis)* Buschland mit offenen Grasflächen, das Indische Panzernashorn *(Rhinoceros unicornis)* überschwemmte Flussniederungen und das Sumatra- sowie das Javanashorn *(Dicerorhinus sumatrensis* und *Rhinoceros sondaicus)* dichte Tropenwälder.

Mit Ausnahme des Breitmaulnashorns sind die vorwiegend dämmerungs- und nachtaktiven Rhinozerosse wenig gesellig und gehen sich aus dem Weg. Spitzmaulnashörner treffen sich zwar in ihren Weidegebieten und benutzen gemeinsame Kotplätze, den Großteil ihrer Zeit verbringen sie allerdings solitär. Gleiches gilt für Panzernashörner.

Fortpflanzung und Lebenserwartung

Die Geschlechtsreife tritt bei Kühen im Alter von frühestens vier, bei den Bullen mit sieben Jahren ein. Nach einer Tragezeit von 14–16 Monaten kommt ein noch hornloses Kalb zur Welt, das etwa ein Jahr von seiner Mutter gesäugt wird. Der Abstand zwischen zwei Geburten liegt bei zwei bis vier Jahren, Nashörner pflanzen sich also relativ langsam fort – was ihre Bedrohungssituation verschärft. In freier Wildbahn liegt das Höchstalter der Tiere bei 40 Jahren, allerdings ist die Chance eines Nashorns, in Freiheit so alt zu werden, relativ gering, denn der Druck durch den Menschen – sowohl durch Biotopzerstörung als auch durch Wilderei – ist enorm groß. Zudem werden die Kälber in Afrika häufig Beute von Löwen, und auch Krankheiten fordern ihren Tribut.

AFRIKANISCHE NASHÖRNER

Während das Breitmaulnashorn derzeit nicht als unmittelbar bedroht gilt, ist die zweite afrikanische Art, das Spitzmaulnashorn, „vom Aussterben bedroht". Das Spitzmaulnashorn ist bedeutend kleiner und leichter als das Breitmaulnashorn und weit weniger gesellig. In seinem Lebensraum, der Dornbuschsavanne, findet es Deckung und ausreichend Nahrung in

Das Breitmaulnashorn verdankt seinen Namen dem charakteristischen breiten Maul.

Form von Zweigen und Blättern, die es mit der spitzen Oberlippe in den Mund zieht. Selbst fingerlange Dornen stören es dabei nicht.

Ein Mitglied der „Big Five"

Das Nashorn gehört zusammen mit Elefant, Kaffernbüffel, Löwe und Leopard zu den „Big Five", den Großen Fünf, dem begehrten Jagdwild weißer Großwildjäger in Afrika. Obwohl das Nashorn, eines der schwersten lebenden Landsäugetiere, beachtliche Geschwindigkeiten von etwa 50 km/h erreichen kann und häufig ohne Vorwarnung angreift, wenn es sich gestört fühlt, ist es infolge einer bloßen Verwundung durch Schüsse bei weitem ungefährlicher als die vier anderen. Dies liegt wohl nicht zuletzt daran, dass es schlecht sieht und einen Feind nicht genau ausmachen kann; in vielen verbürgten Fällen hat es seinen Angreifer lediglich über den Haufen gerannt und sich dann aus dem Staub gemacht. Angeschossene Büffel und Elefanten hingegen attackieren Jäger mehrmals und bis zum letzten Atemzug.

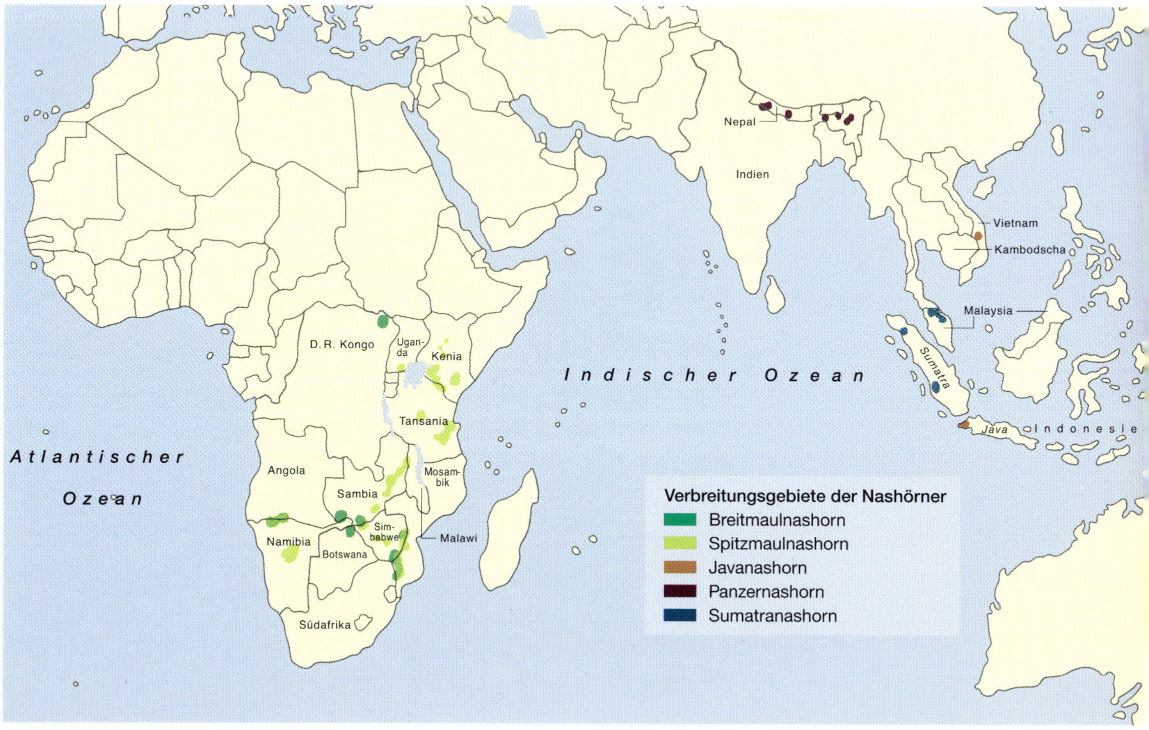

Oben: Dass die Verbreitungsgebiete der fünf Nashornarten entweder inselartig voneinander getrennt und/oder sehr klein sind, verstärkt die Gefahr der Ausrottung.

Unten: Im Gegensatz zu seinem größeren Vetter, dem Breitmaulnashorn, bevorzugt das Spitzmaulnashorn Blätternahrung. Mit der spitzen, beweglichen Oberlippe reißt es Laub von Sträuchern und Bäumen.

ASIATISCHE NASHÖRNER

Die drei asiatischen Nashornarten leben in den südostasiatischen Tropen. Noch vor 100–150 Jahren waren sie weit verbreitet, heute leben sie nur noch in kleinen Gebieten. Das Panzernashorn, dessen dicke Haut Falten wirft, die wie eine Rüstung aus Platten anmuten, kommt heute nur noch in den Grasländern Nepals und Nordostindiens vor und ist laut IUCN „stark gefährdet". Die beiden anderen asiatischen Arten leben dagegen im dichten Dschungel: das Sumatranashorn auf Borneo und Sumatra sowie möglicherweise auch in Myanmar und Malaysia, und das Javanashorn auf Java und in Südvietnam, wo seine Spuren erst vor kurzem entdeckt wurden.

Erschreckend niedrige Bestände

Sumatra- und Javanashorn stehen als „vom Aussterben bedroht" auf der Roten Liste. Der Gesamtbestand des Sumatranashorns, das das kleinste unter allen Nashörnern und das einzige asiatische mit zwei Hörnern ist, beträgt wahrscheinlich weniger als 500 Exemplare, von denen man die meisten in drei Nationalparks auf Sumatra findet – 250 bis maximal 300 Tiere. Das Javanashorn zählt zu den seltensten Großtieren der Welt: Man schätzt, dass nur 50–80 Exemplare die Vernichtung der Lebensräume und das Abschlachten überlebt haben, davon acht bis zehn im südlichen Vietnam. Der Art wird eine sehr geringe Überlebenschance eingeräumt.

Spitzmaulnashörner leben – anders als die oft in Herden weidenden Breitmaulnashörner – vorwiegend einzelgängerisch.

Das Horn der Nashörner wird mit Gold aufgewogen

Verschiedene Gründe haben zur Bedrohung der fünf rezenten Nashornarten geführt. Neben dem Lebensraumverlust sind Bürgerkriege in Afrika, vor allem aber Jagd und Wilderei ausschlaggebend. Die Tiere wurden lange Zeit erbarmungslos und aus purer Lust am Schießen getötet: Es wird von indischen Maharadschas berichtet, die innerhalb von zehn Jahren bis zu 1000 Panzernashörner zur Strecke brachten; britische „Sportschützen" und andere Großwildjäger aus verschiedensten Nationen standen ihnen kaum nach.

Auch die Traditionelle Chinesische Medizin hat ihren Teil zur Vernichtung der Bestände beigetragen: Hier spielt das pulverisierte Horn des Nashorns, das vor allem eine potenzsteigernde Wirkung haben soll, eine wichtige Rolle – es wird mit Gold aufgewogen, und sein Wert steigt durch die sinkende Anzahl der Tiere und das strikte Verbot, mit dem Horn zu handeln, weiter. Begehrt ist das Horn in Asien auch für Schnitzarbeiten, zum Beispiel in Form von Dolchgriffen, die in manchen Ländern als Symbol der Männlichkeit betrachtet werden.

Die größte Bedrohung für die Nashörner auf der ganzen Welt ist die Wilderei.

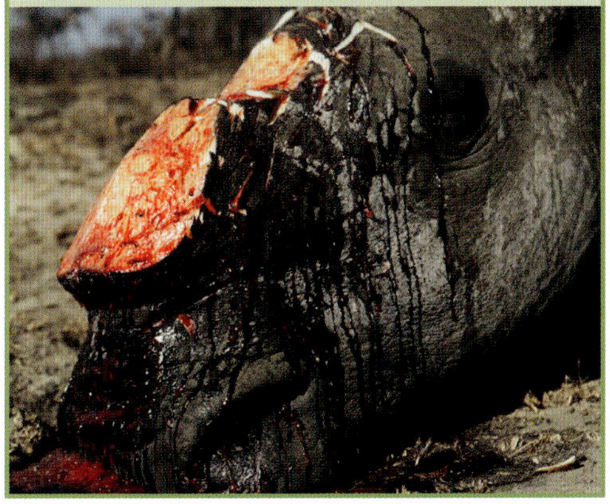

Oben rechts: Das tägliche Schlammbad dient nicht nur dem Wohlbefinden, sondern ist nötig, um die Haut von lästigen Parasiten zu befreien.

Mitte rechts: Die Haut des Panzernashorns wirft an den Gelenken Falten, die an Panzerplatten von Rüstungen erinnern und dem Tier seinen Namen eingebracht haben.

Unten rechts: Das Sumatranashorn, das verborgen in der Nähe von Wasserstellen in tropischen Bergwäldern lebt, ist die kleinste rezente Nashornart.

SIRENIA

GABEL- UND RUNDSCHWANZSEEKÜHE

Die Mitglieder der beiden Familien der Seekühe (Sirenia), Rundschwanz- und Gabelschwanzseekühe (Trichechidae und Dugongidae), zählen zu den wenigen Säugetieren, die im Wasser leben. Obwohl sie ursprünglich, vor etwa 50 Millionen Jahren, Landbewohner waren, die erst im Laufe der Zeit zu einer aquatischen Lebensweise übergingen, suchen sie heute das Festland nicht mehr auf.

Sanfte Riesen

Seekühe sind in sehr unterschiedlichen geografischen Regionen verbreitet, allerdings immer in warmen Gewässern der Tropen oder Subtropen: Der Fluss- oder Amazonasmanati *(Trichechus inunguis)* lebt nur im Süßwasser,

Links: Ein Karibikmanatiweibchen säugt sein Junges.

Unten: Die verschiedenen Arten der Seekühe leben in getrennten Populationen in unterschiedlichen Küstengewässern und Flüssen.

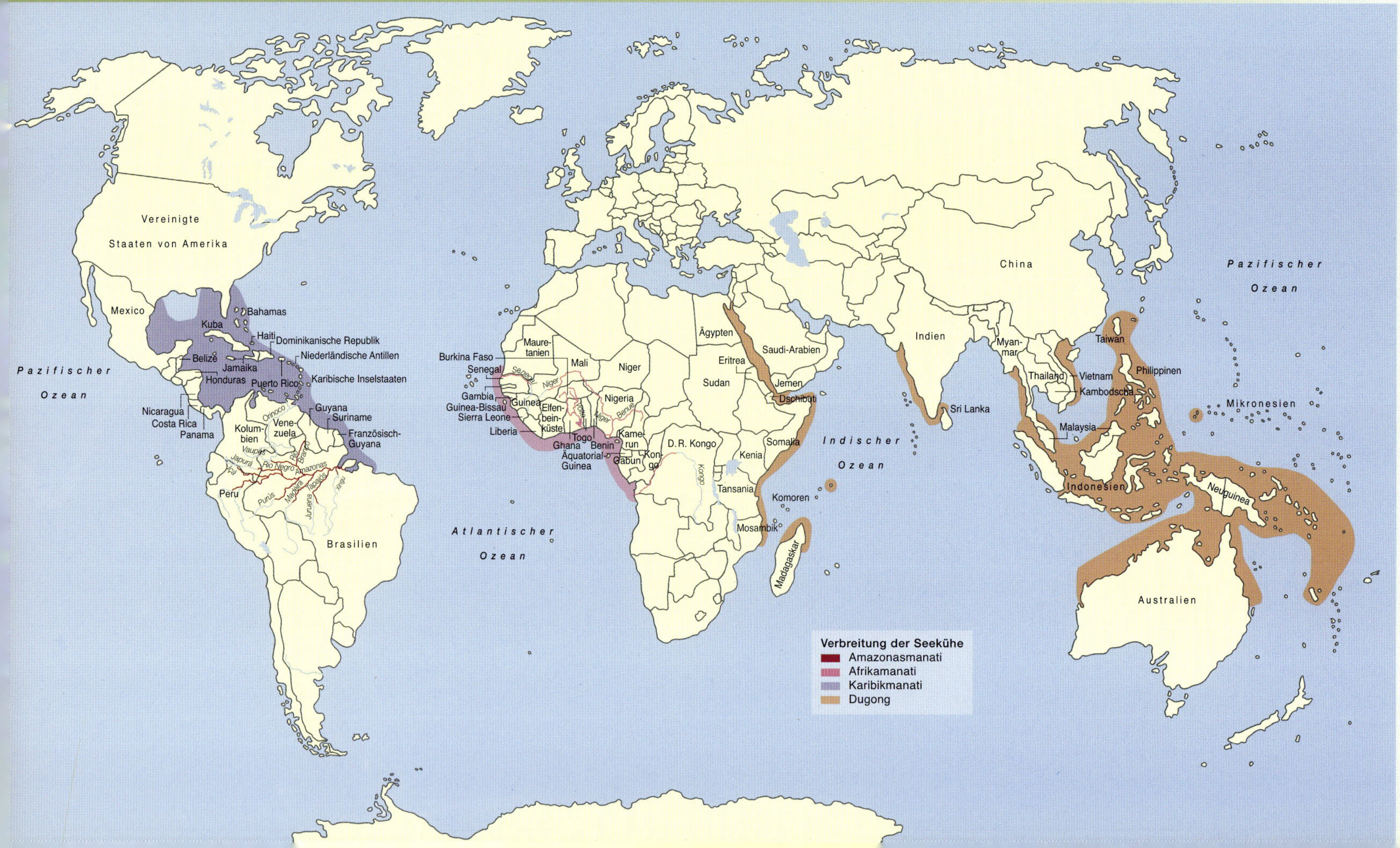

Einbruch der Bestände

Seekühe werden wegen ihres wohlschmeckenden Fleisches seit jeher von den Bewohnern der Küstenregionen, in denen sie sich aufhalten, bejagt, doch erst als diese Gebiete kolonialisiert wurden, gerieten die Bestände in ernsthafte Gefahr. Heute verenden außerdem viele Tiere in den Treibnetzen der Fischer und werden vermehrt durch die Schrauben von Motorbooten schwer verletzt. Vor allem aber durch die Erschließung und Verschmutzung der Gewässer Südamerikas und Afrikas sind die Bestände aller vier Arten stark geschrumpft, stellenweise sogar regelrecht eingebrochen. Sie bedürfen strengster Schutzmaßnahmen – die aber vor allem hinsichtlich der Wasservergiftung durch Dünger und Pestizide nur sehr schwer realisierbar sind. Alle vier rezenten Seekuharten werden von der IUCN als „gefährdet" eingestuft, eine fünfte, Stellers Seekuh *(Hydrodamalis gigas)*, wurde bereits knapp drei Jahrzehnte nach ihrer Entdeckung 1741 ausgerottet.

Dugongs, die weniger massig als Manatis sind, leben in den Gewässern der indopazifischen Region.

der Dugong *(Dugong dugon)* nur im Salzwasser und der Karibik- oder Nagelmanati *(Trichechus manatus)* wie der Westafrikanische oder Afrikamanati *(Trichechus senegalensis)* sowohl in Süß- als auch in Salzwasser. Sie alle ernähren sich fast ausschließlich von harten Gräsern und anderen Pflanzen in seichten Gewässern, die sie mit dem großen, nach unten gerichteten Maul mit den Tasthaaren abweiden.

Alle Seekühe sind sehr große, schwerfällige und äußerst friedliche Tiere. Sie sollen die Legende um die Meerjungfrauen inspiriert haben und werden deshalb auch als Sirenen bezeichnet.

Seekühe gelten als träge und sehr sanft, leben meist in kleinen Gruppen zusammen und verständigen sich untereinander mittels zwitschernder oder quiekender Laute.

Seekühe – hier ein Amazonasmanati mit Jungem – sind weit entfernt mit Elefanten verwandt.

PROBOSCIDEA
ELEFANTEN

Die Elefantenfamilie (Elephantidae) aus der Ordnung Rüsseltiere (Proboscidea) stellt die drei größten Landsäugetiere der Gegenwart. Der kleinste von ihnen ist der Afrikanische Waldelefant (Loxodonta cyclotis), *der in den riesigen Kongo-Urwäldern lebt, der zweitgrößte der Indische oder Asiatische Elefant* (Elephas maximus). *Der größte Vertreter ist der Afrikanische Steppenelefant* (Loxodonta africana)*: Bullen können eine Schulterhöhe von mehr als 4 m und eine ebensolche Kopf-Rumpf-Länge – ohne Rüssel – erreichen, die schwersten erlegten Tiere wogen fast 6000 kg. Kühe sind 20–30 Prozent kleiner und leichter.*

AFRIKANISCHE ELEFANTEN

Den größten Teil des Tages und der Nacht sind Afrikanische Elefanten mit der Futtersuche beschäftigt – durchschnittlich 18 Stunden lang. Sie benötigen große Mengen von Grünzeug aller Art: Eine Tagesration wiegt mindestens eine Vierteltonne und umfasst Gras und Kraut, Wurzeln und Rinden, sogar Büsche und die dornigen Zweige von Akazien; besonders gern mögen Elefanten Wildfrüchte, saftige Sumpfpflanzen und Schilf.

Elefanten leben in kleineren Familienverbänden bis großen Herden zusammen. Die Führung übernimmt immer eine erfahrene Elefantenkuh.

Die afrikanischen Bestände erholen sich

In manchen Gebieten Afrikas waren die Elefanten bereits besorgniserregend stark dezimiert, teilweise sogar ausgestorben. Ein wesentlicher Grund dafür ist der Lebensraumverlust der riesigen Tiere, die in kleine Gebiete zurückgedrängt werden, wo sie der Vegetation nachhaltig schaden. Es dauert oft viele Jahre, bis sich ein solch überweideter Landstrich erholt, was wiederum dazu führt, dass die Elefanten zu wenig Nahrung finden und sterben – zumal sie keinen Raum Ausweichen haben.

Des Weiteren waren und sind Elefanten in hohem Maße durch Wilderer bedroht, die sie wegen ihrer bis zu 3,30 m langen Stoßzähne jagen. Obwohl seit 1989 offiziell kein Elfenbeinhandel mehr betrieben wird und die Art im Washingtoner Artenschutzabkommen aufgeführt ist, sind die Bestände des Afrikanischen Elefanten nach wie vor bedroht. Die Populationen erholen sich jedoch langsam, weswegen die IUCN die Tiere nicht mehr als „stark gefährdet", sondern nur noch als „gefährdet" einstuft. Auch auf der Liste des Washingtoner Artenschutzabkommens wurden die Afrikanischen Elefanten zurückgestuft – allerdings nur in einigen wenigen Gebieten. In Afrika südlich der Sahara werden pro Jahr immer noch 25 000–50 000 Elefanten illegal erlegt und ihre Stoßzähne nach China geschmuggelt, wo ein großer Bedarf am „Weißen Gold" besteht: Es wird für Schnitzereien verwendet, vor allem aber als Potenzmittel.

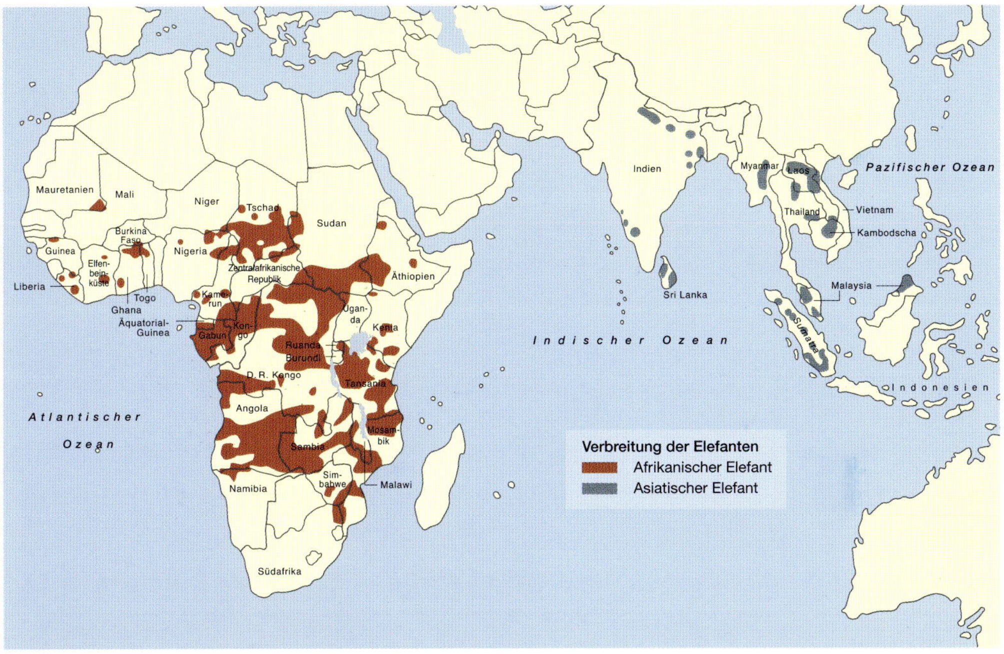

Oben: Wasser ist für Elefanten überlebenswichtig, sie trinken täglich 100–150 l. Pro Zug passen bis zu 10 l in den Rüssel.

Rechts: Elefanten leben heute in mehreren Unterarten in zwei vollkommen voneinander isolierten Gebieten in Afrika und in Südostasien. Die Bestände beider Arten sind stark rückläufig bzw. bedroht.

Unten: Wie bei allen Dickhäutern gehört auch bei den Elefanten das tägliche Wasser-, Schlamm- oder Staubbad zur lebensnotwenigen Hygiene.

Familienorientierte Lebensweise

Die grauen Riesen sind sehr soziale und familienorientierte Tiere. Wie Biologen erst vor wenigen Jahren festgestellt haben, führen sie sogar über viele Kilometer hinweg eine rege Kommunikation, die das menschliche Ohr zum Teil aufgrund der sehr tiefen Frequenzen nicht wahrnehmen kann.

Weibliche Elefanten leben in Familienverbänden, die immer von einer alten, erfahrenen Kuh geführt werden; nach ihrem Tod übernimmt üblicherweise ihre älteste Tochter die Herde. Im Falle eines plötzlichen Abschusses des Leittiers fallen die Clans allerdings häufig auseinander – was früher oder später zum Tod vor allem der jungen Einzeltiere führt. Die Bullen bilden Junggesellenherden von vier bis zehn Tieren, in denen es eine eindeutige Rangordnung gibt. Sie führt dazu, dass der Schwächere dem Stärkeren aus dem Weg geht, sodass ernsthafte Kämpfe äußerst selten sind und meist nur dann stattfinden, wenn fremde Bullen in ein Gebiet eindringen, das bereits von anderen Elefanten besetzt ist.

Nur ein Bulle sorgt für Nachwuchs

Untersuchungen im Amboseli-Nationalpark haben gezeigt, dass alle Tiere einer Herde und eines Clans (mehrere Familien) miteinander verwandt sind. Mittels DNA-Analyse konnte zudem die Vaterschaft der Kälber geklärt werden. Das Ergebnis überraschte selbst erfahrene Elefantenkenner: Alle Kälber hatten denselben Vater – das heißt, ein dominanter Bulle zeugt den gesamten Nachwuchs innerhalb einer Region, obwohl sich weitere erwachsene, zeugungsfähige Bullen dort aufhalten.

Elefantenkühe werfen – nach einer Tragezeit von etwa 22 Monaten – alle fünf bis sieben Jahre ein einziges Junges. Die Kälber, die bei der

Die Milchdrüsen der Elefantenkuh liegen unmittelbar hinter den Vorderbeinen.

Geburt etwas mehr als 100 kg wiegen und so klein sind, dass sie unter den Bauch der Mutter passen, werden mit Argusaugen beaufsichtigt und mit Leib und Leben beschützt. Doch nicht nur die Mutter, sondern auch die anderen Mitglieder einer Herde sorgen für den noch hilflosen Nachwuchs und nehmen ihn schützend in die Mitte. Trotzdem sind die Kälber vielen Gefahren ausgesetzt, darunter Krankheiten, Dürren und Futtermangel, aber auch Fressfeinden wie Löwen.

Asiatische Elefanten sind noch stärker bedroht als ihre afrikanischen Verwandten

Der Asiatische Elefant war bis vor hundert Jahren über ganz Vorder- und Hinterindien verbreitet und bewohnte dort in Herden mit 100 und mehr Tieren die weiten Dschungel- und Graslandschaften. Intensive Bejagung wegen des Elfenbeins und der Fang zum Zweck des Zähmens als Arbeits- oder Tempelelefant spielten früher eine maßgebliche Rolle bei den Bestandsabnahmen. In den letzten 50 Jahren haben vor allem die explosionsartige Zunahme der Bevölkerung bzw. die großflächige Zerstörung der natürlichen Biotope zum Rückgang der asiatischen Populationen geführt.

Der Asiatische Elefant steht als „stark gefährdet" in der Roten Liste; sein Bestand wird auf 30 000–50 000 Tiere geschätzt, wovon knapp die Hälfte in Indien leben, der Rest in Thailand, Malaysia, Myanmar, auf Sri Lanka, Borneo, Sumatra, Laos und Kambodscha.

Linke Seite: Alte Bullen sind Einzelgänger, die die Nähe der Herden nur suchen, wenn eine fortpflanzungsbereite Kuh dabei ist.

Elefanten bekommen sechs Mal Zähne

In freier Wildbahn werden Elefanten, die mit 15–16 Jahren ausgewachsen sind, selten älter als 50 Jahre; in zoologischen Gärten können es bis zu 15 Jahre mehr werden. Die Tiere bekommen in ihrem Leben sechs Mal Zähne. Ist der letzte Satz abgenutzt, bedeutet das den langsamen Tod, denn der Elefant ist nicht mehr in der Lage, seine Nahrung – harte Gräser, Rinden und Äste – zu zermalmen. So verliert er innerhalb von drei bis vier Jahren stark an Gewicht, bevor er schließlich stirbt.

Noch im 20. Jahrhundert glaubten selbst Elefantenkenner, dass die Tiere bestimmte Orte zum Sterben aufsuchen, denn Entdecker und Jäger fanden immer wieder Plätze mit Dutzenden von Skeletten. Inzwischen weiß man aber, dass sich alte Elefanten in ihren letzten Lebensmonaten – wenn möglich – in der Nähe von Sumpfgebieten und Flussniederungen aufhalten, weil sie dort weiche und saftige Gräser finden, die sie mit ihrem lädierten Gebiss noch zerkleinern können. An diesen Orten starben sie schließlich auch.

ASIATISCHER ELEFANT

Obwohl in Lebensweise und Sozialverhalten sehr ähnlich, unterscheidet sich der Indische oder Asiatische Elefant äußerlich erkennbar von seinen afrikanischen Verwandten: Seine Ohren sind wesentlich kleiner, darüber hinaus hat er an den Hinterfüßen mit vier Zehen einen Zeh mehr, sein Kopf hat zwei runde Höcker und der höchste Punkt ist der Rücken – beim Afrikanischen Elefanten ist es der Kopf. Wie neuere Untersuchungen zeigen, ist der Asiatische Elefant als einziger überlebender Vertreter der Gattung *Elephas* näher mit dem Mammut verwandt als mit dem Afrikanischen Elefanten.

Elefanten als Arbeitstiere

Asiatische Elefanten wurden bereits vor 4000 Jahren eingefangen, gezähmt und als Arbeitstiere vor allem in den Wäldern und Dschungelgebieten eingesetzt. Der Bedarf sinkt allerdings: In Thailand beispielsweise gab es vor hundert Jahren noch schätzungsweise 100 000 in Gefangenschaft gehaltene Elefanten, heute sind es nur noch 3000–4000. In Myanmar werden mit rund 5000 Tieren die meisten Elefanten für Arbeitszwecke genutzt.

Spielerisch messen die Jungbullen ihre Kräfte – und schulen so gleichzeitig ihr Sozialverhalten.

Von ihren asiatischen Verwandten unterscheiden sich die Afrikanischen Elefanten unter anderem durch die wesentlich größeren Ohren.

Asiatische Elefanten suchen mindestens einmal täglich eine Wasserstelle auf.

CETACEA

GLATTWALE, DELFINE UND ANDERE WALFAMILIEN

In einigen Familien aus der Ordnung der Wale (Cetacea) finden sich die größten Lebewesen, die jemals Erde und Meere bevölkert haben. Es ist erwiesen, dass ihre Vorfahren insektenfressende Landsäugetiere waren, die nach dem Verschwinden der Dinosaurier zunächst die Meeresstrände und Flachwasserzonen eroberten. Die Urwale lebten bereits ständig im Wasser; aufgrund fossiler Überreste, die in ca. 50 Millionen Jahre alten Erdschichten gefunden wurden, weiß man außerdem, dass sie etwa 20 m maßen und eine lange Schnauze sowie stark verkürzte hintere Gliedmaßen hatten. Obwohl diese Urwale vor etwa 25 Millionen Jahren ausgestorben sind, gehören sie zu den direkten Vorfahren der heutigen Wale.

Berühmt sind viele Wale unter anderem für ihre komplexen, über weite Distanzen hörbaren Gesänge, die von Art zu Art und oft auch von Gruppe zu Gruppe variieren und im Hoch- oder Tieffrequenzbereich liegen können.

Bartenwale und Zahnwale

Die Ordnung Wale besteht aus den Unterordnungen Zahn- und Bartenwale (Odontoceti und Mysticeti) mit verschiedenen Familien, Gattungen und Arten. Die riesigen Bartenwale – der kleinste von ihnen ist der 6 m lange Zwergglattwal *(Caperea marginata)* – ernähren sich hauptsächlich vom Krill, im Wasser schwebenden Kleinstlebewesen. Dabei kommen ihnen ihre Barten zugute, vom Gaumen herabhängende Hornplatten mit haarähnlichen Fransen an der Innenseite: Ein Bartenwal auf Nahrungssuche füllt sein Maul mit Wasser und drückt dieses anschließend mit der Zunge wieder heraus, wobei der Krill in den Barten wie in einem Netz hängen bleibt.

Die Zahnwale hingegen haben Zähne. Sie sind Jäger, die sich von kleineren und größeren Fischen, Tintenfischen und sogar von anderen Meeressäugern wie Robben ernähren.

BLAUWAL

Der Blauwal *(Balaenoptera musculus)* ist das vermutlich größte Tier, das je gelebt hat. Er kann über 30 m lang und 180 t schwer werden, sein Herz ist so groß wie ein Kleinwagen und sein Maul bis zu 6 m breit – damit übertrifft er jeden Dinosaurier. Starke Bejagung in der ersten Hälfte des 20. Jahrhunderts führte zu extremen Bestandseinbrüchen, die erst durch ein in den 1960er-Jahren erlassenes Jagdverbot gestoppt werden konnten. Inzwischen erholen sich zumindest Teile der Blauwalpopulationen, die Art wird aber immer noch als „stark gefährdet“ auf der Roten Liste geführt.

Linke Seite: Walkenner können die verschiedenen Arten unter anderem anhand der Größe und der Form der Schwanzflosse identifizieren. Hier ein Buckelwal.

Der Pottwal, hier in der Nähe der Azoren vor Portugal, ist der größte und eindrucksvollste Zahnwal. Die Bullen werden bis zu 18 m lang.

Der riesige Blauwal kann bis zu 20 Minuten lang tauchen; normalerweise kommt er aber alle 2 Minuten an die Oberfläche.

Unten: Charakteristisch für Buckelwale sind ihre akrobatischen Sprünge, bei denen sie ihren ganzen Körper aus dem Wasser wuchten.

GRÖNLANDWAL

Der Grönlandwal *(Balaena mysticetus)*, der bis zu 200 Jahre alt werden kann, erreicht eine Länge von bis zu 18 m; seine Barten sind bis zu 4,50 m lang und würden ein zweistöckiges Haus überragen. Da er in den arktischen Regionen im Atlantik und Pazifik lebt, hat er eine 60 cm dicke Speckschicht, Blubber genannt, die ihn vor eisiger Kälte schützt.

Diese Speckschicht und die langen Barten machten die Grönlandwale zu einer besonders begehrten Beute für Walfänger, ihre massiven Rückgänge im 19. und 20. Jahrhundert führten 1931 dazu, dass Wale als erste Tiere unter den Schutz des Völkerbundes gestellt wurden. Einzelne regionale Bestände sind nach wie vor „stark gefährdet“ oder „vom Aussterben bedroht“, wenngleich die Anzahl der Tiere – wie bei allen Walen – schwer abschätzbar ist.

Links: Der schwarz-weiße Orca aus der Familie der Grindwale ist ein ausgezeichneter Jäger.

Unten: Die drei Arten der Süßwasser-Flussdelfine leben in völlig voneinander isolierten Gebieten – in den großen Flussläufen im nördlichen Teil Südamerikas, in Nordindien, Pakistan sowie im Osten Chinas.

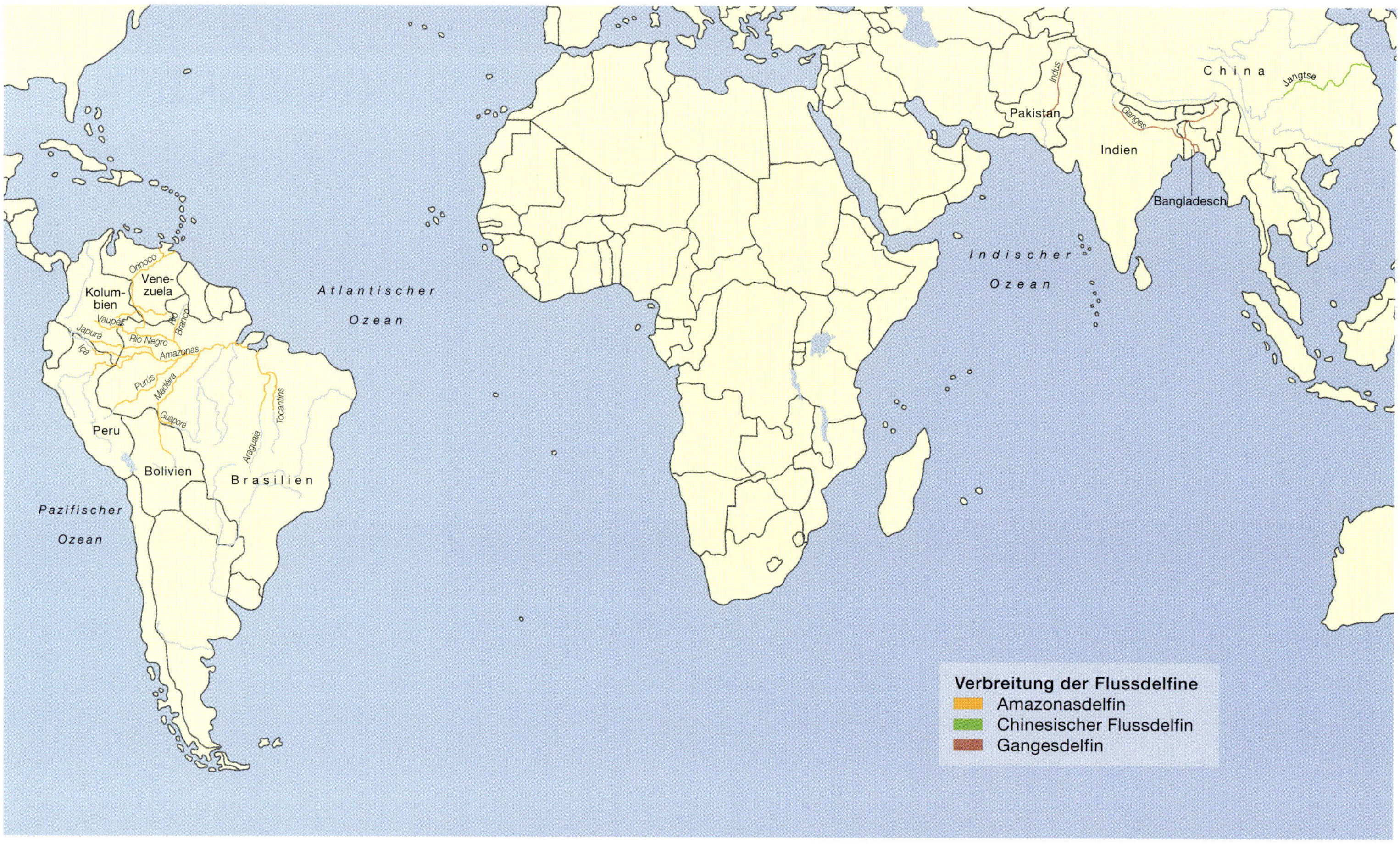

Am sogenannten Blas, der nach Tauchgängen ausgestoßenen Atemluft, kann man die jeweilige Walart – hier Orcas – erkennen.

Der Chinesische Flussdelfin ist inzwischen vermutlich ausgerottet. Er wurde seit 2002 nicht mehr gesehen.

BUCKELWAL

Die Buckelwale *(Megaptera novaeangliae)* aus der Unterordnung der Bartenwale werden maximal 15 m lang. Sie haben extrem große Brustflossen, mit denen sie häufig – vermutlich zur Kommunikation – auf der Seite liegend krachend aufs Wasser schlagen. Daneben sind sie berühmt für ihre Gesänge und für ihre hohen Sprünge. Wie andere Walarten unternimmt auch der Buckelwal jahreszeitliche Wanderungen von Tausenden Kilometern; in den Winterquartieren fressen sie sich regelrecht voll, dafür nehmen sie im Sommer während der Paarungszeit in den wärmeren Gewässern kaum Nahrung zu sich.

Man schätzt, dass 97 Prozent der Buckelwale im Laufe des 20. Jahrhunderts ausgerottet wurden. Das 1963 erlassene Jagdverbot, das bis heute gilt, zeigt allerdings inzwischen Wirkung: Die Bestände erholen sich, wenngleich sehr langsam. Die IUCN hat die Buckelwale deshalb inzwischen von „stark gefährdet" auf „gefährdet" heruntergestuft.

POTTWAL

Der Pottwal *(Physeter catodon* oder *Physeter macrocephalus)*, der als „gefährdet" auf der Roten Liste steht, ist der größte Vertreter der Zahnwale: Ein Bulle wird bis zu 18 m lang und wiegt etwa 45 t, die Weibchen sind mit einer Länge von 12 m wesentlich kleiner. Der Pottwal taucht regelmäßig über 300 m tief, wird aber sogar in Tiefen bis etwa 3000 m vermutet – damit ist er Rekordhalter unter den Walen im Tieftauchen. Bei ihrer Jagd nach Riesenkraken in der Tiefsee verfangen sich die Tiere gelegentlich in Kabeln und ertrinken, da sie als Lungenatmer in regelmäßigen Abständen an die Wasseroberfläche müssen.

ORCA

Einer der bekanntesten Vertreter der Zahnwale ist der elegante, schwarz-weiße Orca *(Orcinus orca)*, auch Großer Schwertwal oder Killerwal genannt. Er gehört zur Familie der Delfine (Delphinidae) und ist – mit bis zu 8 m Länge und einem Gewicht von 9 t – eine der größten Delfinarten. Wie andere Delfine leben Orcas in sogenannten Schulen, Verbänden, die von einem alten Weibchen geführt werden und in denen sie üblicherweise ein Leben lang bleiben. Orcas kommen in allen Weltmeeren vor, sind aber in arktischen und antarktischen Gewässern am häufigsten anzutreffen. Sie waren nie ein besonders begehrtes Ziel der Walfänger und sind momentan auch nicht unmittelbar bedroht, leiden aber wie alle Meeressäuger unter Wasserverschmutzung und globaler Erwärmung.

FLUSSDELFINE

Unter dem Begriff Flussdelfine wurden lange Zeit vier Arten zu einer Gruppe zusammengefasst, die nicht im offenen Meer, sondern im Süßwasser vorkommen, von denen man aber heute weiß, dass sie unabhängig voneinander entstanden sind: Amazonasdelfin *(Inia geoffrensis)*, Chinesischer Flussdelfin *(Lipotes vexillifer)*, Gangesdelfin *(Platanista gangetica)* und La-Plata-Delfin *(Pontoporia blainvillei)* – wobei Letzterer die meiste Zeit im Salzwasser verbringt. Sie alle sind bedroht, besonders kritisch ist die Lage des Chinesischen Flussdelfins, der vorwiegend im Jangtse lebt. Obwohl er bereits Anfang der 1980er-Jahre unter Schutz gestellt wurde, nahmen seine Sichtungen stetig ab; das letzte in Freiheit lebende Tier wurde 2002 fotografiert, seitdem wurde keines mehr gesehen. Man geht davon aus, dass die Art inzwischen ausgestorben ist.

Walfang und andere Gefahren

Wale sind seit langer Zeit eine sehr begehrte Beute des Menschen: Fett und Fleisch, Knochen und Innereien, Barten und Zähne – alles wurde verwertet. Die Küstenvölker deckten früher mit Walen große Teile ihrer Bedürfnisse, stellten aber zunächst keine ernsthafte Bedrohung für die Tiere dar. Ab Ende des 19. Jahrhunderts waren die Walfangtechniken dann allerdings so weit fortgeschritten, dass die Bestände vieler Walarten drastisch einbrachen.

Um ein Aussterben der Wale zu verhindern, wurde bereits 1946 die Internationale Walfangkommission ins Leben gerufen, die in den 1980er-Jahren schließlich jegliche Tötung von Walen zu kommerziellen Zwecken untersagte. Allerdings gibt es zahlreiche Ausnahmegenehmigungen, unter anderem für wissenschaftliche Zwecke, zudem erkennen einige wenige Länder das Verbot nicht an. Die meisten Walarten sind zusätzlich durch das Washingtoner Artenschutzabkommen geschützt und auch innerhalb der EU genießen sie allerhöchsten Protektion: Jeglicher Handel mit Walen, ihren Körperteilen oder Walprodukten ist verboten. Ob die wirklich stark bedrohten Arten durch den Jagdstopp noch zu retten sind, ist fraglich – zumal zu den Nachwirkungen des Walfangs inzwischen neue Probleme hinzukommen: Wale leiden massiv unter der Verschmutzung der Meere und der Erderwärmung, unter Unterseekabeln sowie wahrscheinlich auch unter Strahlen- und Echolotbelastungen sowie anderen, bisher noch nicht bekannten Faktoren, die dafür verantwortlich sind, dass manchmal ganze Schulen stranden. Viele der kleinen Walarten, vor allem Delfine, verenden in großer Zahl in den Netzen der Thunfischfänger und werden inzwischen auch als Nahrungskonkurrent und Nahrungsmittel direkt bejagt.

Wale sind schon sehr lange begehrtes Jagdwild – wegen Fleisch, Fett und Barten.

RODENTIA
HÖRNCHEN UND BAUMRATTEN

Zur artenreichsten Ordnung der Säugetiere, zu den Nagetieren (Rodentia), gehören unter anderem die Familien Hörnchen (Sciuridae) und Baumratten (Capromyidae). Sie leben in völlig unterschiedlichen Regionen der Erde, haben aber – wie auch alle anderen Angehörigen der Ordnung – ein gemeinsames Merkmal: die vergrößerten Nagezähne.

BAUMRATTEN

Baumratten gehören zur Unterordnung Meerschweinchenverwandte (Caviomorpha). Bis zur Zeit ihrer Entdeckung durch die spanischen Eroberer lebten wahrscheinlich etwa 15 Arten dieser 20–50 cm großen und bis zu 10 kg schweren Ratten auf den Großen Antillen und einigen karibischen Nachbarinseln. Sie waren schon bei den Indios ein beliebter Eiweißlieferant und wurden stark verfolgt – weswegen von der Existenz einiger Arten heute nur noch

Links: An das Bellen kleiner Hunde erinnern die Laute der Präriehunde, die in mehreren Unterarten die Prärieregionen Nordamerikas bewohnen.

Unten: Wie die Präriehunde gehören auch die Murmeltiere in die Ordnung der Nagetiere. Sie leben überwiegend in Gebirgs- und Steppenregionen.

Knochenreste an alten Feuerstellen künden. Die meisten der urtümlichen Nager konnten in Rückzugsgebieten überleben; als die Weißen dann allerdings mit Hunden, Katzen, Ratten, Mäusen und später sogar mit Mungos auf die Inseln kamen, starben weitere Arten aus.

Alle Baumratten sind bedroht

Von den ursprünglich 15 Baumrattenarten werden heute nur noch sieben hin und wieder gesehen – wobei einige von ihnen schon so selten sind, dass selbst gelegentliche Meldungen von Sichtungen als Glückstreffer gelten. Die gesamte Baumrattenfamilie ist bedroht, fünf Arten stehen als „stark gefährdet" auf der Roten Liste. Da nur wenige Untersuchungen über das Leben in freier Wildbahn vorliegen und kaum etwas über das Sozial- und Fortpflanzungsverhalten bekannt ist, besteht die Gefahr, dass weitere Arten aussterben, bevor Maßnahmen zur Rettung ergriffen werden können.

ALPENMURMELTIER

Innerhalb der Hörnchenfamilie bilden die Murmeltiere *(Marmota)* eine eigene Gattung mit 13 Arten in Europa, Asien und Nordamerika. Der Bedrohungsstatus der verschiedenen Arten ist unterschiedlich: Das Waldmurmeltier *(Marmota monax)* ist in Kanada und den USA inzwischen so häufig, dass es als Schädling gilt; um andere Arten steht es weit schlechter.

Ein relativ bekannter Vertreter der Gattung ist das Alpenmurmeltier *(Marmota marmota)*, das oberhalb der Baumgrenze bis 3000 m Höhe in den Alpen, den Karpaten und der Hohen Tatra lebt und sich von Kräutern und Gräsern ernährt. Seine Kopf-Rumpf-Länge beträgt 40–50 cm und sein Schwanz misst 10–20 cm, das Gewicht liegt bei etwa 3 kg, schwankt aber jahreszeitlich bedingt und kann vor dem Winterschlaf auf das Doppelte ansteigen.

Verhängnisvoller Volksglaube

Alpenmurmeltiere existierten nie flächendeckend, waren aber früher immer wieder einmal zu sehen. Jagd und der Glaube der Volksmedizin an die Heilwirkung des ausgelassenen Murmelfetts – sogenanntes „Murmelöl" – bei Rheuma und anderen Gelenkerkrankungen haben zur starken Verfolgung und lokalen Ausrottung geführt.

PRÄRIEHUNDE

Ebenfalls zu den Hörnchen gehören die nordamerikanischen Präriehunde *(Cynomys)*, die ursprünglich in fünf Arten die weiten Prärien Nordamerikas durchwühlten – im wahrsten Sinne des Wortes. Die etwa 30 cm langen Tiere leben in ausgedehnten, unterirdischen Gang- und Höhlensystemen in großen sozialen Verbänden, die über ein ausgeklügeltes Warnsystem verfügen.

Giftkampagne gegen Präriehunde

Präriehunde wären im frühen 20. Jahrhundert fast ausgerottet worden: Weil sie ganze Felder leer fraßen und Ernten vernichteten, startete die US-Regierung eine Giftkampagne, der etwa 99 Prozent der Tiere zum Opfer fielen. Inzwischen haben sich die meisten Arten wieder erholt, die bedrohteste ist der Mexikanische Präriehund *(Cynomys mexicanus)*, der als „stark gefährdet" auf der Roten Liste steht.

Oben: Präriehunde sind tagaktive Tiere, die die Nächte in ihren unterirdichen Erdhöhlen verbringen.

Eine sehr urtümliche Familie sind die Baum- oder Ferkelratten aus dem karibischen Raum. Sie sind heute äußerst gefährdet, und es ist fraglich, ob sie überleben können.

RODENTIA

BIBER

Im Gegensatz zu den meisten anderen Nagetieren sind Biber (Castoridae) im Allgemeinen ausgesprochene Sympathieträger. In der Forstwirtschaft sind sie wegen des Fällens von Bäumen und des Bauens von Dämmen allerdings weniger beliebt, was im Fall des Eurasischen Bibers (Castor fiber) *einer von mehreren Gründen für die Beinahe-Ausrottung war.*

Hervorragende Anpassung

Eurasische Biber können bei einem Gewicht von 30 kg bis zu 1 m groß werden. Prädestiniert für die Lebensweise am und im Wasser sind sie durch den spindelförmigen Körper mit den kurzen, kräftigen Beinen; ihre Hinterfüße tragen Schwimmhäute. Der platte, keulenförmige, schuppige Schwanz dient im Wasser als Antrieb und zum Steuern.

Biber sind bekannt für ihre Dämme aus Schlamm und Steinen sowie für ihre Burgen aus Ästen, die sie von selbst gefällten Bäumen abnagen und zum Teil über weitere Strecken transportieren.

Im Gegensatz zu Ratten und Mäusen ist der Biber ein bei den meisten Menschen ausgesprochen beliebtes Nagetier.

Biber halten keinen Winterschlaf. Sie leben von angesammelten Vorräten und können unter den Eisschichten ihre Vorratsplätze aufsuchen.

Erholung der Bestände

Früher waren die Eurasischen Biber in Auenlandschaften sowie an Fluss- und Seeufern in Nordamerika, Europa und Asien weitverbreitet. Die von ihnen in der Forstwirtschaft angerichteten Schäden führten allerdings ebenso zu einer starken Bejagung wie ihr dichter Pelz, das schmackhafte Fleisch und das in der Volksmedizin beliebte Biberfett, dem Heilkräfte zugeschrieben wurden.

So wurde der Biber in weiten Teilen seines ursprünglichen Verbreitungsgebiets schon früh ausgerottet – von den Britischen Inseln ist er bereits im Laufe des 12. Jahrhunderts verschwunden, aus Italien im 16. Jahrhundert. Ende des 19. Jahrhunderts waren schließlich in weiten Teilen Europas kaum mehr Biber zu finden, doch intensive Wiederansiedlungsversuche zeigen inzwischen Erfolge: In Deutschland, der Schweiz, in Österreich, Polen und anderen Ländern kann man jetzt wieder Biberburgen und -dämme bewundern.

Das dichte Biberfell schützt das Tier vor Auskühlung und Nässe.

RODENTIA
WÜHLER

Zur Familie der Wühler (Cricetidae) zählt unter anderem die Unterfamilie der Hamster (Cricetinae), deren Verbreitungsgebiet sich auf der nördlichen Erdhalbkugel von Europa ostwärts bis nach China erstreckt; lediglich eine Hamstergattung kommt auch auf der Südhalbkugel – in Südafrika – vor. Die maus- bis rattengroßen Tiere sind mit ihren walzenförmigen Körpern hervorragend an die Lebensweise und Fortbewegung in unterirdischen Gängen angepasst.

GOLDHAMSTER

Man hielt den heute als Haustier beliebten Syrischen Goldhamster *(Mesocricetus auratus)* bereits für ausgestorben, als 1930 eine Expedition in Syrien ein Weibchen mit 12 Jungen fand, nach Israel brachte und die Tiere dort vermehrte. Von diesem Wurf stammen praktisch alle Goldhamster ab, die heute als Haustiere, aber auch als Versuchstiere gehalten werden.

In freier Wildbahn hat das Tier bis dato ebenfalls überlebt. Da der natürliche Lebensraum des 15–18 cm langen Wüstenbewohners aber nur die Hochebene von Aleppo umfasst und damit sehr klein ist, wird er als „stark gefährdet" in der Roten Liste geführt.

FELDHAMSTER

Der Feldhamster *(Cricetus cricetus)*, der nur in Mitteleuropa vorkommt, kann bis zu 30 cm Länge erreichen. Er gilt als aggressiv, was auch der Grund dafür ist, dass er sich nicht – wie andere Hamsterarten – zähmen lässt.

Bis in die 1970er-Jahre waren Feldhamster noch häufig, inzwischen sind die Bestände aufgrund der zunehmenden Kultivierung und starken Flurbereinigungsmaßnahmen in ganz Mitteleuropa sehr stark zurückgegangen und werden – zumindest regional – als „gefährdet", teilweise sogar als „vom Aussterben bedroht" eingestuft. Vielerorts gibt es inzwischen Nachzucht- und Auswilderungsprogramme, um das Überleben des Feldhamsters zu sichern.

Charakteristischstes Merkmal der Hamster sind die längs der Unterkiefer verlaufenden Backentaschen, die dem Nahrungstransport dienen.

RODENTIA

CHINCHILLAS

Zur Familie der Chinchillas (Chinchillidae) zählen neben Hasenmäusen (Lagidum) *und Viscachas* (Lagostomus maximus) *auch die Eigentlichen Chinchillas* (Chinchilla), *die als Pelz- und Haustier inzwischen weithin bekannt sind.*

Genügsame Nager

Eigentliche Chinchillas sind dämmerungs- und nachtaktive Nagetiere, die in Felsspalten, -höhlen oder selbst gegrabenen Bauen in den Hochgebirgen der Anden im Westen Südamerikas leben. Es gibt zwei Arten: Langschwanzchinchillas *(Chinchilla laniger)*, deren Kopf-Rumpf-Länge ca. 30 cm und Schwanzlänge 10–15 cm beträgt, und die etwas größeren Kurzschwanzchinchillas *(Chinchilla brevicaudata)*. Beide Arten sind bezüglich ihrer Nahrung genügsam, aber anspruchsvoll in der Wahl ihres Partners, mit dem sie ein Leben lang zusammenbleiben.

Verhängnisvoller Pelz

Chinchillas waren bis ins 18. Jahrhundert hinein in weiten Teilen der Anden häufig, dann allerdings begann man, ihren weichen, langhaarigen Pelz wertzuschätzen. In der Folge setzte eine rücksichtslose Bejagung ein, die dazu führte, dass Chinchillas in freier Wildbahn fast ausgerottet wurden und heute wahrscheinlich nur noch in den Anden im nördlichen Chile vorkommen. Die Jagd auf Chinchillas ist inzwischen verboten; um die Anfragen nach den immer noch äußerst beliebten silbergrauen Pelzen zu decken, werden die Tiere in speziellen Farmen gezüchtet – wo heute auch die Mehrheit der Nager lebt. In freier Wildbahn gibt es kaum noch größere Populationen, sodass die IUCN die Langschwanzchinchillas als „gefährdet" und die Kurzschwanzchinchillas als „vom Aussterben bedroht" führt.

Chinchillas sind ausgesprochen gesellige Tiere, die in großen Gruppen Gebirgsregionen in Höhen von 3000–5000 m bewohnen.

CARNIVORA
MARDER

Die Marder (Mustelidae) gehören zu den hundeartigen Raubtieren und bilden eine artenreiche Familie mit den unterschiedlichsten Vertretern, darunter die Otter (Lutrinae), die in etwa 13 Arten fast weltweit verbreitet sind – sie fehlen nur in Ozeanien und auf Madagaskar.

Wassermarder leben vorwiegend im Süßwasser

Otter werden manchmal auch als Wassermarder bezeichnet, was auf ihre weitgehend aquatische Lebensweise verweist. Sie leben überwiegend im Süßwasser, nur zwei Arten kommen ausschließlich im Salzwasser vor: der Seeotter *(Enhydra lutris)* aus Nordamerika und der Küstenotter *(Lontra felina)* aus Südamerika.

Otter können acht bis neun Minuten unter Wasser bleiben und sind alle hervorragende Schwimmer und Taucher, da sie im Laufe ihrer Entwicklung Schwimmhäute zwischen den Zehen sowie einen schlanken, walzenförmigen, dem Wasser angepassten Körper entwickelt haben.

Der größte Vertreter

Im Amazonas lebt der Riesenotter *(Pteronura brasiliensis)*, der mit einem Gewicht von 20 kg einer der schwersten und mit einer Kopf-Schwanz-Länge von 2 m der größte Marder ist. Im Gegensatz zu vielen anderen Arten ist

Otter schwimmen wie Robben – indem sie die angelegten Beine zum Steuern benutzen, während der kräftige, lange Schwanz der Fortbewegung dient.

Fischotter besitzen keine besonders dicke, isolierende Fettschicht, stattdessen schützen bis zu einer Million Haare die Tiere vor der Kälte.

er kein Einzelgänger, sondern lebt und jagt in Gruppen von bis zu zwölf Tieren. Die Jungen – meist ein bis vier an der Zahl – werden gemeinsam beaufsichtigt und betreut; da die Jungtiere eine Menge Feinde haben – vom Ozelot über den Jaguar bis zu Kaimanen, Greifvögeln und großen Fischen –, erhöhen sich so ihre Überlebenschancen. Ihre Lebensweise kann die Otter aber nicht vor dem Menschen retten: Der Riesenotter ist in vielen Teilen seines ursprünglichen Verbreitungsgebiets ausgerottet, die noch verbliebenen Bestände sind durch Biotopzerstörungen, Jagd und Wilderei gefährdet. Schon seit Ende der 1990er-Jahre wird er von der IUCN als „stark gefährdet" eingestuft.

Am Rande der Ausrottung

Um sich wohl zu fühlen und überleben zu können, benötigen Otter saubere, klare Gewässer, die möglichst unverbaut sein und einen natürlichen, gesunden Fischbesatz aufweisen sollten. Deshalb hat die Zerstörung der Biotope sowohl in Nordamerika wie auch in Eurasien zu einem sehr starken Rückgang der Bestände geführt. Ein anderer Grund für die weltweiten Populationseinbrüche war und ist die schonungslose Bejagung: Alle Fischotter haben einen extrem gut isolierenden, äußerst feinen Pelz, der zu Mänteln, Mützen und Umhängen verarbeitet wird, darüber hinaus werden sie als Fischräuber und Nahrungskonkurrenten verfolgt. Die zunehmende Belastung der Gewässer mit dem Umweltgift PCB, Schwermetallen, Kunstdünger und Pestiziden trug ihren Teil zur massiven Dezimierung der meisten Otterarten bei.

Im Fall des Eurasischen Fischotters *(Lutra lutra)* führte die Gewässerverschmutzung sogar zur Unfruchtbarkeit der Art. Seine Rettung ist eine der nicht allzu häufigen Erfolgsgeschichten im Faunenschutz: Durch die Renaturierung von Flüssen, die Errichtung von Kläranlagen und das Verbot von PCB konnten sich die Tiere schließlich wieder fortpflanzen. Die Bestände nahmen im Lauf der letzten 15 Jahre langsam zu, und heute sind die Populationen zwar klein, aber stabil. In den meisten Ländern seines Verbreitungsgebiets steht der Fischotter immer noch unter Naturschutz und darf nicht mehr gejagt werden.

Die größte Otterart ist der Riesenotter, der an Flussläufen in Südamerika lebt und wegen der Abholzung der Regenwälder als „stark gefährdet" gilt.

CARNIVORA

KLEINER PANDA

Unsicherer Gefährdungsstatus

Ursprünglich hatte der Kleine Panda kaum Feinde, heute ist er jedoch durch das Vordringen des Menschen selbst in die entlegensten Gebirgswälder und deren Abholzung aufs Äußerste bedrängt. Außerdem wird er – obwohl er durch das Washingtoner Artenschutzabkommen geschützt ist – immer noch wegen seines Fells und zum Verkauf an Zoos und Tierparks gewildert.

Soviel man aus den bisher durchgeführten wissenschaftlichen Untersuchungen weiß, sind die meisten Populationen in den vergangen 20 Jahren stark zurückgegangen. Die IUCN stufte den Kleinen Panda deshalb 1996 von „gefährdet" auf „stark gefährdet" hinauf, alles in allem besteht aber Unsicherheit bezüglich seiner tatsächlichen Bedrohungssituation, da selbst Fachleute keine verlässlichen Aussagen zum Gesamtbestand machen können. Fest steht in jedem Fall: Solange die Bambusgürtel weiter zerstört werden, ist die Art allein schon aufgrund ihrer speziellen Ansprüche an Lebensraum und Nahrung in großer Gefahr.

Der Kleine Panda oder Katzenbär (Ailurus fulgens) *ist die einzige Art in der Familie der Kleinen Pandas (Ailuridae). Er ist ein Bewohner des Bambusgürtels im östlichen Himalaja zwischen Nepal und der chinesischen Provinz Sechuan und hält sich in Höhen zwischen 2000 und 4500 m auf.*

Nahrungsspezialist im Bambushain

Das etwa 60 cm lange Tier mit dem ebenso langen Schwanz ist ein vorzüglicher Kletterer, der sich weitaus lieber in den höchsten Kronen der Bäume und den Spitzen der Bambushaine als auf dem Boden aufhält. Auf Bäumen schlafend verbringt er auch seine Tage; nach Anbruch der Dämmerung begibt er sich dann auf die Suche nach Nahrung, die zu einem beträchtlichen Teil aus Bambusschösslingen besteht.

Oben: Der Kleine oder Rote Panda wird nicht umsonst auch Katzenbär genannt – vor allem in Bezug auf seine Körperpflege zeigt er viele Verhaltensmerkmale von Katzen.

Links: Kleine Pandas leben vorwiegend einzelgängerisch und kommen nur zur Paarung zusammen.

Obwohl keine genauen Zahlen zu den Beständen des Kleinen Pandas vorliegen, gilt er als bedrohte Art.

CARNIVORA
BÄREN

In der Familie der Bären (Ursidae), die zur Überfamilie der Hundeartigen zählt, finden sich die größten Landraubtiere der Erde. Sie sind hauptsächlich auf der nördlichen Erdhalbkugel verbreitet, in Afrika und Australien gibt es keine Bären. Die meisten Arten sind Allesfresser, die sich je nach Jahreszeit den unterschiedlichsten Gegebenheiten anpassen können. Auch bezüglich ihrer Lebensräume sind Bären Generalisten: Sie leben je nach Art in arktischen Regionen, in Gebirgen und Grasländern oder in tropischen Regenwäldern.

BRILLENBÄR

Der Brillenbär *(Tremarctos ornatus)* ist die einzige Art der Unterfamilie Kurzschnauzenbären (Tremarctinae) und außerdem der einzige Bär in Südamerika. Die Vorfahren dieses mit etwa 1,30 m Kopf-Rumpf-Länge relativ kleinen Bären waren noch während der Eiszeit weit in Nord- und Südamerika verbreitet, heute lebt die nach ihrem Verbreitungsgebiet auch Andenbär genannte Art einzelgängerisch oder in kleinen Familien in 1500–2500 m Höhe in feuchten Wäldern in Kolumbien, Venezuela, Peru, Ecuador und Bolivien.

Der Brillenbär ist ein guter Kletterer; er baut sich nicht nur Schlafnester in Bäumen, sondern geht dort auch häufig auf Nahrungssuche. Obwohl er sich vorwiegend vegetarisch ernährt, vergreift er sich in seltenen Fällen auch an Schafen sowie an Rindern oder Lamas; deshalb, aber auch wegen seines Fells und seines Fleischs, wird er immer noch gejagt. Die IUCN stuft ihn als „gefährdet" ein – Bejagung und fortschreitende Kultivierung seines Lebensraumes haben ihn zur bedrohten Art werden lassen.

Starke Verfolgung zu allen Zeiten

Die Menschen begegneten den Bären zu allen Zeiten mit großem Respekt – und das nicht ganz zu Unrecht: Normalerweise meiden die Tiere den Menschen zwar, treffen beide aber – und sei es auch nur zufällig – aufeinander, sind Bären eine ernsthafte Gefahr. Bis heute sterben Menschen durch Übergriffe von Bären, die sich, ihre Jungen oder ihre Beute und Vorräte in Gefahr sehen.

Bärenangriffe auf Menschen waren seit jeher ein Grund für die massive Bejagung der Tiere, sie wurden aber auch aus anderen Gründen schonungslos verfolgt: Zum einen wurden sie als Konkurrenten betrachtet, die den Menschen seiner Nahrung – Weidetiere, Fische und Honig – beraubten, zum anderen tötete man sie wegen ihres Fleischs, ihres Fells sowie ihrer Krallen und Zähne, die zu Schmuck verarbeitet wurden. Vor allem die asiatischen Arten litten darüber hinaus darunter, dass die Traditionelle Chinesische Medizin bestimmten Körperteilen des Bären Heilwirkungen zuspricht. Außerdem florierte zeitweise auch der Handel mit lebenden Tieren, die als Tanzbären, für Bärenkämpfe oder an Zoos verkauft wurden.

Zur Bejagungsproblematik kommt die Zersiedlung und Zerstörung des Verbreitungsgebiets durch den Menschen.

Oben: Der einzige Vertreter der Großbären auf dem südamerikanischen Kontinent ist der Brillenbär. Er erhielt seinen Namen wegen der weißen Zeichnung im schwarzen Gesicht.

Rechts: Als kleinste und leichteste Vertreter der Bärenfamilie sind Brillenbären ausgezeichnete Kletterer, die in den subtropischen und tropischen hochalpinen Regenwäldern der Anden leben.

BRAUNBÄR

Am weitesten verbreitet sind die Vertreter der Unterfamilie Ursinae mit der Gattung *Ursus*. Die bekannteste Art ist der in verschiedenen Unterarten über Europa und Asien bis nach Nordamerika verbreitete Braunbär *(Ursus arctos)*, der in Eurasien von Westen nach Osten und in Amerika von Süden nach Norden stark an Größe und Gewicht zunimmt. So sind die Alpenbären und ihre Verwandten aus den Abruzzen und den Karpaten mit einer Kopf-Rumpf-Länge von 1,70 m und einem Gewicht von 70 kg nicht sehr groß und schwer, während die Tiere in Skandinavien und Russland mit 2,20 m Gesamtlänge und 250–300 kg Gewicht erheblich mächtiger sind. Noch größer werden allerdings die Unterarten im nördlichen Nordamerika.

Mindestens ebenso unterschiedlich wie die Größe können Lebensraum, Nahrung und auch Fellfarbe der Braunbären sein. So ist beispielsweise der Isabellbär *(Ursus arctos isabellinus)* aus dem Himalaja sandfarben, der Syrische Braunbär *(Ursus arctos syriacus)* aus Vorderasien hellbraun und der Kodiakbär *(Ursus arctos middendorffi)* aus Alaska sehr dunkel, fast schwarz.

Im Yukon-Territorium im Grenzgebiet zwischen Kanada und Alaska kann man im Spätsommer Grizzlys beim Lachsfang beobachten.

Viele gefährdete Braunbär-unterarten

Obwohl die Art als Ganzes nicht als unmittelbar gefährdet gilt, stehen Braunbären doch als potenziell gefährdet auf der Roten Liste, und zahlreiche Unterarten sind in ihrem Bestand bedroht. Viele Populationen wurden vor längerer Zeit ausgerottet: Bereits im 10. Jahrhundert wurde der letzte Braunbär in Großbritannien erlegt, im 19. Jahrhundert in Deutschland und nicht viel später in der Schweiz; in West- und Mitteleuropa leben heute nur noch Restbestände. Gleiches gilt für die Braunbärunterarten Nordamerikas, darunter der Grizzly *(Ursus arctos horribilis)*, der auf kleine Populationen im Nordwesten dezimiert wurde. Auch der Syrische Braunbär ist nahezu ausgerottet, und der durch Wilderei stark gefährdete Isabellbär wird auf einen Gesamtbestand von 600–800 Tieren geschätzt.

Junge Braunbären sind sehr verspielt und klettern noch auf Bäume – was erwachsene Tiere aufgrund ihres Gewichts nicht mehr können.

Ein Braunbär im Nationalpark Bayerischer Wald, der – obwohl er gerade ruht – seine Umgebung sehr wachsam beobachtet.

Amerikanischer und Asiatischer Schwarzbär

Zur Gattung *Ursus* gehören auch zwei Schwarzbärarten: der Amerikanische Schwarzbär *(Ursus americanus)*, auch Baribal genannt, und der Asiatische Schwarzbär oder Kragenbär *(Ursus thibetanus)*. Die amerikanische Art ist mit einer Schulterhöhe von etwa 90 cm relativ klein und lebt in vielen Gebieten der USA, Kanadas und Alaskas. Sie gilt derzeit nicht als unmittelbar gefährdet, sondern ganz im Gegenteil als eine der häufigsten Bärenarten. Da der Baribal aber aus den gleichen Gründen wie alle anderen Bären stark bejagt wird und Teile seines Lebensraums verliert, werden selbst einige seiner Populationen als bedroht betrachtet und stehen regional unter strengem Schutz.

Sein etwas größerer asiatischer Verwandter, der von Afghanistan über Nepal und Tibet

Links: Der kleinste Bär überhaupt, der Malaien- oder Sonnenbär, wird auch in der Nähe von menschlichen Siedlungen geduldet. Über seine Bestände ist wenig bekannt, er steht aber unter Schutz.

Unten: Der Lippenbär wird wegen seiner Gallenflüssigkeit, der Heilkräfte zugeschrieben werden, stark bejagt.

Oben: Der nordamerikanische Schwarzbär oder Baribal ist bereits in einigen Teilen seines ursprünglichen Verbreitungsgebietes ausgerottet oder stark bedroht.

bis nach China und Südasien weite Teile des namengebenden Kontinents bewohnt, ist hingegen von der IUCN als „gefährdet" gelistet, wobei manche Unterarten kurz vor der Ausrottung stehen. Da seiner Gallenflüssigkeit in der Traditionellen Chinesischen Medizin Heilwirkung zugesprochen wird, werden viele Tiere gefangen und zur Gewinnung der sogenannten Bärengalle unter katastrophalen Bedingungen gehalten.

LIPPENBÄR

Der Lippenbär *(Melursus ursinus)* lebt in Indien und auf Sri Lanka, seltener in Bangladesch, Bhutan und Nepal. Obwohl er mit 1,40–1,80 m Kopf-Rumpf-Länge und bis zu 90 cm Schulterhöhe nicht besonders Furcht einflößend ist, haben die Einheimischen großen Respekt vor ihm. Er gilt als sehr aggressiv – was wohl vor allem daran liegt, dass Lippenbären schlecht hören und sehen und einen sich nähernden Menschen oft erst im letzten Augenblick wahrnehmen und aus Schreck attackieren. Lebensraumverlust und starke Bejagung – vor allem für medizinische Zwecke – haben die Zahlen dieses einst häufigen Großtieres stark schrumpfen lassen. Der Weltbestand wird auf 7000–10 000 Tiere geschätzt, die Art gilt als „gefährdet".

MALAIENBÄR

Eine weitere asiatische Art der *Ursus*-Gattung ist der nachtaktive Malaienbär *(Ursus malayanus)* aus den tropischen Regenwäldern Südostasiens, der mit einer Schulterhöhe von maximal 70 cm noch kleiner ist als der Lippenbär. Er lebt einzelgängerisch, sonst ist über sein Verhalten in Freiheit wenig bekannt, ebenso wie sein Gefährdungsstatus schwer einzuschätzen ist. Die IUCN führt ihn in der Roten Liste, macht aber wegen fehlender Bestandszahlen keine Aussage zum Grad seiner Gefährdung; das Washingtoner Artenschutzabkommen stellt ihn unter Schutz. Aller Wahrscheinlichkeit nach ist die indische Population ausgestorben, die chinesische steht kurz davor – und es ist davon auszugehen, dass sie nicht die einzigen bleiben werden, solange die Wälder weiter in starkem Maße gerodet und die Tiere – unter anderem zu medizinischen Zwecken – gewildert werden.

EISBÄR

Der Eisbär *(Ursus maritimus)* ist das zweitgrößte Landraubtier nach dem Kodiakbär und gehört wie dieser zur Gattung *Ursus*. Sein Lebensraum umfasst die arktischen Regionen rund um den Nordpol.

Er ist etwa 2,50 m lang, hat eine Schulterhöhe von 1,60 m und ein Gewicht von 450–500 kg, wobei die Tiere im Winter, zur Zeit der Robbenjagd, üblicherweise schwerer sind als im Sommer. Ihr Fell bietet aufgrund der gelblich weißen Färbung nicht nur eine optimale Tarnung, sondern wirkt zusammen mit einer dicken Fettschicht isolierend.

Jagd auf Robben

Die tagaktiven Einzelgänger halten sich überwiegend an den Küstenrändern oder auf dem Packeis auf, wo sie auch auf Robbenjagd gehen. Obwohl Eisbären sehr gute Schwimmer sind, jagen sie kaum unter Wasser, sondern lauern ihren Beutetieren an deren Atemlöchern im Eis auf und reißen sie, sobald diese zum Luftholen an die Wasseroberfläche kommen. Sie haben einen hervorragenden Geruchssinn und können ihre Beute im Wasser oder sogar unter dem Eis wittern.

Unten: Eisbärenjunge, deren größte Feinde ausgewachsene Männchen sind, werden eineinhalb bis zweieinhalb Jahre von der Mutter gesäugt, die sie in dieser Zeit auch das Jagen lehrt.

Oben: Zirkumpolar, also rund um den Nordpol und die angrenzenden Regionen in Europa, Asien und Nordamerika, liegt das Verbreitungsgebiet des Eisbären.

Eisbären leiden unter globaler Erwärmung und Umweltverschmutzung

Eisbären wurden wegen ihres Fells und Specks von jeher von den indigenen Völkern gejagt, waren dadurch aber nie bedroht. Dies änderte sich, als unter anderem zahllose Trophäenjäger Mitte des 20. Jahrhunderts begannen, die Tiere von Flugzeugen aus zu jagen oder zumindest zu lokalisieren – die Bestände schrumpften drastisch, sodass von verschiedenen Staaten eine Jagdbeschränkung und später ein weitgehendes Jagdverbot erlassen wurde. Diese Maßnahmen zeigten Wirkung: Der geschätzte Gesamtbestand vergrößerte sich von 5000–10 000 auf heute 20 000–25 000 Tiere.

Trotzdem hält die IUCN den Eisbären für „gefährdet" und geht von einem baldigen erneuten Rückgang der Bestände aus, wobei als Faktoren unter anderem die zunehmende Förderung von Erdgas und Erdöl in den arktischen Regionen sowie die Erderwärmung, die das Eis abschmelzen lässt, genannt werden.

Eisbären sind nicht nur hervorragende Schwimmer, sondern auch ausdauernde Wanderer.

Die Pfoten der Eisbären sind mit je fünf Krallen bestückt und ihre Fußsohlen sind dicht behaart, sodass sie weniger leicht auf dem glatten Eis ausrutschen.

Junge Eisbären trainieren beim Spielen ihre Körperkräfte und lernen den Kampf ums Überleben.

Eisbären leiden unter der Klimaerwärmung, die zur Folge hat, dass das Eis abschmilzt bzw. so dünn wird, dass es das Gewicht der schweren Tiere nicht mehr tragen kann.

Eisbären sind Einzelgänger. Bei ausreichend großem Nahrungsangebot können kurzzeitige Fressgemeinschaften entstehen, die aber keinerlei soziale Bedeutung haben.

Traurige Berühmtheit

Der Große Panda, dessen Gesamtpopulation auf etwa 2000 Tiere geschätzt wird, steht als „stark gefährdet“ auf der Roten Liste und ist eines der bedrohtesten Großtiere überhaupt. Als solches wurde er zum international bekannten Wappentier des WWF (World Wildlife Fund for Nature) sowie zum Symbol für den Schutz bedrohter Tierarten und erlangte auf diese Weise weltweit traurige Berühmtheit.

Bis zum Ende der letzten Eiszeit lebte der Große Panda noch in weiten Teilen Ostchinas und Myanmars, doch mit dem einsetzenden Klimawandel veränderte sich die Vegetation – was zusammen mit der zunehmenden Ausbreitung des Menschen in die Lebensräume des Pandas im Laufe der Zeit zum Rückgang der Art führte. Schließlich existierten nur noch drei voneinander getrennte Populationen, die durch Wilderei wegen des Fells und den Tierhandel zusätzlich massiv bedroht wurden. Die chinesische Regierung erkannte die Gefahr und stellte den Großen Panda bereits 1939 unter strengen Schutz. Die Bestände nehmen trotzdem immer weiter ab – auch deshalb, weil Wilderer die Tiere trotz harter Strafen und des zusätzlichen Schutzes durch das Washingtoner Artenschutzabkommen immer noch jagen.

Da wegen der zunehmenden Besiedlungsdichte durch den Menschen die Lebensräume kleiner werden, kann sich die Vegetation nicht schnell genug erholen, um dem Großen Panda ausreichend Nahrung zu bieten. Zudem findet aufgrund der Zersplitterung der Lebensräume keine bzw. nur eine geringe Blutauffrischung statt, was massive genetische Verarmung zur Folge hat – die eine hohe Sterblichkeit nach sich zieht.

Nachwuchs in Zoologischen Gärten ist selten, selbst in den chinesischen Schutzgebieten mit Aufzuchtstationen gelingt die Nachzucht – trotz künstlicher Befruchtung – nicht regelmäßig. Ob man von Menschen aufgezogene Pandas wieder in ihrem natürlichen Lebensraum aussiedeln könnte, ist derzeit ohnehin fraglich; der erste Versuch 2006 scheiterte trotz dreijähriger Vorbereitungszeit des Pandas auf ein Leben in freier Wildbahn.

Der Lebensraum des Großen Pandas ist im Vergleich zu früher dramatisch geschrumpft. Als Hauptursachen gelten einerseits menschliche Einflüsse, aber auch Klimaveränderungen.

GROSSER PANDA

Der Große Panda *(Ailuropoda melanoleuca)*, auch Pandabär genannt, zählt wie alle anderen Bären zu den hundeartigen Raubtieren, gehört aber – als einzige Art – zu einer anderen Unterfamilie namens *Ailuropodinae*. Er war im Westen lange unbekannt, und es war eine Sensation ersten Ranges, als Mitte der 1930er-Jahre das erste lebende Tier nach Europa (London) gebracht wurde.

Hohe Ansprüche an Lebensraum und Nahrung

Die dämmerungs- und nachtaktiven Pandas leben heute nur noch in einer etwa 5900 km^2 großen Bergregion im östlichen China. Sie sind Bodenbewohner, können aber gut klettern und schwimmen. Ihre Ernährung besteht vorwiegend aus Bambus – wobei sie Schösslinge bevorzugen –, des Weiteren fressen sie andere Pflanzen, gelegentlich auch kleine Tiere. Der tägliche Nahrungsbedarf der bis zu 1,50 m großen und durchschnittlich 80 kg schweren Tiere ist – wie bei Pflanzenfressern üblich – hoch: Er liegt bei bis zu 20 kg.

Fortpflanzung

Die einzelgängerischen, relativ unverträglichen Pandas finden sich nur zur Paarung zusammen. Nach einer Tragzeit von fünf bis sechs Monaten kommt meist ein Junges zur Welt, manchmal auch zwei oder drei. Die Mutter zieht allerdings

Große Pandas, die auch Bambusbären genannt werden, sind extreme Futterspezialisten, die sich überwiegend von den Sprösslingen einiger Bambusarten ernähren.

Eines der größten Schutzgebiete für den Großen Panda, das gleichzeitig Forschungs- und Aufzuchtstation ist, ist das Wolong Valley in China.

Aus unbekannten Gründen sterben relativ viele Jungtiere, sodass die Fortpflanzungs- bzw. Reproduktionsrate der Großen Pandas sehr niedrig ist.

nur ein Jungtier auf; sie entscheidet sich im Falle einer Mehrlingsgeburt für eines von ihnen.

Pandajunge sind wenig entwickelt und winzig – sie wiegen nur 90–130 g – und haben lediglich einen schütteren Haarwuchs. Erst nach einem Monat zeigt sich die typische schwarz-weiß gefleckte Fellzeichnung. Nach 40–60 Tagen öffnen sich die Augen, mit fünf bis sechs Monaten – bei einem Gewicht von 5 kg – nimmt das Junge erstmals feste Nahrung zu sich. Im Alter von etwa fünf Jahren ist der ausgewachsene Panda fortpflanzungsfähig.

Große Pandas sind zum Teil recht aggressive Einzelgänger, die Artgenossen nur zur Paarungszeit um sich dulden.

CARNIVORA
HUNDE

Die fast 170 weltweit verbreiteten Arten der Familie der Hunde (Canidae) aus der Ordnung der Raubtiere haben bestimmte gemeinsame äußerliche Merkmale: Sie alle sind beispielsweise schnelle und ausdauernde Läufer, haben einen schlanken, muskulösen Körper und meist lange Beine mit kleinen Pfoten, wobei die starken Krallen – bis auf eine Ausnahme fünf an den Vorder- und vier an den Hinterpfoten – nicht zurückgezogen werden können. Der Schädel ist in den meisten Fällen lang gestreckt mit spitzer Schnauze, die Ohren dreieckig gespitzt, die Rute buschig.

WOLF

Wölfe *(Canis lupus)* lebten früher fast in ganz Eurasien, von der Arktis bis zum Mittelmeer, darüber hinaus in Arabien, Vorderasien, Indien und Japan sowie in Nordamerika vom Polarkreis bis nach Mexiko. Heute sind sie in vielen Regionen West- und Mitteleuropas ausgerottet, und in Nordamerika – wo die Populationen ebenfalls lokal vernichtet wurden – mussten sie vielerorts unter Schutz gestellt oder wieder angesiedelt werden.

Von den systematisch immer noch umstrittenen etwa 15 Unterarten sind zwei ausgerottet: der Hokkaidowolf *(Canis lupus hattai)* und der Honshuwolf *(Canis lupus hodophilax)*, beide von den gleichnamigen japanischen Inseln. Andere Unterarten sind bedroht.

Regionale Größenunterschiede

Von Süden nach Norden nehmen die Tiere an Größe und Gewicht zu. Ein erwachsener Rüde aus einer nördlichen Population kann bis zu 1,60 m Kopf-Rumpf-Länge und ein Gewicht von 80 kg erreichen, die kleinen Rassen aus dem Mittleren Orient und Arabien werden dagegen nur 80 cm lang und wiegen um die 20 kg.

Die Angst der Menschen vor Wölfen spiegelt sich in vielen Abenteuergeschichten und Märchen wider, in denen die Tiere als gefürchtete Räuber, wilde Bestien oder grausame Jäger dargestellt werden.

Die ursprünglichen Verbreitungsgebiete der Wölfe wurden im Laufe der Zeit stark eingeschränkt. Einige Unterarten sind bereits ausgerottet.

Oben: Wölfe sind Rudeltiere mit strengen Rangordnungen und Regeln. Sie gehen liebevoll miteinander um und helfen kranken Rudelmitgliedern.

Unten: Der große Timberwolf *(Canis lupus lycaon)*, der einst in Nordamerika weit verbreitet war, lebt heute nur noch im Osten der USA sowie in Südostkanada.

Ausrottung aus Angst

Der einzige ernstzunehmende Feind des Wolfes ist der Mensch – und dieser hat ihn an den Rand der Ausrottung gebracht. Zum Teil wurde der Wolf wegen seines Pelzes und seiner Haut gejagt, Hauptgründe für die Verfolgung sind jedoch andere. Bereits frühe sesshafte Völker jagten ihn als Viehräuber, aber auch, weil sie ihr eigenes Leben durch ihn bedroht sahen. Später steigerte sich die Angst vor den Tieren zunehmend und gipfelte in Berichten von angeblichen Übergriffen ganzer Wolfsrudel auf Menschen – was nicht sehr wahrscheinlich erscheint, da Wölfe üblicherweise keine Menschen angreifen. Unabhängig vom Wahrheitsgehalt fachten solche Geschichten die Ängste der Menschen zusätzlich an und trugen so ihren Teil dazu bei, dass eine schonungslose Jagd initiiert wurde, die die Ausrottung des Wolfs zum Ziel hatte. Während man den Tieren in Süd- und Osteuropa mit einer gewissen Toleranz begegnete, wurden sie in weiten Teilen West- und Mitteleuropas erbittert verfolgt – und waren im 18. Jahrhundert ausgerottet. Etwa seit 1990 wandern allerdings wieder Wölfe aus den südöstlichen und vor allem aus den östlichen Ländern nach Mitteleuropa ein, unter anderem nach Deutschland, Österreich und in die Schweiz.

Verhasst, verfolgt, verleumdet und fast ausgerottet ist der Afrikanische Wildhund oder Hyänenhund. Er ist sehr anfällig für Krankheiten, die durch Haushunde verbreitet werden.

AFRIKANISCHER WILDHUND

Ein afrikanischer Vertreter der Hundefamilie ist der gefleckte Afrikanische Wildhund oder Hyänenhund *(Lycaon pictus)*. Er lebt in Gruppen von sechs bis zehn Tieren in der Savanne südlich der Sahara und ist sehr auf soziale Kontakte und Gesellschaft von Artgenossen angewiesen. Ein Rudel wird von einem Alphapaar geführt, das als einziges das Privileg hat, den Nachwuchs zu zeugen. Nach etwa 70-tägiger Tragzeit kommen normalerweise sechs bis acht Junge zur Welt, an deren Aufzucht das ge-

Der wissenschaftliche Name des Afrikanischen Wildhundes – *Lycaon pictus* – heißt übersetzt „bunter Wolf" und kommt nicht von ungefähr.

samte Rudel beteiligt ist, ebenso wie sich alle Tiere um alte, verletzte oder kranke Rudelmitglieder kümmern.

Da Hyänenhunde auch Hausvieh reißen, werden sie von Farmern und Jägern massiv verfolgt. Außerdem haben Hundekrankheiten wie Staupe und Tollwut die Bestände stark dezimiert, sodass heute nur noch 3000–5000 Tiere leben, die aufgrund ihres inselartigen Vorkommens zudem durch Krankheiten und Inzucht bedroht sind. Die Art steht als „stark gefährdet" auf der Roten Liste.

ROTHUND

Der Rothund oder Asiatische Wildhund *(Cuon alpinus)*, der nicht zu verwechseln ist mit dem stark gefährdeten Rotwolf *(Canis rufus)* aus Nordamerika, lebt in verschiedenen Klimazonen Asiens – sowohl in Bergsteppen als auch in Wäldern. Wegen der Zerstörung seines Lebensraums und von Haustieren übertragener Krankheiten wird die Gesamtpopulation nur noch auf 2500 Tiere geschätzt, die IUCN listet die Art als „stark gefährdet".

ÄTHIOPISCHER WOLF

Der seltenste Wildhund überhaupt ist der Äthiopische Wolf *(Canis simensis)*. Sein Hauptverbreitungsgebiet ist der Bale-Mountains-Nationalpark im äthiopischen Hochland, wo er in Höhen zwischen 3000 und 4000 Metern auf Jagd geht – vorwiegend nach Ratten und Mäusen. Durch fortschreitende Kultivierung seines Lebensraums, vor allem aber durch Krankheiten wie Tollwut ist der Bestand der Tiere rapide geschrumpft; man schätzt die Anzahl der „stark gefährdeten" Tiere in freier Wildbahn auf nur noch 700 Exemplare.

Rechts: Als „stark gefährdet" gelten die elf Unterarten des in Asien und auf den südostasiatischen Inseln vorkommenden Rothundes.

MÄHNENWOLF

Ein ganz besonderer Wolf ist der südamerikanische Mähnenwolf *(Chrysocyon brachyurus)*, dessen Hauptverbreitungsgebiet in den Savannenlandschaften Südbrasiliens und Paraguays liegt. Er unterscheidet sich durch seine Lebensweise von allen anderen Wölfen, denn er lebt nicht in Rudeln, sondern paarweise, wobei Männchen und Weibchen innerhalb des gemeinsamen Reviers außerhalb der Paarungszeit tagsüber sogar alleine auf Jagd gehen.

Mähnenwölfe ernähren sich überwiegend von Kleintieren und Insekten, gelegentlich auch von Früchten; trotzdem werden sie wegen der angeblichen Tötung von Nutztieren wie Schafen und Rindern als Nahrungskonkurrenten verfolgt – obwohl sie aufgrund ihres Gebisses gar nicht dazu in der Lage sind, größere Tiere zu reißen oder zu fressen. Aus Argentinien und Uruguay ist der Mähnenwolf inzwischen verschwunden, in vielen Gegenden mit dichtem Viehbestand steht seine Ausrottung kurz bevor.

Unten: Der hochbeinige Mähnenwolf lebt heute hauptsächlich in den Savannenlandschaften im Süden Brasiliens. Er steht wegen der Lebensraumverluste kurz vor der unmittelbaren Bedrohung.

CARNIVORA

ROBBEN UND WALROSSE

Die fast drei Dutzend Robbenarten gehören zu den Hundeartigen (Canoidea) und werden in drei Familien eingeteilt: Ohrenrobben (Otariidae), Hundsrobben (Phocidae) und Walrosse (Odobenidae). Sie leben – teilweise in riesigen Kolonien – über alle Weltmeere verteilt, wobei sie polare und subpolare Regionen bevorzugen. Entwicklungsgeschichtlich betrachtet stammen die Flossenfüßer (Pinnipedia) von bärenähnlichen Landraubtieren ab, die sich vor 25–30 Millionen Jahren auf den Weg zurück ins Wasser machten. Ihren Ursprung dürften sie im westlichen Nordpazifik haben, wie Fossilienfunde belegen.

WALROSSE

Die Familie der Walrosse besteht aus lediglich einer Art mit zwei Subspezies, dem Atlantischen und dem Pazifischen Walross *(Odobenus rosmarus rosmarus* und *Odobenus rosmarus divergens).* Ihr Verbreitungsgebiet ist auf die arktischen und subarktischen Breiten der nördlichen Erdhalbkugel beschränkt, wo sich die Tiere – je nach Jahreszeit – im Küstenbereich oder im Packeisgürtel aufhalten. Sie sind überaus gesellig und bilden Kolonien, die Hunderte von Tieren umfassen können.

Unten: Mit den bis zu 500 Borsten an der Oberlippe können Walrosse ihre Beute in dunkler Meerestiefe ertasten und unterscheiden.

Starke Bejagung wegen des Elfenbeins

Solange nur die Inuits die Walrosse für ihren persönlichen Bedarf erlegten, blieben die Bestände stabil und ungefährdet. Die Situation änderte sich, als weiße Jäger in die entlegenen Lebensräume vordrangen und die Walrosse wegen der Stoßzähne aus Elfenbein jagten. Hunderttausende Tiere wurden getötet, sodass die einst Millionen Tiere zählenden Populationen massiv zusammenschrumpften.

Vor allem die atlantische Unterart stand kurz vor der Ausrottung und konnte sich nie wieder von den Vernichtungsfeldzügen erholen. Dem Pazifischen Walross, das annähernd genauso stark dezimiert wurde, erging es nach Einführung von Schutzbestimmungen der USA und Russlands aus ungeklärten Gründen besser: Heute gibt es wieder geschätzte 200 000 Tiere, während die Gesamtpopulation des Atlantischen Walrosses nur etwa 15 000 umfasst. Ob sich die Bestände künftig erholen werden, ist ungewiss, denn auch der Lebensraum der Walrosse wird kleiner und ihre Beutetiere weniger. Außerdem ist wahrscheinlich, dass sie von den Folgen der Erderwärmung betroffen sein werden.

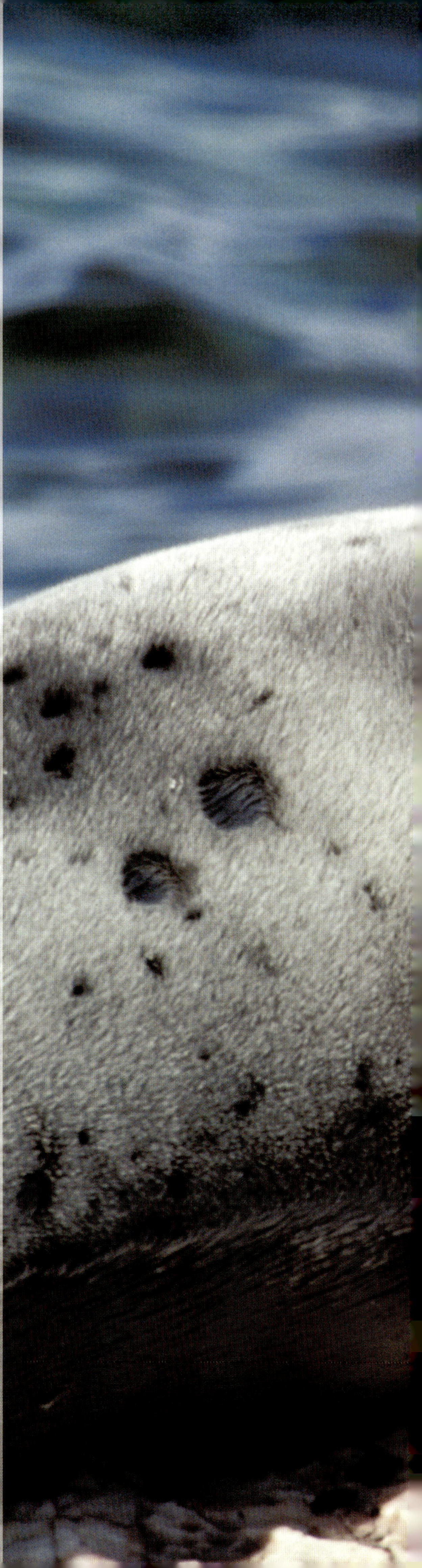

Gewaltige Tiere mit großem Appetit

Walrosse sind gewaltige Tiere: Die Männchen können bis 3,30 m lang und 1500 kg schwer werden, die Weibchen sind kleiner und leichter. Entsprechend ihrer Größe benötigen Walrosse beträchtliche Futtermengen von bis zu 50 kg täglich. Sie ernähren sich zu einem bedeutenden Teil von Muscheln, daneben fressen sie auch Krabben, Garnelen, Schnecken, Seegurken, Tintenfische und in selteneren Fällen sogar Robben. Bei ihren Beutezügen tauchen sie bis zu 100 m tief und können bis zu einer halben Stunde unter Wasser bleiben.

BAIKALROBBE

Die Baikalrobbe *(Phoca sibirica)* aus der Familie der Ohrenrobben ist die einzige Robbenart, die ausschließlich im Süßwasser lebt – im sibirischen Baikalsee. Sie stand bereits in der ersten Hälfte des 20. Jahrhunderts kurz vor der Ausrottung, erholte sich aber im Laufe der Zeit zunächst von der starken Bejagung. In den letzten zehn Jahren hat sich ihre Gefährdungssituation wieder verschärft: Die Bestände sinken erneut, denn die Tiere werden nach wie vor legal bejagt und leiden außerdem unter von Haustieren übertragenen Krankheiten sowie unter der Verschmutzung des Sees mit Giften.

SATTELROBBE

In den Fokus der Presse geriet immer wieder die Sattelrobbe *(Phoca groenlandica)*, die traurige Berühmtheit durch das alljährlich stattfindende Gemetzel der Robbenjäger erlangte, die Robbenbabys zu Hunderttausenden wegen ih-

Links: Die Baikalrobbe hat sich dem Leben im Süßwasser angepasst. Sie kommt endemisch im südsibirischen Baikalsee vor.

Jungen Sattelrobben tragen das begehrte, weiche Fell nur etwa 20 Tage lang.

Verhängnisvoller Pelz

Das Problem vieler Ohrenrobben ist ihr wertvoller, äußerst feiner Pelz, aus dem Mäntel, Jacken, Schuhe und Brieftaschen gefertigt werden und wegen dem sie seit langem intensiv verfolgt und in vielen Fällen so stark dezimiert wurden, dass ihre Bestände überall schrumpften. Fischer töten die angeblichen Futterkonkurrenten, darüber hinaus verfangen sich zahllose Ohrenrobben in den kilometerlangen Treib- und Schleppnetzen, wo sie schließlich ertrinken, weil sie nicht mehr zum Luftholen auftauchen können. Die Verschmutzung der Meere trägt ebenfalls zu ihrem Rückgang bei, und auch die abschmelzenden Eismassen der Pole dürften sich in naher Zukunft negativ auf die Bestände der Arten auswirken.

Um die kostbaren Felle nicht durch Einschusslöcher zu beschädigen, erschlagen die sogenannten Robbenschläger die zutraulichen Tiere mit Knüppeln, dann ziehen sie ihnen das Fell ab.

res weichen, weißen Fells erschlugen. Oft wurden große Teile des Nachwuchses eines Jahres getötet, was gravierende Bestandseinbrüche nach sich zog. Öffentliche Proteste von Naturschützern und Tierfreunden führten Ende der 1980er-Jahre schließlich nicht nur zum Zusammenbruch des Robbenfellmarkts, sondern auch zu einem weitgehenden Verbot der Robbenjagd durch die kanadische Regierung. Da die Robben angeblich eine Bedrohung für die Fischbestände darstellen, dürfen unter strengsten Auflagen pro Jahr weiterhin etwa 300 000 Tiere erlegt werden, was den Beständen massive Schäden zufügt.

Durch das Naturphänomen El Niño schwankt das Nahrungsangebot für die bedrohten Galapagosseelöwen *(Zalophus wollebaeki)*, was sich unmittelbar auf die Bestandszahlen auswirkt.

Oben: Der Einfarbuferwipper *(Cinclodes antarcticus)* befreit einen Südlichen Seeelefanten auf den Falklandinseln von lästigen Parasiten.

SEEELEFANT

Die größten und schwersten Robben überhaupt sind die Seeelefanten, von denen es zwei räumlich getrennte Populationen gibt: Im nördlichen Pazifik lebt der Nördliche Seeelefant *(Mirounga angustirostris)*, rund um die Antarktis der Südliche Seeelefant *(Mirounga leonina)*. Die Bullen der letzteren Art werden bis 5 m lang und 5000 kg schwer – was dem Gewicht eines ausgewachsenen Elefanten entspricht. Beide Seeelefantarten standen kurz vor der Ausrottung, gelten derzeit aber nicht mehr als unmittelbar bedroht. Die Bestände sind allerdings nicht stabil: Beim Südlichen Seeelefanten nehmen sie aus noch unbekannten Gründen inzwischen jährlich um fünf bis zehn Prozent ab, und beiden Populationen dürfte die mangelnde genetische Vielfalt auf Dauer zu schaffen machen, da diese eine Anpassung an veränderte klimatische Bedingungen erschwert.

OHRENROBBEN

Die Familie der Ohrenrobben umfasst etwa 16 Arten, von denen knapp die Hälfte als unmittelbar bedroht gilt. Zu den seltensten gehören der Guadelupeseebär *(Arctocephalus townsendi)*, von dem kaum 2000 Exemplare überlebt haben, außerdem der Juan-Fernandez-Seebär *(Arctocephalus philippii)* mit etwa 6000 Tieren und der Galapagosseebär *(Arctocephalus galapagoensis)* mit 10 000–15 000 Exemplaren – sie alle stehen als „gefährdet" auf der Roten Liste. Auch das Überleben des Australischen Seelöwen *(Neophoca cinerea)*, dessen Zahl auf 3000–4000 Tiere geschätzt wird, und des Neuseeländischen Seelöwen *(Phocarctos hookeri)* gilt nicht als gesichert.

CARNIVORA
HYÄNEN

Die vier rezenten Arten der Hyänen scheinen den Hundeartigen zu gleichen, werden aber den Katzenartigen (Feloidea) zugerechnet, wo sie die Familie Hyänen (Hyaenidae) bilden. Ihre Verbreitung ist fast ausschließlich auf Afrika beschränkt; lediglich die Streifenhyäne (Hyaena hyaena) *lebt auch auf der Arabischen Halbinsel und in den Ländern zwischen der östlichen Türkei und Indien.*

Nicht alle Arten sind Aasfresser

Die überwiegend nachtaktiven Hyänen hatten Jahrhunderte lang einen schlechten Ruf und waren als Aasfresser und hinterlistig verschrien. Man brachte die vermeintlichen Schädlinge rücksichtslos um, sodass viele Populationen zeitweise stark rückläufig waren. Erst die bahnbrechenden Untersuchungen des holländischen Biologen Hans Kruuk zu den Tüpfelhyänen *(Crocuta crocuta)* in der Serengeti in den 1960er-Jahren rückten die Tiere in ein neues Licht: Kruuk stellte fest, dass diese Hyänen sich nicht in erster Linie von Aas ernähren, sondern exzellente Jäger sind, die in Rudeln jedes Tier bis zur Größe eines Gnus reißen können. Er konnte außerdem nachweisen, dass Hyänen für das gesunde Gleichgewicht der großen Huftierbestände im östlichen und südlichen Afrika mitverantwortlich sind, indem sie vor allem alte und kranke Tiere erlegen.

Zwei nahezu unbekannte Hyänenarten

Selbst ausgewiesene Afrika- und Naturkenner haben selten das Glück, eine Braune oder Schabrackenhyäne *(Hyaena brunnea)* oder einen Erdwolf *(Proteles cristatus)* zu beobachten.

Das Vorkommen der Schabrackenhyäne ist auf das südliche Afrika zwischen Angola und der Kap-Provinz beschränkt. Sie ist ein schlechter Jäger und ernährt sich vor allem von Kada-

Die Streifenhyäne lebt als Einzelgänger und zeigt kein ausgesprochenes Revierverhalten. Ihre Lautäußerungen beschränken sich auf ein leises Knurren.

vern aller Größen. In seltenen Fällen erbeutet sie einen Vogel oder ein Nagetier.

Der Erdwolf existiert in zwei geografisch voneinander getrennten Populationen, eine im östlichen, eine im südlichen Afrika, wobei man ihn am ehesten im nördlichen Namibia – besonders in der Etoscha-Pfanne – zu sehen bekommt. Er ist ein Nahrungsspezialist, der sich ausschließlich von Termitenarten ernährt, die an der Erdoberfläche leben und die er in großen Mengen aufleckt. Sein schwaches Gebiss würde ihn weder dazu befähigen, die zähe Haut einer Antilope aufzureißen, noch, deren Knochen zu knacken.

Oben: Der Erdwolf lebt überwiegend als Einzelgänger, manchmal auch paarweise.

Unten: Die Braune Hyäne lebt in kleinen Familienverbänden bestehend aus Eltern und ihrem Nachwuchs.

Uneinigkeit hinsichtlich der Gefährdung

Erdwolf und Braune Hyäne werden in der Roten Liste lediglich als potenziell bedroht, nicht als unmittelbar gefährdet geführt – wobei die Braune Hyäne früher als „gefährdet" gelistet war. Die Einschätzung der IUCN bezüglich der beiden Arten dürfte mangels aussagekräftiger Untersuchungen zustande gekommen sein. Naturschützer, die den Erdwolf seit Jahrzehnten beobachten, sind der Überzeugung, dass seine Bestände aufgrund von Bejagung und Lebensraumverlust stark zurückgehen und lokal sogar erloschen sind. Ähnliches gilt für die Braune Hyäne, zu der es seit der Rückstufung vor über zehn Jahren keine neuen Bestandsuntersuchungen mehr gibt. Auch gilt unter Experten als sicher, dass die Populationen der Streifenhyäne – trotz ihres großen Verbreitungsgebiets – stark abnehmen.

Nur bezüglich der Tüpfelhyäne scheint weitgehende Einigkeit zu herrschen: Sie gilt als die einzige Art, die derzeit weder lokal noch generell in ihren Beständen gefährdet ist.

CARNIVORA
KATZEN

Die Familie der Katzen (Felidae) wird meist in zwei Unterfamilien unterteilt: in Kleinkatzen (Felinae) und Großkatzen (Pantherinae), die sich aber – entgegen ihrer Bezeichnung – nicht unbedingt hinsichtlich ihrer Größe voneinander unterscheiden. Sie werden vielmehr aufgrund anderer Kriterien einer Unterfamilie zugeordnet: Kleinkatzen können beispielsweise nicht Brüllen, dafür aber beim Ein- und Ausatmen schnurren – im Gegensatz zu den Großkatzen, die ein Schnurren nur beim Ausatmen erzeugen können.

KLEINKATZEN

Die weltweit verbreitete Unterfamilie der Kleinkatzen, die lediglich im ozeanischen Raum fehlt, ist mit etwa 30 Arten wesentlich artenreicher als die der Großkatzen. Kleinkatzen sind überwiegend nachtaktive und scheue Einzelgänger, die menschliche Siedlungen meiden. Ihre Ernährung besteht weitgehend aus Fleisch. Außerdem sind sie – vom Geparden abgesehen – Lauerjäger, die ihre Beute höchstens über eine kurze Strecke verfolgen können.

LUCHS

Luchse *(Lynx)* sind kräftige Tiere – die Kater der größten Art, des Eurasischen Luchses *(Lynx lynx)*, können bis zu 70 cm hoch, 1,20 m lang und 35 kg schwer werden. Je zwei Arten leben in Eurasien und in Nordamerika. Wegen ihres herrlichen Winterfells, aber auch weil sie sich immer wieder an Haustieren bis zur Größe eines Kalbs vergriffen, wurden Luchse über Jahrhunderte hinweg erbittert verfolgt und in weiten Teilen ihres Verbreitungsgebietes ausgerottet.

Fast alle Kleinkatzen sind bedroht

Zahlreiche Kleinkatzenarten sind unmittelbar oder mittelbar bedroht. Neben der fortschreitenden Lebensraumzerstörung und -umwandlung war ihr Verhängnis in vielen Fällen ihr schönes Fell, das zu Pelzhüten, -taschen oder -mänteln verarbeitet wurde und lange Zeit sehr begehrt war. Dass sich die Einstellung vieler Menschen zur Pelzmode inzwischen geändert hat und echte Felle vielfach durch Imitate ersetzt werden, kam für zahlreiche Katzenarten vermutlich zu spät.

Schutzmaßnahmen zeigen Wirkung

Dank Wiederansiedlungen und rigoroser Schutzmaßnahmen bewohnen sie heute wieder Teile ihrer früheren Lebensräume. Obwohl auch die beiden nordamerikanischen Arten, der Kanadische und der Rotluchs *(Lynx canadensis* und *Lynx rufus)*, ständigem Jagddruck und zunehmender Biotopzerstörung ausgesetzt sind, scheinen sie im Moment noch wenig gefährdet zu sein – im Gegensatz zum Eurasischen Luchs, dessen Bestände stark dezimiert sind. Am gefährdetsten ist der Pardelluchs *(Lynx pardinus)*, der „vom Aussterben bedroht" ist und von dem nur noch winzige Populationen in Spanien und – wahrscheinlich – Portugal leben.

PARDELKATZEN

Schlecht steht es auch um die Vertreter der Gattung Pardelkatzen *(Leopardus)*, die fast alle als unmittelbar bedroht auf der Roten Liste stehen. Die bekannteste Kleinkatze dieser Gattung ist der Ozelot *(Leopardus pardalis)*, ein Bewohner dichter Wälder zwischen den südlichsten US-Staaten und dem nördlichen Argentinien. Er wurde wegen seines herrlichen gefleckten Fells erbarmungslos gejagt und stellenweise ausgerottet oder steht kurz vor der Ausrottung: In Texas sollen beispielsweise nur noch etwa 100 Tiere leben. Nachdem der Handel mit dem Pelz der Tiere inzwischen durch das Washingtoner Artenschutzabkommen geregelt wird, ist der Hauptbedrohungsgrund heute der Lebensraumverlust.

PUMA

Der Puma oder Silberlöwe *(Puma concolor)* ist die schwerste aller Kleinkatzen – ausgewachsene Kater können ein Gewicht von 80–100 kg erreichen. Pumas sind in der Lage, größere Beutetiere wie Tapire oder Wasserschweine und auch Hausvieh zu erlegen. Das hat zu einer massiven Verfolgung und einer drohenden Ausrottung in vielen Teilen ihres Verbreitungsgebiets – Südamerika und westliches Nordamerika – geführt. In den USA wurden sie mit Hunden gehetzt und auf Bäume getrieben, wo sie leicht abgeschossen werden konnten. Heute leben Pumas nur noch in dünn besiedelten Gebieten, teilweise in Schutzgebieten; mehrere Unterarten sind bereits ausgerottet, anderen, etwa dem Florida-Puma *(Puma concolor coryi)* mit maximal 100 wild lebenden Tieren, droht das gleiche Schicksal.

Linke Seite: Ein Eurasischer Luchs im Nationalpark Bayerischer Wald. Sein Verbreitungsgebiet erstreckte sich von Spanien bis an den Ural und weiter bis an die Küste des Chinesischen Meeres. Heute ist er in vielen Regionen ausgerottet.

Oben: Ein Pumajunges bleibt etwa 20 Monate bei seiner Mutter. Darüber hinaus sind Pumas Einzelgänger, die nur zur Paarung zusammenkommen.

Mitte: Obwohl sich der Puma an seine Beute heranschleicht und sie dann meist mit einem kräftigen Sprung erreicht, kann er auf kurzen Strecken sehr schnell rennen.

Unten: Der wunderschön gezeichnete Ozelot aus Mittel- und Südamerika wurde lange wegen seines Fells verfolgt und in einigen Regionen ausgerottet.

GEPARD

Die hochbeinigen, schlanken Geparde *(Acinonyx jubatus)* der afrikanischen Savannen sind die schnellsten Landsäugetiere der Welt: Sie können in vier Sekunden von null auf knapp über 100 km/h beschleunigen, diese enorme Geschwindigkeit aber nur über eine Distanz von wenigen 100 Metern halten. Deshalb haben sie ihr Jadgverhalten ihren Fähigkeiten angepasst: Sie schleichen sich so nah wie möglich an ihre Beute heran und benutzen dabei die geringste Deckung wie Grasbüschel, kleine Termitenburgen oder Steine. Blickt das potenzielle Beutetier auf, ducken sie sich tief auf den Boden und verharren regungslos; erst wenn das Opfer weitergrast, schleichen sie bis auf 50–100 m näher. Dann sprinten die Katzen los – und haben so die optimale Chance auf Erfolg.

Keine Nahrungsspezialisten

Im Gegensatz zu anderen Katzen haben Geparde weder scharfe Krallen noch ein mächtiges Gebiss, weshalb sie kaum in der Lage sind, große Antilopen oder Zebras zu erlegen. Sie müssen sich mit kleineren Beutetieren begnügen – von Mäusen in kargen Zeiten über Hasen und jüngere Warzenschweine bis hin zu Grantgazellen und halberwachsenen Gnus. Hin und wieder fällt ihnen auch ein Perlhuhn, ein Frankolin oder eine andere bodenbewohnende Vogelart zum Opfer. Pro Mahlzeit verzehren sie durchschnittlich 5–8 kg Fleisch.

Geparde müssen ihre Beutetiere nach dem Erlegen möglichst schnell fressen, denn sie sind nicht in der Lage, sie gegen andere Raubtiere wie Leoparden zu verteidigen.

Unten: Man nimmt an, dass etwa 95 % der jungen Geparden das erste Lebensjahr nicht überleben. Löwen, Leoparden und Hyänen sowie Krankheiten fordern zahllose Opfer.

Typisch für die Gesichtszeichnung des Geparden sind die schwarzen Streifen von den Augen Richtung Maul, sogenannte Tränenstreifen.

Viele Gründe für die Bedrohung

Der inzwischen als „gefährdet" eingestufte Gepard hatte ursprünglich ein riesiges Verbreitungsgebiet, das von Südosteuropa über die Türkei, den Irak und den Iran bis nach Indien und über weite Teile Afrikas – reine Wüsten und Urwaldgebiete ausgenommen – reichte. Heute existieren nur noch im östlichen und südwestlichen Afrika größere Bestände, deren Gesamtzahl auf 10 000–12 000 geschätzt wird, wobei die größte Populationsdichte Namibia mit mindestens 2500 und höchstens 5000 Exemplaren hat. Im Iran soll ein Restbestand der Unterart *Acinonyx jubatus raddei* ein äußerst bedrohtes Leben fristen; man vermutet dort 50–100 Tiere.

Die Gründe für die Bestandsrückgänge sind vielfältig und reichen zum Teil weit in die Vergangenheit zurück. Schon in vorchristlicher Zeit machte man sich die hervorragenden Jagdeigenschaften des Geparden zunutze und richtete ihn als Jagdbegleiter ab – manche Herrscher hielten an ihrem Hof angeblich bis zu 3000 Tiere. Die Tradition wurde mindestens bis ins Mittelalter – auch an europäischen Höfen – fortgeführt. Hauptgründe für den starken Rückgang der Gepardenpopulationen sind aber die illegale und teils auch legale Bejagung wegen des Fells und als Nahrungskonkurrent sowie die fortschreitende Zerstörung bzw. Kultivierung der Lebensräume und der zunehmende Mangel an Beutetieren.

GROSSKATZEN

Die Unterfamilie der Großkatzen umfasst neun Arten in drei Gattungen; zu ihr gehören einige der bekanntesten Katzen wie Tiger *(Panthera tigris)* und Löwe *(Panthera leo)*. Großkatzen kommen vorwiegend in Asien und Afrika vor, eine Art ist auch auf dem amerikanischen Doppelkontinent verbreitet.

TIGER

Der Tiger ist die größte Großkatze. Die mächtigste Unterart kann bei einem Gewicht bis etwa 300 kg eine Schulterhöhe von 1,10 m und eine Länge von annähernd 3,80 m erreichen – wobei alleine der Schwanz etwa 1 m misst. Weibchen sind beträchtlich kleiner und leichter.

Die Tiere leben im dichten Dschungel, in undurchdringlichen Bambuswäldern und in unzugänglichen Sumpfgebieten in Asien und sind in Landstrichen, in denen sie wenig gestört werden – etwa in Sibirien und in indischen Nationalparks –, tagaktiv.

Einzelgängerische Lebensweise

Wie die meisten Katzen sind sie überwiegend Einzelgänger, von Weibchen mit ihren Jungen abgesehen. Männchen bewohnen Territorien, die – beispielweise in Sibirien und in der Mandschurei – bis zu 4000 km^2 umfassen können, während sie auf den südostasiatischen Inseln sehr viel kleiner sind. Die Reviere der Kater überlappen sich, und in diesen Grenzgebieten begegnen sich die Männchen meistens friedlich; es wurde sogar beobachtet, dass sich mehrere Männchen an einem Riss trafen.

Lauerjäger auf der Pirsch

Es gibt kaum ein Tier, das ein erwachsener Tiger nicht überwältigen kann. Nicht einmal ausgewachsene Wildrinder wie Gaurkühe, die 400–500 kg schwer werden, sind vor der Großkatze sicher, und selbst junge Elefanten können ihnen zum Opfer fallen.

Tiger sind Lauerjäger: Sie pirschen sich so nah wie möglich an ihre Opfer heran, warten einen geeigneten Moment ab, in dem das Beutetier unaufmerksam ist, springen es dann

Alle Tiger sind ausgezeichnete Schwimmer und halten sich häufig im Wasser auf. Das unterscheidet sie von den meisten anderen Katzen.

Schlechte Zukunftsaussichten

Der Tiger hatte einst eine sehr weite Verbreitung: Sie reichte im Westen vom Kaspischen Meer bis nach Sibirien und in die Mandschurei im Osten sowie nach Indien, Malaysia und Indonesien im Süden. Bis Anfang des 20. Jahrhunderts streiften noch etwa 100 000 Tiger aus acht verschiedenen Unterarten durch ihre Lebensräume, inzwischen sind es vermutlich weniger als 5000, drei Unterarten gelten als ausgestorben: der Kaspische Tiger *(Panthera tigris virgata)*, der Javatiger *(Panthera tigris sondaica)* und der Balitiger *(Panthera tigris balica)*. Die überlebenden Subspezies könnten ihnen – in einigen Fällen vielleicht schon bald – folgen, denn ihre Bestände sind inzwischen in höchstem Maße dezimiert.

Vor rund hundert Jahren lebten in Indien, Bangladesch und Nepal noch rund 40 000 Indische oder Königstiger *(Panthera tigris tigris)*, heute dürften es kaum noch 3000 sein. Vom Indochinesischen Tiger *(Panthera tigris corbetti)* existieren geschätzte 1500 Tiere auf dem südostasiatischen Festland. Er ist allerdings in vielen Staaten ganz oder nahezu ausgerottet. Noch schlimmer steht es um den Sibirischen oder Amurtiger *(Panthera tigris altaica)*: Sein Bestand soll etwa 200 Tiere in freier Wildbahn umfassen, weitere 200 leben in verschiedenen Zoos. Lediglich auf 150 Tiere wird die Population des Sumatratigers *(Panthera tigris sumatrae)* geschätzt, während vom Südchinesischen Tiger *(Panthera tigris amoyensis)* vermutlich nur noch zwanzig bis fünfzig Tiere existieren – die Art kann vermutlich nicht mehr gerettet werden.

Es gibt verschiedene Faktoren für die kritische Situation der Tiger. Zum einen leiden sie unter der Ausbreitung des Menschen und der Zerstörung ihres Lebensraums. Außerdem dezimierte die menschliche Jagd auf viele Huftierarten die Anzahl potenzieller Beutetiere so stark, dass viele Tiger verhungerten. Zu weiteren immensen Bestandseinbrüchen führte die starke Bejagung – als Nahrungskonkurrent und Menschenfresser sowie wegen des wertvollen Fells und anderer Körperteile wie Penis und Knochen, die in der Traditionellen Chinesischen Medizin vor allem als Potenzmittel sehr begehrt sind. Selbst heute werden Tiger noch aus reiner Profitgier gewildert, obwohl sie unter anderem durch das Washingtoner Artenschutzabkommen geschützt sind. Ein dritter Grund, der heute mitverantwortlich dafür ist, dass sich die Bestände einiger Unterarten vermutlich kaum mehr erholen werden, ist die mangelnde genetische Vielfalt, die die Anpassung an veränderte Lebensbedingungen schwierig macht.

Trotz Schutzmaßnahmen – etwa die Errichtung von Schutzgebieten –, Wiedereinführung in ursprüngliche Lebensräume und Nachzuchtprogrammen scheint es derzeit unwahrscheinlich, alle noch verbliebenen Unterarten vor dem Aussterben retten zu können.

an und töten es durch einen Kehl- oder Nackenbiss. Bisweilen verfolgen Tiger ihre Beute auch ins Wasser und reißen sie dort. Haben sie längere Zeit nicht gefressen, können sie 30 kg und mehr Fleisch auf einmal verschlingen; normalerweise wird die erlegte Beute im Abstand von einem bis zwei Tagen wieder aufgesucht, um weiter an ihr zu fressen – was es den Menschen leicht macht, Tiger von einem Ansitz aus zu erlegen.

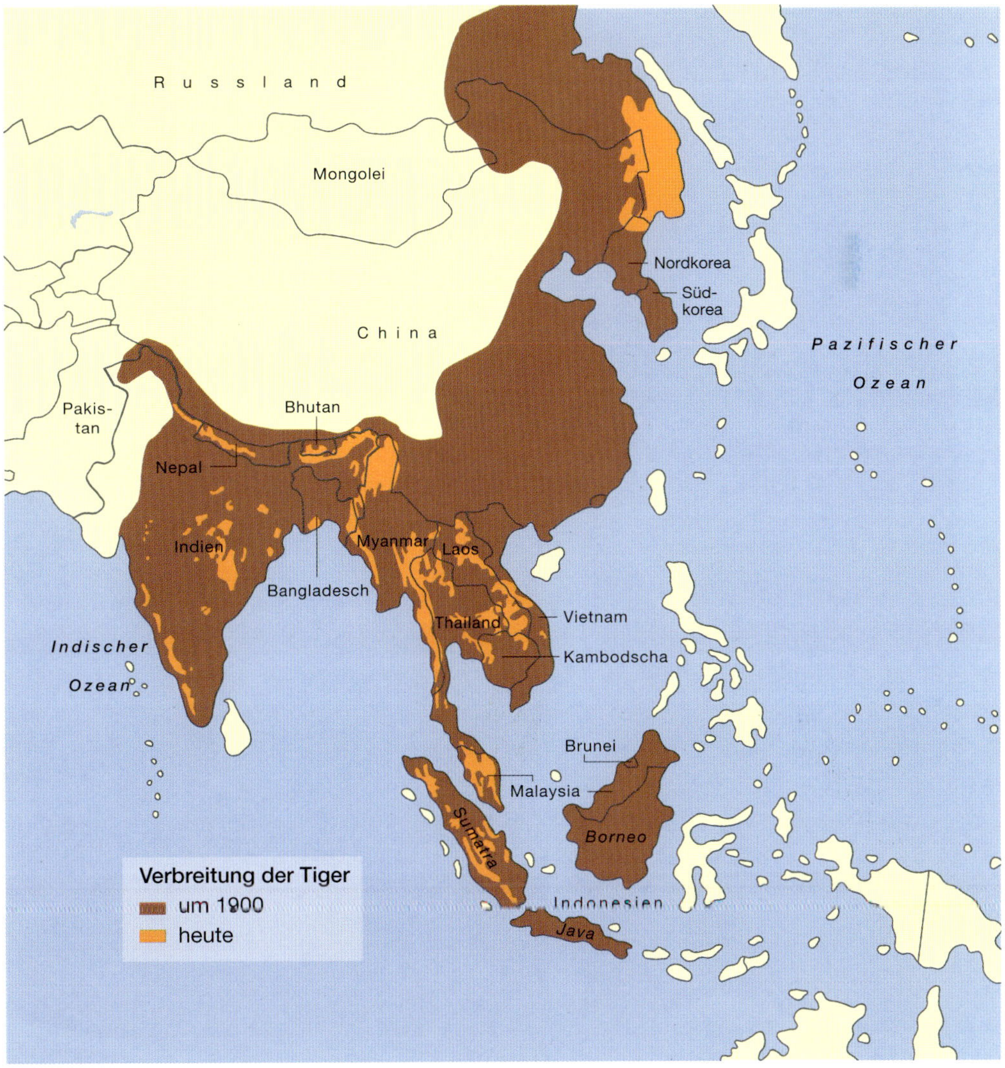

Rechts: Die ehemals in ganz Südostasien weitverbreiteten Unterarten des Tigers leben heute nur noch in wenigen Rückzugsgebieten: in Schutzgebieten wie Nationalparks.

Unten: Der Sibirische Tiger, die größte lebende Raubkatze, braucht große Mengen Fleisch. Häufig trägt er seine Beute zu entlegenen Plätzen, um sie dort in Ruhe verzehren zu können.

Menschenfresser

In Gebieten, die sie mit den Menschen teilen müssen, vergreifen sich Tiger an Haustieren und – in seltenen Fällen – auch an Menschen. Zum sogenannten „Maneater", also Menschenfresser, wurden manche Tiger, weil sie alt oder verletzt waren und ihre natürliche Beute nicht mehr jagen konnten, oder weil es nicht genug Beutetiere gab. „Maneater" waren in Indien und in Bangladesch noch im letzten Jahrhundert ein Problem, das Dörfer und ganze Distrikte in Atem hielt; besonders in Indien gab es einige berüchtigte Menschenfresser, die über einhundert Menschen töteten, bis es Jägern gelang, sie zur Strecke zu bringen.

Hohe Sterblichkeit der Jungen

Die Tigerunterarten der tropischen Gebiete haben aufgrund der günstigen klimatischen Bedingungen im Gegensatz zu jenen Sibiriens keine feste Paarungszeit. Das Weibchen bringt nach einer Tragzeit von 95–114 Tagen in einem Versteck zwei bis drei etwa 1000 g schwere, blinde und hilflose Junge zur Welt, die in den ersten acht Wochen nur von Milch leben und dann langsam beginnen, Fleisch zu fressen. Nach spätestens sechs Monaten sind sie entwöhnt, bleiben aber noch mindestens ein Jahr lang bei der Mutter, um das Jagen zu erlernen.

Kurz bevor die Tigermutter wieder Junge wirft, müssen sie die Familie verlassen und sich aus eigenen Kräften durchschlagen. Da sie noch unerfahren und alles andere als perfekte Jäger sind, ist die Sterblichkeit der Jungtiere hoch; manche verhungern, andere werden von wehrhaften Beutetieren wie Wildschweinen verletzt.

Linke Seite: Obwohl Königstiger die größten Bestandszahlen unter den Tigern aufweisen, sind auch ihre Bestände in den letzten Jahren dramatisch zurückgegangen.

Unten: Als kleinster Vertreter der Art gilt der Sumatratiger. Wahrscheinlich leben heute in zoologischen Gärten mehr Exemplare als in Freiheit.

Oben: Wie alle anderen Tiger bevorzugen auch Königs- oder Bengaltiger Lebensräume in der Nähe von Gewässern.

Unten: Ein junger Indochinesischer Tiger in den Urwäldern Südostasiens.

LÖWE

Der Löwe *(Panthera leo)* ist neben dem Tiger die bekannteste aller Großkatzen – kein anderes wildes Tier ist im Bewusstsein des Menschen so tief verwurzelt wie er: Man begegnet ihm beispielsweise in der Symbolik, in Sagen, in Sprichwörtern und Metaphern.

Männliche Löwen sind von den Weibchen deutlich anhand ihrer Mähne zu unterscheiden.

Im Gegensatz zu anderen Großkatzen sind Löwen ausgesprochen gesellige Tiere.

Ausgeprägter Geschlechtsdimorphismus

Mit bis zu 2,50 m Kopf-Rumpf-Länge und einem Gewicht von etwa 220 kg ist der Löwe die größte und schwerste Katze nach dem Tiger. Er ist die einzige Großkatze und eine der wenigen Katzenarten, bei der es einen ausgeprägten Geschlechtsdimorphismus gibt: Die Männchen sind nicht nur wesentlich größer und schwerer als die Weibchen, sondern tragen darüber hinaus eine Mähne. Diese beginnt erst im Alter von zwei bis drei Jahren zu wachsen und ist mit etwa vier Jahren voll entwickelt.

Gesellige Lebensweise

Der Löwe ist die einzige von mehr als drei Dutzend Katzenarten, die gesellig in Rudeln lebt

Rechts: Löwinnen sind trotz ihrer riesigen Pranken und der mächtigen Reißzähne liebevolle Mütter, die ausgesprochen zärtlich mit ihren winzigen Jungen umgehen.

Unten: Löwen verbringen einen wesentlichen Teil des Tages damit, zu ruhen und zu verdauen.

Afrikanische und Asiatische Löwen, hier eine Indische Löwin, sind so nah miteinander verwandt, dass sie sich problemlos miteinander kreuzen lassen.

Viele ausgestorbene Unterarten

Der Löwe war früher in zahlreichen Unterarten über den größten Teil Afrikas und von Südosteuropa über den Irak und den Iran bis nach Indien verbreitet. Zwei bekannte Vertreter verschwanden schon früh aus Afrika: der Kaplöwe *(Panthera leo melanochaita)* 1865 und der Atlas- oder Berberlöwe *(Panthera leo leo)* 1922. Mitte des 20. Jahrhunderts gab es in Afrika südlich der Sahara schätzungsweise noch 500 000 Löwen verschiedener Unterarten, doch die Populationen gingen sehr stark zurück, vor allem wegen der starken Bejagung durch weiße Jäger – darunter unzählige Großwildjäger auf Trophäenjagd – und durch ostafrikanische Massaikrieger, für die die Löwenjagd ein Tapferkeitsritual war. Ende der 1980er-Jahre wurde der Gesamtbestand auf etwa 100 000 Tiere geschätzt, mit Schwerpunkten im östlichen und südlichen Afrika. Jagd, Zerstörung des Lebensraumes und Krankheiten wie Tuberkulose und eine Immunschwächekrankheit haben dazu geführt, dass nur noch etwa 25 000–30 000 Tiere leben und die Art als „gefährdet" auf der Roten Liste steht.

In Asien sind Löwen wegen starker Bejagung und Lebensraumverlust inzwischen fast komplett ausgerottet – nur in einem kleinen Gebiet im Bundesstaat Gujarat in Indien konnten dank wirksamer Schutzbestimmungen etwa 250 Tiere des Asiatischen Löwen *(Panthera leo persica)* vorerst gerettet werden. Sie gehören zu den seltensten Großtieren der Welt und gelten nach wie vor als „vom Aussterben bedroht", da sie aufgrund starker Inzucht einen extrem kleinen Genpool haben.

und gemeinsam jagt. Löwenrudel bestehen entweder aus Geschwistern, die nach der Trennung von der Mutter im Alter von etwa eineinhalb Jahren noch eine Zeit lang zusammenbleiben, oder aus bis zu zehn Weibchen mit ihren normalerweise zwei oder drei Jungtieren, die von ein bis drei erwachsenen Männchen bewacht werden. Kater führen ein Rudel meist nur relativ kurz an; bereits nach drei oder vier Jahren übernehmen jüngere Männchen – oft nach heftigen Kämpfen – die Gruppe. Gibt es dort noch kleinere Jungtiere, werden sie von den neuen Rudelführern in der Regel getötet, damit das Weibchen paarungsbereit wird und der neue Anführer seine Gene vererben kann.

LEOPARD

Leopard *(Panthera pardus)* und Panther sind zwei Bezeichnungen für das gleiche Tier, und auch der schwarze Panther ist keine eigene Art, sondern ein sogenannter Schwärzling des Leoparden. Die auch als Melanismus bezeichnete Schwarzfärbung – die ebenfalls beim Jaguar vorkommt – entsteht durch eine übermäßige Ablagerung schwarzer Pigmente. Melanotische Tiere treten in dichten Wäldern und in großen Höhenlagen gehäuft auf und können mit normalfarbigen Tieren im gleichen Wurf sein.

Weite Verbreitung

Der einzelgängerische Leopard, der als bester Kletterer unter den Großkatzen gilt, ist außerordentlich anpassungsfähig und lebt sowohl in Halbwüsten und Savannen als auch in lichten Wäldern und im Dschungel. Noch in historischer Zeit bewohnte er ganz Afrika mit Ausnahme der Zentralsahara, den Nahen Osten, die Türkei und östlich davon den ganzen subtropischen und tropischen Raum bis nach Südchina; selbst im südlichen Sibirien war er anzutreffen. Heute ist sein Verbreitungsgebiet wesentlich kleiner und teilweise zersplittert.

Leoparden wurden lange wegen ihres prächtigen Fells, das je nach Unterart und Lebensraum unterschiedlich ist, stark bejagt.

Zahlreiche Unterarten sind von der Ausrottung bedroht

Die Bestände des Leoparden sind inzwischen in fast allen Verbreitungsgebieten stark dezimiert. Hauptgründe dafür waren lange vor allem die Verfolgung als Viehräuber und Menschenfresser sowie die Bejagung wegen seines begehrten Fells – das je nach Unterart anders gefärbt ist. Zahlreiche Unterarten sind als „vom Aussterben bedroht" gelistet, darunter der Persische Leopard *(Panthera pardus saxicolor)*, der Amurleopard *(Panthera pardus orientalis)* und der Chinesische Leopard *(Panthera pardus japonensis)*. Inzwischen ist der Leopard durch das Washingtoner Artenschutzabkommen geschützt, was den Fellhandel weitgehend eingedämmt hat, wird nun aber zunehmend durch die fortschreitende Zerstörung seiner Lebensräume und die Ausbreitung der stark anwachsenden Bevölkerung bedroht.

JAGUAR

Der Jaguar *(Panthera onca)* lebt als einzige Großkatze in der Neuen Welt und ist fast ausschließlich ein Wald- und Buschbewohner. Er ist am häufigsten im Amazonasbecken anzutreffen, seine Verbreitung reicht aber von Mexiko über Mittelamerika bis nach Argentinien; in den USA wurde er mit großer Wahrscheinlichkeit in der zweiten Hälfte des 20. Jahrhunderts ausgerottet.

Im Gegensatz zu den meisten anderen Katzen scheut der Jaguar das Wasser nicht – im Gegenteil: Häufig verfolgt er Tapire und Wasserschweine, wenn sie in Sümpfe, Seen und Flüsse flüchten.

Ähnlichkeit mit dem Leoparden

Äußerlich gleicht der Jaguar dem altweltlichen Leoparden, er ist aber bedeutend schwerer und massiver gebaut als dieser. Sein Fleckenmuster unterscheidet sich ebenfalls von dem seines afrikanisch-asiatischen Verwandten: Die ringartigen Flecken sind größer und weisen innen Punkte auf, die beim Leoparden fehlen.

Sinkende Bestandszahlen

Der Jaguar ist eine weniger bedrohte Großkatze: Man schätzt die Anzahl geschlechtsreifer Tiere derzeit auf etwa 50 000, geht allerdings davon aus, dass die Bestandszahlen weiterhin abnehmen werden und der Jaguar kurz vor einer unmittelbaren Gefährdung steht.

Durch die Ausbreitung der Menschen und die Abholzung der Regenwälder ist er bereits aus vielen Regionen ganz verschwunden, und sein Lebensraum, der sich in den letzten Jahrzehnten bereits um etwa 50 Prozent verringert hat, wird jeden Tag ein Stück kleiner. Darüber hinaus wird er von Farmern als Viehdieb verfolgt und von Wilderern wegen seines begehrten Fells gejagt, obwohl er durch das Washingtoner Artenschutzabkommen in den meisten Gebieten geschützt ist.

Jaguare bevorzugen als Lebensraum die dichte Vegetation in Regenwäldern – hier ein Tier im Pantanal in Brasilien.

Die Schwarzfärbung von Jaguaren ist auf eine übermäßige Pigmentierung zurückzuführen. Unter günstigen Lichtverhältnissen kann man die eigentliche Fellzeichnung durchschimmern sehen.

Schneeleoparden leben als Einzelgänger, die nur während der Paarungszeit die Gesellschaft eines Partners dulden.

Lebensraumverlust und Wilderei

Der Schneeleopard steht als „stark gefährdet" auf der Roten Liste; sein Bestand wird – trotz der Einrichtung von Schutzgebieten und trotz Schutzes durch das Washingtoner Artenschutzabkommen – auf weniger als 5000 Tiere in freier Wildbahn geschätzt. Die Gründe dafür sind vielfältig: Neben dem Lebensraumverlust und dem zunehmenden Mangel an Beutetieren, die in großer Zahl vom Menschen abgeschossen werden, spielt vor allem die kommerzielle Bejagung eine Rolle. Jahrzehntelang wurde der Schneeleopard wegen seines äußerst begehrten und teuren Fells massiv verfolgt, außerdem werden seine Knochen von der Tradtionellen Chinesischen Medizin verwertet und zu Heilmitteln verarbeitet. Trotz des Verbots werden bis heute Tiere für diese Zwecke getötet, denn die illegale Wilderei ist ein finanziell sehr einträgliches Geschäft.

Zu den 5000 wild lebenden Tieren kommen bis zu 500 Schneeleoparden in Zoos in aller Welt hinzu. Nachzuchten der Tiere sind heute nicht mehr ungewöhnlich, paradoxerweise besteht sogar ein Überschuss an Tieren dieser gefährdeten Art, für die sich in Zoos und Tiergärten keine Abnehmer mehr finden.

SCHNEELEOPARD

Der Schneeleopard oder Irbis *(Uncia Uncia)* ist ein Hochgebirgsbewohner, dessen Hauptverbreitungsgebiet in 2000–5500 m Höhe im Himalaja liegt. Er bewegt sich selbst in zerklüftetsten Felsgebieten ungewöhnlich geschickt und hat ein enormes Sprungvermögen: Auf der Flucht oder Jagd soll er bis zu 10 m weit springen können. Seine Nahrung besteht – je nach Jahreszeit und Angebot – aus Murmeltieren, Wildschafen und -ziegen, in Notzeiten frisst er auch Mäuse, Pfeifhasen und Vögel.

„Schneeschuhe" und herrliches Fell

Der Schneeleopard ist bekannt für seine großen, fellbedeckten Tatzen, die einen Schneeschuheffekt haben und ein Einsinken im Schnee verhindern. Daneben hat er ein herrliches, dichtes Fell in verschiedensten Grautönen mit schwarzen Ringen oder Rosetten und Tupfen, die beim Sommerfell besser sichtbar sind als beim Winterfell.

NEBELPARDER

Der Nebelparder *(Neofelis nebulosa)* aus Südostasien ist mit 50 cm Schulterhöhe die kleinste unter den Großkatzen und auch kleiner als manch eine Kleinkatze, beispielsweise als der Puma. Er lebt und jagt überwiegend auf Bäumen in dichten, möglichst menschenleeren Wäldern und ist an dieses Leben hervorragend angepasst: Seine Beine sind relativ kurz, sein Schwanz ist lang und wird als Balancewerkzeug eingesetzt. Der beeindruckende Kletterer läuft sogar mit dem Kopf voran Bäume hinunter und hangelt sich – den Rücken nach unten – an Ästen entlang. Daneben ist der Nebelparder ein sehr guter Schwimmer.

Keine Population mit mehr als 1000 Tieren

Der Gesamtbestand des Nebelparders beträgt etwa 10 000 erwachsene Tiere, wobei es keine Populationen mit mehr als 1000 Tieren gibt und die Art in einigen Regionen als ausgestorben gilt. Auch seine Probleme sind Lebensraumverlust und die starke Bejagung. Bis heute wird er wegen seines prächtigen Fells sowie wegen seiner in der Traditionellen Chinesischen Medizin eingesetzten Knochen gewildert. Zudem finden seine extrem langen Reißzähne bei kultischen Zeremonien Verwendung, und sein Fleisch wird bisweilen gut betuchten asiatischen Touristen in chinesischen und thailändischen Restaurants angeboten. Der Nebelparder steht unter Schutz – sowohl regional in seinem Verbreitungsgebiet als auch global durch das Washingtoner Artenschutzabkommen, doch sein Gesamtbestand sinkt nach wie vor, weshalb er als „gefährdet" gilt.

Oben: Als ausgesprochene Hochgebirgsbewohner können Schneeleoparden mit ihrem sehr dicken Pelz auch extreme Temperaturen ertragen.

Unten: Die herrliche Fellzeichnung ist dem Nebelparder zum Verhängnis geworden, denn sie führte zur starken Bejagung der Art.

Galapagos-Riesenschildkröte

Nashornleguan

Hammerhai

BEDROHTE TIERARTEN AUS ALLER WELT

Über 10 000 Tierarten weltweit sind mehr oder weniger stark in ihren Beständen bedroht. Der hier vorgestellte Querschnitt aus den im Buch erwähnten Arten verdeutlicht auf einen Blick die Gefährdungslage.

Wissenschaftler, engagierte Naturschützer und Naturschutzorganisationen haben immer wieder versucht, die Bestände seltener Tiere zu zählen, damit die notwendigen Schutzmaßnahmen ergriffen werden können. Die Rote Liste der IUCN basiert auf solchen Zählungen – die in den meisten Fällen allerdings Schätzungen und Hochrechnungen mit entsprechend hoher Fehlerquote sind. Außerdem können solche Untersuchungen aus finanziellen Gründen nicht jährlich durchgeführt werden, sondern oft nur in Abständen von zehn und mehr Jahren. Sämtliche Bestandszahlen sind deshalb mit großer Vorsicht zu genießen. Aussagekräftiger sind diesbezüglich die Trendentwicklungen der Populationen.

Tierart	Familie	Verbreitung	Bedrohungsgrund	Bestandszahlen (Gesamtpopulation)	Gefährdungsstatus	Bestandsentwicklung	Bedrohte Verwandte oder Subspezies
Gelbflossenthun *(Thunnus albacares)*	Makrelen und Thunfische	Alle Meere außer Mittelmeer	Bejagung (Fischer)	?	!!!	↓	Blauflossenthun *(Thunnus maccoyii)* !!!! Großaugenthun *(Thunnus obesus)* !!! *Scomberomorus concolor* !!!
Weißer Hai *(Carcharodon carcharias)*	Makrelenhaie	Tropische und subtropische Meere	Bejagung (Fischer, Sportfischer)	2000–3000	!!!/!!!!	?	Langflossenmako *(Isurus paucus)* !!! Heringshai *(Lamna nasus)* !!!!
Großer Hammerhai *(Sphyrna mokarran)*	Hammerhaie	Tropische Meere, Rotes Meer, Karibik	Bejagung (Fischer, Sportfischer)	?	!!/!!!	↓	Kleinaugenhammerhai *(Sphyrna tudes)* !!/!!!
Pfeilgiftfrösche *(Dendrobatidae)*	Baumsteigerfrösche	Mittelamerika, tropisches Südamerika	Lebensraumzerstörung (Abholzung der Wälder), Klimawandel, Krankheiten	?	!! bis !!!!	↓	Skunkfrosch *(Aromobates nocturnus)* !!!! *Colostethus anthracinus* !!!!
Gangesgavial *(Gavialis gangeticus)*	Gaviale	Indischer Subkontinent	Lebensraumzerstörung, Bejagung (Fleisch, Haut, Trophäen, Naturmedizin, Eier)	Unter 500	!!!!	↓	
Mohrenkaiman *(Melanosuchus niger)*	Alligatoren	Amazonasbecken	Lebensraumzerstörung, Bejagung (Fleisch, Haut)	?	!!!	?	China-Alligator *(Alligator sinensis)* !!!
Köhlerschildkröte *(Geochelone carbonaria)*	Landschildkröten	Panama bis Argentinien	Lebensraumzerstörung, Bejagung (Fleisch, Eier)	?	!!/!!!	?	Birma-Sternschildkröte *(Geochelone platynota)* !!!! Gelbkopflandschildkröte *(Indotestudo forstenii)* !!! Ägyptische Landschildkröte *(Testudo kleinmanni)* !!!!
Griechische Landschildkröte *(Testudo hermanni)*	Landschildkröten	Europäischer Mittelmeerraum	Lebensraumzerstörung, Bejagung (Tierhandel)	?	!!/!!!	↓	Maurische Landschildkröte *(Testudo graeca)* !!

Brückenechse

Gangesgavial

Weißer Hai

Legende zu den Bestandsentwicklungen:

↓ = sinkende Bestände

→ = gleichbleibende Bestände

↑ = steigende Bestände (meist bei Arten, die in Zoos und Tiergärten gehalten werden)

? = aufgrund mangelnder Bestandszahlen bzw. Schätzungen keine Aussage möglich

Legende zur Gefährdungssituation (siehe auch S. 12):

! = potenziell bedroht

!! = gefährdet

!!! = stark gefährdet

!!!! = vom Aussterben bedroht

† = in freier Wildbahn ausgerottet

†† = ausgerottet

Sind zwei Werte angegeben, die mit einem Schrägstrich voneinander getrennt sind – zum Beispiel !!/!!! –, so gibt die Angabe vor dem Schrägstrich den Bedrohungsgrad auf globaler Ebene an, die hinter dem Schrägstrich den Bedrohungsgrad auf lokaler Ebene bzw. von Inselpopulationen.

Tierart	Familie	Verbreitung	Bedrohungsgrund	Bestandszahlen (Gesamtpopulation)	Gefährdungsstatus	Bestandsentwicklung	Bedrohte Verwandte oder Subspezies
Galapagos-Riesenschildkröte *(Geochelone nigra)*	Landschildkröten	Galapagosarchipel	Bejagung (Fleisch), Faunenverfälschung (verschiedene eingeschleppte Haustiere)	10 000–12 000 total, einzelne Unterarten nur 500–600	!!!/!!!!	↓	Pinta-Riesenschildkröte *(Geochelone nigra abingdoni)* †† Isabela-Riesenschildkröte *(Geochelone nigra guntheri)* !!!! Pinzon-Riesenschildkröte *(Geochelone nigra ehphippium)* !!!!
Atlantik-Bastardschildkröte *(Lepidochelys kempii)*	Meeresschildkröten	Tropische und subtropische Meere	Bejagung (Fleisch, Schildpatt, Eier), Beifang	?	!!!!	↓	Echte Karettschildkröte *(Eretmochelys imbricata)* !!!! Unechte Karettschildkröte *(Caretta caretta)* !!!
Brückenechse *(Sphenodon guntheri)*	Brückenechsen	Neuseeland (etwa 30 kleine Inseln)	Bejagung, Nahrungskonkurrenz durch Haustiere	Einige Tausend	!!!	?	
Drusenkopf *(Conolophus subcristatus)*	Leguane	Galapagosarchipel (etwa fünf Inseln)	Bejagung (Fleisch, Eier), Faunenverfälschung (eingeführte Schweine, Hunde und Katzen)	Wenige Hundert bis Tausend	!!!	↓	Haubenleguan *(Brachylophus vitiensis)* !!!! Utilaleguan *(Ctenosaura bakeri)* !!!! Guatemalaschwarzleguan *(Ctenosaura palearis)* !!!!
Nashornleguan *(Cyclura cornuta)*	Leguane	Haiti, Dominikanische Republik, einige Karibikinseln	Bejagung (Fleisch)	Wenige Hundert, eventuell Tausend	!!!/!!!!	↓	
Bindenwaran *(Varanus salvator)*	Warane	Südostasien	Lebensraumzerstörung, Bejagung (Fleisch, Häute, Naturmedizin)	?	!!!	↓	Komodowaran *(Varanus komodoensis)* !!/!!!

Haselhuhn

Rothalsgans

Bernierente

Tierart	Familie	Verbreitung	Bedrohungsgrund	Bestands-zahlen (Gesamt-population)	Gefährdungs-status	Bestands-entwick-lung	Bedrohte Verwandte oder Subspezies
Auerhuhn *(Tetrao urogallus)*	Fasanen-artige	Nördliches Asien, Mittel- und Nordeuropa (Waldregionen)	Lebensraumzer-störung, Bejagung	?	!!/!!!	↓ bis →	
Haselhuhn *(Bonasia bonasia)*	Fasanen-artige	Europa und Asien (Waldregionen und Taiga)	Lebensraumzer-störung (Wälder), Bejagung, Störun-gen durch Men-schen	?	!!/!!!	? bzw. ↓	
Hawaiigans *(Branta sandvicensis)*	Entenvögel	Hawaiiarchipel (Hawaii und Maui)	Lebensraum-zerstörung, Bejagung, Faunenverfäl-schung (einge-schleppte Hunde und Katzen)	+/– 1000	!!!	↑	
Rothalsgans *(Branta ruficollis)*	Entenvögel	Arktische Gebiete Europas und Sibiriens	Bejagung, vor allem in den Über-winterungsge-bieten in Zentral-asien, dem Irak und Südeuropa	?	!!!	↓	
Zwerggans *(Anser erythropus)*	Entenvögel	Skandinavien bis Sibirien	Bejagung, Lebens-raumzerstörung, Umweltver-schmutzungen (Gifte)	?	!!/!!! in Skandi-navien !!!!	↓	Schwanengans *(Anser cygnoides)* !!!
Trompeterschwan *(Cygnus buccinator)*	Entenvögel	Mittleres und nörd-liches Nordamerika	Bejagung, Lebens-raumzerstörung (Trockenlegung von Feuchtge-bieten)	12 000–15 000	!!!	↑	
Bernierente *(Anas bernieri)*	Entenvögel	Madagaskar (westlicher Teil)	Bejagung, Lebensraum-zerstörung	+/– 1000	!!!!	→ evtl. ↓	Malaienente *(Cairina scutulata)* !!! Madagaskar-Moorente *(Aythya innotata)* !!!! Labradorente *(Camptorhynchus labradorius)* ††
Laysanente *(Anas laysanensis)*	Entenvögel	Hawaiiarchipel (Insel Laysan)	Bejagung (Guano), Faunenverfäl-schung (einge-führte Kaninchen)	+/– 500–700 (1912 nur noch 12 Exemplare)	!!!!	→ evtl. ↓	Aucklandente *(Anas aucklandica)* !!/!!! Neuseelandente *(Anas chlorotis)* !!! Baikalente *(Anas formosa)* !!/!!! Campbellente *(Anas nesiotis)* !!!!

Auerhuhn

Andenflamingos

Schneekraniche

Tierart	Familie	Verbreitung	Bedrohungsgrund	Bestandszahlen (Gesamtpopulation)	Gefährdungsstatus	Bestandsentwicklung	Bedrohte Verwandte oder Subspezies
Großtrappe *(Otis tarda)*	Trappen	Spanien bis Zentralasien (inselartig)	Lebensraumzerstörung, Bejagung	mehrere Kleinpopulationen von 500–1000 Tieren	!! bis !!!!	↓	Barttrappe *(Houbaropsis bengalensis)* !!!! Kragentrappe *(Chlamydotis undulata)* !!! Indische Trappe *(Ardeotis nigriceps)* !!
Schnee- oder Nonnenkranich *(Grus leucogeranus)*	Kraniche	Nordostsibirien, mittleres Jangtse-Gebiet, östlicher Ural	Lebensraumzerstörung, Bejagung	Vermutlich unter 2000	!!!!	↓	Mandschurenkranich *(Grus japonensis)* !!!
Kronenkranich *(Balearica pavonina)*	Kraniche	Westafrika (Savannen- und Feuchtgebiete)	Lebensraumzerstörung, Bejagung	?	!!/!!!	↓	
Paradieskranich *(Anthropoides paradisea)*	Kraniche	Teile Südafrikas und Namibias	Umweltgifte (Dünger, Pestizide), Umwandlung der Biotope in Farmland	+/– 20 000	!!/!!!	↓	
Schreikranich *(Grus americana)*	Kraniche	Mittleres Kanada, Überwinterungsgebiete in Texas/USA	Biotopzerstörung	400–500	!!!!	↓	
Mönchskranich *(Grus monacha)*	Kraniche	Sibirien, eventuell auch Mongolei	Lebensraumzerstörung, Bejagung, Störungen durch Menschen	+/– 8000	!!!/!!!!	↓	Klunkerkranich *(Bugeranus carunculatus)* !!/!!! Schwarzhalskranich *(Grus nigricollis)* !!!
Andenflamingo *(Phoenicoparrus andinus)*	Flamingos	Andenregionen Chiles, Argentiniens, Boliviens und Perus	Lebensraumzerstörung (Salzseen), Störungen durch Menschen	Wenige Tausend	!!!	↓	
Höckerstorch *(Ciconia stormi)*	Störche	Teile Südostasiens	Lebensraumzerstörung	500–1000	!!!!	↓	Buntstorch *(Mycteria leucocephala)*
Schwarzstorch *(Ciconia nigra)*	Störche	Waldgebiete der Paläarktis, Überwinterungsgebiete in Südasien und Afrika	Bejagung, Umweltverschmutzung, Unfälle (Hochspannungsleitungen)	+/– 40 000	!!/!!!, in Europa leicht ansteigend	? evtl. ↓	Schwarzschnabelstorch/Orientalischer Weißstorch *(Ciconia boyciana)* !!! Großer Marabu *(Leptoptilos dubius)* !!!
Krauskopfpelikan *(Pelecanus crispus)*	Pelikane	Südwesteuropa, Ostafrika, Süd- und Südostasien	Lebensraumzerstörung (Feuchtgebiete, Gewässer), Bejagung (Nahrungskonkurrenz)	10 000–20 000	!!/!!!	↓	

Galapagospinguin

Kea

Hyazinthara

Tierart	Familie	Verbreitung	Bedrohungsgrund	Bestandszahlen (Gesamtpopulation)	Gefährdungsstatus	Bestandsentwicklung	Bedrohte Verwandte oder Subspezies
Galapagosscharbe *(Phalacrocorax harrisi)*	Kormorane	Galapagosarchipel (Inseln Fernandina und Isabela)	Faunenverfälschung (eingeschleppte Hunde, Katzen und Schweine)	+/– 1500	!!!	↓	Campbellscharbe *(Phalacrocorax campbelli)* !!/!!! Pittscharbe *(Phalacrocorax featherstoni)* !!! Chathamscharbe *(Phalacrocorax onslowi)* !!!!
Kaptölpel *(Morus capensis)*	Tölpel	Küsten Namibias und Südafrikas (inselartig)	Beutemangel (Überfischung), Störungen durch Menschen	?	!!/!!!	↓	
Blaufußtölpel *(Sula nebouxii)*	Tölpel	Westküste Kaliforniens bis Ekuador, Galapagosarchipel	Störungen durch Menschen, Bejagung (Guano, Eier)	?	!!!	↓	Rotfußtölpel *(Sula sula)* !! Tasmantölpel *(Sula tasmani)* ††
Amsterdaminsel-albatros *(Diomedea amsterdamensis)*	Albatrosse	Amsterdaminsel	Faunenverfälschung (eingeschleppte Ziegen und Rinder)	+/– 130	!!!!	↓	Galapagosalbatros *(Phoebastria irrorata)* !!!
Galapagospinguin *(Spheniscus mendiculus)*	Pinguine	Galapagosarchipel (Inseln Fernandina und Isabela)	Faunenverfälschung (eingeschleppte Haustiere), Futtermangel, Störungen durch Menschen	3000–4000	!!!	↓	Brillenpinguin *(Spheniscus demersus)* !!/!!! Humboldtpinguin *(Spheniscus humboldti)* !!!
Kronenpinguin *(Eudyptes sclateri)*	Pinguine	Neuseeland (Bountyinseln und Antipodenarchipel)	Beutemangel (Überfischung), Klimaveränderung	?	!!!	↓	Felsenpinguin *(Eudyptes chrysocome)* !! Haubenpinguin *(Eudyptes schlegeli)* !!
Gelbaugenpinguin *(Megadyptes antipodes)*	Pinguine	Südneuseeland, Inseln Auckland und Campbell	Lebensraumzerstörung, Faunenverfälschung (eingeschleppte Frettchen, Hermeline und Katzen)	4000–5000	!!!	↓	
Hyazinthara *(Anodorhynchus hyacinthinus)*	Eigentliche Papageien	Brasilien (Pantanal)	Lebensraumzerstörung, Bejagung (Tierhandel)	Einige Tausend	!!!/!!!!	↓	Türkisara *(Anodorhynchus glaucus)* !!!! Learara *(Anodorhynchus leari)* !!!! Blaukehlara *(Ara glaucogularis)* !!!! Rotohrara *(Ara rubrogenys)* !!! Spixara *(Cyanopsitta spixii)* †

Kaptölpel

Inka-Kakadu

Ohrengeier

Tierart	Familie	Verbreitung	Bedrohungsgrund	Bestandszahlen (Gesamtpopulation)	Gefährdungsstatus	Bestandsentwicklung	Bedrohte Verwandte oder Subspezies
Kaiseramazone *(Amazona imperialis)*	Eigentliche Papageien	Kleine Antillen (Dominica)	Lebensraumzerstörung, Bejagung (Tierhandel)	+/–300	!!!!	↓	Doppelgelbkopfamazone *(Amazona oratrix)* !!! Puerto-Rico-Amazone *(Amazona vittata)* !!!!
Kakapo oder Eulenpapagei *(Strigops habroptilus)*	Eigentliche Papageien	Neuseeland (Inseln Chalky und Codfish)	Faunenverfälschung (eingeschleppte Hunde, Katzen, Marder, Frettchen und Ratten)	100–200 (Tiefststand: 12 Tiere)	!!!!	→ evtl. ↑	
Kea *(Nestor notabilis)*	Eigentliche Papageien	Neuseeland (Südinsel)	Faunenverfälschung (eingeschleppte Tiere), Bejagung als Schädling, Lebensraumzerstörung	1000–10 000	!!!	↓	
Rußköpfchen *(Agapornis nigrigenis)*	Eigentliche Papageien	Sambia, nördliche Regionen Namibias und Botswanas	Lebensraumzerstörung, Bejagung (Tierhandel)	?	!!!	↓	
Erdbeerköpfchen *(Agapornis lilianae)*	Eigentliche Papageien	Tansania, Malawi, Mosambik, Simbabwe	Lebensraumzerstörung	?	!!!	↓	
Inka-Kakadu *(Cacatua leadbeateri)*	Kakadus	Zentralaustralien	Lebensraumzerstörung, Klimawandel, Bejagung als Schädling	?	!! bis !!!	↓	
Rabenkakadu *(Calyptorhynchus spec.)*	Kakadus	Trockengebiete Australiens	Lebensraumzerstörung	?	!!/!!!	↓	Rotsteißkakadu *(Cacatua haematuropygia)* !!!! Gelbwangenkakadu *(Cacatua sulphurea)* !!!!
Bartgeier *(Gypaetus barbatus)*	Habichtartige	Äthiopien, Ostafrika, Alpen, Pyrenäen, Südwest- und Zentralasien	Lebensraumzerstörung, Beutemangel, Bejagung	?	!!! für Europa (Wiederansiedlungsbemühungen) !!	↓ bis →	
Ohrengeier *(Aegypius tracheliotus)*	Habichtartige	Schwarzafrika, Savannengebiete	Lebensraumzerstörung, Beutetiermangel	?	!!/!!!	↓	Schmalschnabelgeier *(Gyps tenuirostris)* !!!! Madagaskarseeadler *(Haliaeetus vociferoides)* !!!! Einsiedleradler *(Harpyhaliaetus coronatus)* !!! Schmutzgeier *(Neophron percnopterus)* !!!

Helmkasuar

Affenadler

Balistar

Tierart	Familie	Verbreitung	Bedrohungsgrund	Bestandszahlen (Gesamtpopulation)	Gefährdungsstatus	Bestandsentwicklung	Bedrohte Verwandte oder Subspezies
Affen- oder Philippinenadler *(Pithecophaga jefferyi)*	Habichtartige	Philippinen (Regenwälder)	Lebensraumzerstörung, Bejagung	Maximal 500	!!!!	↓	
Pernambucosperlingskauz *(Glaucidium mooreorum)*	Eigentliche Eulen	Brasilien (Pernambuco: Regenwälder)	Lebensraumzerstörung	?	!!!!	↓	Bändersteinkauz *(Heteroglaux blewitti)* !!!! Mauritiuskauz *(Mascarenotus sauzieri)* †† Seychellenzwergohreule *(Otus insularis)* !!!
Südhornrabe *(Bucorvus leadbeateri)*	Nashornvögel	Südliches Afrika, Savannengebiete	Lebensraumzerstörung, Bejagung als Schädling	Weniger als 500 Brutpaare	!!!/!!!!	↓ bis →	
Balistar *(Leucopsar rothschildi)*	Stare	Indonesien (Bali)	Lebensraumzerstörung, Bejagung (Tierhandel)	Unter 100 in freier Wildbahn, +/–1000 in Zoos	!!!!	↑	Weißaugenstar *(Aplonis brunneicapillus)* !!! Kosrae-Singstar *(Aplonis corvina)* †† Greisenstar *(Sturnus albofrontatus)* !!! Schwarzflügelstar *(Sturnus melanopterus)* !!!
Nördlicher Raubwürger *(Lanius excubitor)*	Würger	Gemäßigte und subarktische Gebiete der Holarktis	Umweltverschmutzung (Pestizide), Klimawandel, Lebensraumzerstörung	?	!!/!!!	↓	
Helmkasuar *(Casuarius casuarius)*	Kasuare	Neuguinea, nördliches Australien	Lebensraumzerstörung, Faunenverfälschung (eingeschleppte Hunde und Schweine), Straßenverkehr	2000–5000	!!!	↓	Rothalskasuar *(Casuarius unappendiculatus)* !!/!!!
Streifenkiwi *(Apteryx australis)*	Kiwis	Neuseeland (Nord- und Südinsel, Stewart Island)	Lebensraumzerstörung, Bejagung, Faunenverfälschung (eingeschleppte Füchse, Marder und Ratten)	Einige Tausend	!!!/!!!!	↓	Großer Fleckenkiwi *(Apteryx haastii)* !!/!!! Zwergkiwi *(Apteryx owenii)* !!!

Haarnasenwombat

Kurznagelkänguru

Alpenlangohrfledermäuse

Tierart	Familie	Verbreitung	Bedrohungsgrund	Bestandszahlen (Gesamtpopulation)	Gefährdungsstatus	Bestandsentwicklung	Bedrohte Verwandte oder Subspezies
Langschnabeligel *(Zaglossus bruijni)*	Ameisenigel	Neuguinea	Lebensraumzerstörung, Bejagung (Fleisch)	Maximal 3000	!!!/!!!!	↓	
Nördlicher Haarnasenwombat *(Lasiorhinus krefftii)*	Wombats	Australien (Queensland)	Lebensraumzerstörung, Bejagung, Nahrungskonkurrenz durch Rinder	+/–100	!!!!	↓?	Südlicher Haarnasenwombat *(Lasiorhinus latifrons)* !!
Goodfellow-Baumkänguru *(Dendrolagus goodfellowi)*	Kängurus	Östliches Neuguinea	Lebensraumzerstörung, Bejagung, Faunenverfälschung (eingeschleppte Füchse, Hunde und Katzen)	?	!!!	↓	Doria-Baumkänguru *(Dendrolagus dorianus)* !!/!!! Matschie-Baumkänguru *(Dendrolagus matschiei)* !!!
Parmawallaby *(Macropus parma)*	Kängurus	Ostaustralien	Lebensraumzerstörung, Faunenverfälschung (eingeschleppte Tiere)	?	!!/!!!	?	
Kurznagelkänguru *(Onychogalea fraenata)*	Kängurus	Ostaustralien	Lebensraumzerstörung, Faunenverfälschung (eingeschleppte Tiere)	Vermutlich nur einige Hundert	!!!	↓	Mondnagelkänguru *(Onychogalea lunata)* ††
Mindanaozwergflughund *(Alionycteris paucidentata)*	Flughunde	Philippinen (Mindanao)	Lebensraumzerstörung	?	!!	↓	Talaudflughunde *(Acerodon humilis)* !!/!!! Panayriesenflughund *(Acerodon lucifer)* ††
Kleines Mausohr *(Myotis blythii)*	Glattnasen-Fledermäuse	Zentral- und Südeuropa, Teile Asiens und Nordafrikas	Lebensraumzerstörung, Umweltverschmutzung, Straßenverkehr, Störungen durch den Menschen	?	!!/!!!	? wahrscheinlich ↓	Mückenfledermaus *(Pipistrellus pygmaeus)* !!/!!! *Bauerus dubiaquercus* !!/!!! *Eptesicus floweri* !!! *Hesperoptenus gaskelli* !!!
Kleine Hufeisennase *(Rhinolophus hipposideros)*	Hufeisennasen-Fledermäuse	Mittel- und Südeuropa, Nordafrika, Teile Asiens	Lebensraumzerstörung, Umweltverschmutzung, Störungen durch den Menschen	?	!!/!!!	↓	

Berggorillas

Goldgelbes Löwenäffchen

Schimpansen

Tierart	Familie	Verbreitung	Bedrohungsgrund	Bestandszahlen (Gesamtpopulation)	Gefährdungsstatus	Bestandsentwicklung	Bedrohte Verwandte oder Subspezies
Sumatra-Orang-Utan *(Pongo abelii)*	Menschenaffen	Sumatra	Lebensraumzerstörung, Bejagung (Fleisch, Tierhandel), Krankheiten	+/– 5000	!!!!	↓	Borneo-Orang-Utan *(Pongo pygmaeus)* !!!
Gorilla *(Gorilla gorilla)*	Menschenaffen	Tropisches und Äquatorialafrika	Lebensraumzerstörung, Bejagung (Fleisch, Trophäen), Bürgerkriege, Krankheiten	Zwischen 700 und einigen Zehntausend	!!!	↓	Berggorilla *(Gorilla beringei beringei)* !!!! Cross-River-Gorilla *(Gorilla gorilla diehli)* !!!!
Bonobo *(Pan paniscus)*	Menschenaffen	Demokratische Republik Kongo	Lebensraumzerstörung, Bejagung (Fleisch, Haustierhaltung)	Maximal 50 000	!!!/!!!!	↓	
Schimpanse *(Pan troglodytes)*	Menschenaffen	Zwischen Senegal und Demokratischer Republik Kongo (inselartig)	Lebensraumzerstörung, Bejagung (Fleisch, Tierhandel)	Maximal 30 000	!!/!!!	↓	
Silbergibbon *(Hylobates moloch)*	Gibbons	Indonesien (Zentral- und Westjava)	Lebensraumzerstörung	1000–2000	!!!!	?	Klossgibbon *(Hylobates klossii)* !! Kappengibbon *(Hylobates pileatus)* !! Östlicher Schwarzer Schopfgibbon *(Nomascus nasutus)* !!!!
Goldgelbes Löwenäffchen *(Leontopithecus rosalia)*	Krallenaffen	Südostbrasilien (Bundesstaat Rio de Janeiro)	Lebensraumzerstörung	Maximal 1500 in freier Wildbahn, aber Erhaltungszuchtprogramme	!!!!	↑	Rotsteißlöwenäffchen *(Leontopithecus chrysopygus)* !!!! Manteläffchen *(Saguinus bicolor)* !!!! Weißfußäffchen *(Saguinus leucopus)* !!!
Kragenfaultier *(Bradypus torquatus)*	Dreifingerfaultiere	Ostbrasilien	Lebensraumzerstörung	?	!!!!	↓	Zwergfaultier *(Bradypus pygmaeus)* !!!!
Rothschildgiraffe *(Giraffa camelopardalis rothschildi)*	Giraffenartige	Afrika (südlich der Sahara)	Lebensraumzerstörung, Bejagung (Fleisch, Fell), Bürgerkriege (Ostafrika)	Wenige Hundert	!!!/!!!!	↓	Netzgiraffe *(Giraffa camelopardalis reticulata)* !!!

Wisente

Gaur

Damagazelle

Tierart	Familie	Verbreitung	Bedrohungsgrund	Bestandszahlen (Gesamtpopulation)	Gefährdungsstatus	Bestandsentwicklung	Bedrohte Verwandte oder Subspezies
Leierhirsch oder Thamin *(Cervus eldii)*	Hirsche	Ostindien bis Südchina, Malaiische Halbinsel (inselartig)	Lebensraumzerstörung, Bejagung (Fleisch, Geweih)	Hundert bis mehrere Tausend (je nach Unterart)	!!/!!!, eine Unterart !!!!	↓	Baweanhirsch *(Axis kuhlii)* !!! Prinz-Alfred-Hirsch *(Cervus alfredi)* !!! Schomburgkhirsch *(Cervus schomburgki)* †† Mesopotamischer Damhirsch *(Dama dama mesopotamica)* !!!!
Wisent *(Bison bonasus)*	Hornträger	In freier Wildbahn ausgerottet, aber heute Wiederansiedelung in Osteuropa	Bejagung (Fleisch, Haut), Lebensraumzerstörung, genetischer Flaschenhals	+/–4000 (in Gefangenschaft und Halbfreiheit)	!!!	↑	
Gaur *(Bos frontalis)*	Hornträger	Indien, Nepal, Südostasien (inselartig)	Bejagung (Fleisch), Lebensraumzerstörung	10 000–20 000	!!!/!!!!	↓	Wildyak *(Bos grunniens)* !!! Banteng *(Bos javanicus)* !!! Anoas *(Bubalus depressicornis und quarlesi)* !!!
Bongo *(Tragelaphus eurycerus)*	Hornträger	Zentral- und Westafrika (westliche Unterart), Kenia und Uganda (östliche Unterart)	Bejagung, Lebensraumzerstörung	?	!! (westliche Unterart), !!! bis !!!! (östliche Unterart)	↓	
Weiße oder Arabische Oryx *(Oryx leucoryx)*	Hornträger	Naher Osten bis Arabische Halbinsel	Bejagung	Einige Hundert	!!!	↓ evtl. →	Mendesantilope *(Addax nasomaculatus)* !!!! Hunters Antilope *(Beatragus hunteri)* !!!!
Damagazelle *(Nanger dama)*	Hornträger	Nordafrika (Wüstengebiete)	Bejagung, Lebensraumzerstörung	Einige Tausend	!!!!	↓	Kropfgazelle *(Gazella subgutturosa)* !!/!!! Arabische Gazelle *(Gazella arabica)* †† Cuviergazelle *(Gazella cuvieri)* !!! Saudigazelle *(Gazella saudiya)* ††
Schraubenziege oder Markhor *(Capra falconeri)*	Hornträger	Zentralasien	Bejagung (Fleisch, Haut, Trophäen)	?	!!!	?	Südlicher Serau *(Capricornis sumatraensis)* !!! Mähnenspringer *(Ammotragus lervia)* !!!
Asiatischer Esel *(Equus hemionus)*	Pferde	Zentralasien (inselartig, z.B. in der Salzwüste von Kutch)	Bejagung, Lebensraumszerstörung	800–900	!!!/!!!!	↓	
Afrikanischer Esel *(Equus africanus)*	Pferde	Nordafrika, Somalia, Eritrea, eventuell Äthiopien und Südsudan	Bejagung, Bürgerkriege	? (einzelne Unterarten ausgerottet oder kurz vor der Ausrottung)	!!!!	↓	

Grevyzebras

Spitzmaulnashorn

Afrikanische Elefanten

Tierart	Familie	Verbreitung	Bedrohungsgrund	Bestandszahlen (Gesamtpopulation)	Gefährdungsstatus	Bestandsentwicklung	Bedrohte Verwandte oder Subspezies
Przewalskipferd *(Equus ferus przewalskii)*	Pferde	In freier Wildbahn ausgerottet; heute Wiederansiedlung in China, der Mongolei und Ungarn	Bejagung, Lebensraumzerstörung, genetischer Flaschenhals	etwa 2000 (überwiegend Zootiere)	!!! (in freier Wildbahn ausgerottet)	↑	
Bergzebra *(Equus zebra)*	Pferde	Berggebiete Namibias und Südafrikas	Bejagung, Lebensraumzerstörung (Südafrika)	Wenige Hundert (Kap-Bergzebra) bis +/– 10 000 (Hartmann-Bergzebra)	!!!	?	
Grevyzebra *(Equus grevyi)*	Pferde	Nordkenia; vermutlich ausgestorben in Südäthiopien und Somalia	Bejagung (Fell, Fleisch), Bürgerkriege, Lebensraumzerstörung	Wenige Tausend, eventuell nur einige Hundert	!!!/!!!!	↓	Quagga *(Equus quagga)* ††
Spitzmaulnashorn *(Diceros bicornis)*	Nashörner	Ost- und Südafrika (inselartig)	Bejagung (Horn, Trophäen)	3000–5000	!!!/!!!!	↓	
Sumatranashorn *(Dicerorhinus sumatrensis)*	Nashörner	Indonesien (Sumatra) und Malaysia	Bejagung (Horn, Naturmedizin), Lebensraumzerstörung	Maximal 500, davon 250–300 auf Sumatra	!!!!	?	Javanashorn *(Rhinoceros sondaicus)* !!!! Panzernashorn *(Rhinoceros unicornis)* !!!
Afrikanischer Elefant *(Loxodonta africana)*	Elefanten	Afrika außer Nordafrika (inselartig)	Bejagung (Elfenbein, Trophäen), Lebensraumzerstörung	250 000–350 000	!!/!!!	↓	
Asiatischer Elefant *(Elephas maximus)*	Elefanten	Südostasien (inselartig)	Bejagung (Elfenbein), Haltung als Arbeitstier, Lebensraumzerstörung	30 000–50 000	!!!	↓	
Grauwal *(Eschrichtius robustus)*	Eschrichtiidae	West- und Ostpazifik	Bejagung, Umweltverschmutzung	Maximal 200 (Westpazifischer Grauwal) bis wenige Tausend (Ostpazifischer Grauwal)	!!!	↓	Blauwal *(Balaenoptera musculus)* !!! Finnwal *(Balaenoptera physalus)* !!! Pazifischer Nordkaper *(Eubalaena japonica)* !!!
Kalifornischer Schweinswal *(Phocoena sinus)*	Schweinswale	Golf von Kalifornien	Bejagung, Wasserverschmutzung	100–200	!!!!	?	Hectordelfin *(Cephalorhynchus hectori)* !!!

Brillenbär

Eisbär

Geparde

Tierart	Familie	Verbreitung	Bedrohungsgrund	Bestandszahlen (Gesamtpopulation)	Gefährdungsstatus	Bestandsentwicklung	Bedrohte Verwandte oder Subspezies
Chinesischer Flussdelfin *(Lipotes vexillifer)*	Lipotidae	Jangtse-Fluss in China	Wasserverschmutzung, Fischerei	Maximal ein Dutzend, vermutlich aber ausgerottet (keine Sichtung mehr seit 2005)	!!!!/††	↓	Amazonasdelfin *(Inia geoffrensis)* !!!
Asiatischer Schwarzbär oder Kragenbär *(Ursus thibetanus)*	Bären	Ost- und Südostasien bis Afghanistan	Bejagung (Fleisch, Fell, Naturmedizin), Lebensraumzerstörung	?	!!/!!!	?	Malaienbär *(Ursus malayanus)* !!! Lippenbär *(Melursus ursinus)* !!!
Brillenbär *(Tremarctos ornatus)*	Bären	Kolumbien bis Nordargentinien (Anden)	Bejagung, Lebensraumverlust	?	!!/!!!	?	
Eisbär *(Ursus maritimus)*	Bären	Arktis (zirkumpolar)	Bejagung (Trophäen), Beutemangel, Klimawandel	Maximal 25 000	!!/!!!	↓	
Großer Panda *(Ailuropoda melanoleuca)*	Bären	Südostchina	Lebensraumzerstörung, Bejagung (Naturmedizin, Tierhandel)	+/–2000	!!!	?	
Afrikanischer Wildhund *(Lycaon pictus)*	Hunde	Ost- und Südafrika (Savannen)	Bejagung, Lebensraumzerstörung, Krankheiten	3000–5000	!!!/!!!!	↓	
Mähnenwolf *(Chrysocyon brachyurus)*	Hunde	Mittleres Südamerika (Pampas)	Bejagung, Lebensraumzerstörung, Krankheiten	?	!!/!!!	↓	
Äthiopischer Wolf *(Canis simensis)*	Hunde	Äthiopien (hochalpine Regionen)	Lebensraumzerstörung, Krankheiten	Maximal 700	!!!!	↓	Falklandwolf *(Dusicyon australis)* †† Rothund *(Cuon alpinus)* !!! Darwinfuchs *(Pseudalopex fulvipes)* !!!!
Gepard *(Acinonyx jubatus)*	Katzen	Ost- und Südafrika, Iran	Bejagung, genetischer Flaschenhals	+/– 10 000 in Afrika, maximal 100 im Iran	!!!, für Iranpopulation !!!!	↓	Asiatische Goldkatze *(Catopuma temminckii)* !!! Pardelluchs *(Lynx pardinus)* !!!! Andenkatze *(Oreailurus jacobita)* !!!
Tiger *(Panthera tigris)*	Katzen	Zentral-, West-, Ost- und Südostasien (inselartig)	Bejagung, Lebensraumzerstörung	+/– 5000 (alle Unterarten)	!!!/!!!!	↓	Schneeleopard *(Uncia uncia)* !!!
Löwe *(Panthera leo)*	Katzen	Afrika (südlich der Sahara), Naher und Mittlerer Osten, Vorderindien	Bejagung, Vergiftung durch Bauern, Lebensraumzerstörung	Maximal 30 000, davon 250 in Indien	!!!!	↓ (afrikanische Art), → (asiatische Art)	Afrikanischer Löwe *(Panthera leo leo)* !!! Asiatischer Löwe *(Panthera leo persica)* !!!!

GLOSSAR

Artenvielfalt
Bezeichnung für das Maß aller Pflanzen- und Tierarten eines bestimmten Lebensraums, zum Beispiel Wüste, Savanne oder Regenwald. Sie ist Teil der Biodiversität.

Biodiversität
Gesamtheit aller Ökosysteme der Erde und ihrer Pflanzen- und Tierarten sowie der genetischen Vielfalt von Arten und Populationen.

Biotop
Lebensraum, der spezifische Voraussetzungen für bestimmte Pflanzen- und Tierarten bietet, etwa Feuchtgebiet, Watt usw.

Biosphäre
Gesamtheit aller Lebensräume der Erde.

Biozönose
Aufeinander abgestimmte Einheit der Lebensweise verschiedenster Organismen eines bestimmten Gebietes.

Carnivor
Fleischfresser

CITES
Convention on International Trade in Endangered Species of Wild Fauna and Flora, auch Washingtoner Artenschutzabkommen (siehe dort).

Culling
In der Biologie ist damit der gezielte Abschuss von Individuen einer Art, die beispielsweise in Nationalparks und Schutzgebieten überhand genommen hat (in Südafrika u.a. Elefanten, Kaffernbüffel, bestimmte Antilopenarten), gemeint. Von Englisch „to cull" für „auslesen, pflücken".

Evolution
Entwicklung von Lebewesen durch Selektion, Mutation, Isolation und andere Faktoren innerhalb großer Zeiträume und meist aufgrund von Umwelteinflüssen und -veränderungen. Die Evolutionsbiologie ist die Wissenschaft der Evolutionsvorgänge.

Fauna
Gesamtheit aller Tierarten eines Gebiets.

Flora
Gesamtheit aller Pflanzenarten eines Gebiets.

Gefährdungsstufen
Die Weltnaturschutzunion IUCN stuft die Bestände von Tieren und Pflanzen ein. Die Terminologie für die unmittelbar bedrohten Arten lautet: „Ausgestorben" („Extinct", kurz: EX), „In freier Wildbahn ausgestorben" („Extinct in the Wild", kurz: EW), „Vom Aussterben bedroht" („Critically Endangered", kurz: CR), „stark gefährdet" („Endangered", kurz: EN) und „gefährdet" („Vulnerable", kurz: VU).

Genetischer Flaschenhals
Genetische Verarmung, zu der es wegen sehr kleiner Populationen kommen kann. Die Folge davon ist eine höhere Sterblichkeit.

Genpool
Die Masse aller Genvariationen innerhalb einer Tierart in einem bestimmten Gebiet. Je größer der Genpool einer Population ist, umso mehr Möglichkeiten hat sie, sich einer veränderten Umwelt anzupassen (siehe auch Evolution).

Geschlechtsdimorphismus
Unterschiede zwischen männlichen und weiblichen Tieren, beispielsweise in Größe, Gewicht, Farbe oder Behaarung (Löwenmähne).

Habitat
Entspricht annähernd dem Begriff Biotop. Bewohnt eine Tier- oder Pflanzenart mehrere verschiedene Biotope, werden diese unter dem Begriff Habitat zusammengefasst.

Herbivor
Pflanzenfresser

Holartkis
Die beiden gemäßigten Zonen der nördlichen Erdhalbkugel: Paläarktis und Nearktis (siehe dort).

Homo sapiens
Lateinische Bezeichnung für den Menschen der Gegenwart, im Gegensatz etwa zum *Homo neanderthalensis*, dem Neandertaler, oder dem *Homo habilis*, dem ausgestorbenen „geschickten Menschen", der vor etwa 1,5–2,5 Millionen Jahren in Ostafrika lebte.

IUCN
International Union for Conservation of Nature and Natural Resources, kurz: World Conservation Union, zu deutsch: Weltnaturschutzunion; Schwesterorganisation des WWF (siehe dort). Die Hauptaufgabe der 1948 gegründeten IUCN mit Hauptsitz in Gland/ Schweiz besteht in der wissenschaftlichen Erfassung der Gefährdung

von Tieren und Pflanzen sowie der Übermittlung der Ergebnisse an Regierungs- und Nichtregierungsorganisationen (NGOs).

Metamorphose
In der Zoologie die Verwandlung von der Larvenform zum ausgewachsenen Tier, zum Beispiel bei Schmetterlingen oder Amphibien.

Nahrungskette
Ein System, in dem sich Organismen von anderen Organismen ernähren, die wiederum von dritten Organismen gefressen werden usw. Ein stark vereinfachtes Beispiel für eine Nahrungskette: Algen – Larven – Fische – Vögel. Ist ein Ökosystem nicht mehr intakt, leiden die Tiere an der Spitze einer Nahrungskette häufig unter einem Mangel an Beutetieren.

Nationalpark
Gebiet, das ein Ökosystem schützen und erhalten bzw. die Artenvielfalt begünstigen soll. Eingriffe ins Ökosystem – etwa Abschüsse zur Bestandsregulierung – sind zu vermeiden, müssern aber manchmal gezwungenermaßen vorgenommen werden.

Nearktis
Biogeografische Bezeichnung für die nordamerikanische Subregion von Grönland über Nordamerika bis ins Hochland von Mexiko.

Ökologische Nische
Treffen Tiere oder Pflanzen in ihrem Lebensraum auf konkurrierende Arten, müssen sie entweder um ihr Biotop kämpfen, ausweichen oder eine „Nische“ innerhalb des Biotops suchen, in der keine Konkurrenz herrscht. Das kann zum Beispiel dadurch geschehen, dass sich eine Art auf eine bestimmte Nahrung spezialisiert, die von anderen Arten verschmäht wird, oder indem sie eine nachtaktive Lebensweise entwickelt, während die direkten Konkurrenten tagaktiv sind.

Ökosystem
Biologisches System, bestehend aus biotischen (Populationen der Pflanzen und Tiere) und abiotischen (physikalische und chemische Elemente eines Lebensraums) Faktoren, vereinfacht gesagt: Die Gemeinschaft von Tieren, Pflanzen und der Umwelt, an die sie angepasst sind.

Omnivor
Allesfresser, d. h. Tiere, die sich sowohl von Pflanzen als auch von Fleisch ernähren.

Paläarktis
Biogeografische Bezeichnung für die gemäßigten Zonen der Alten Welt. Sie umfasst Europa, Nordafrika und Asien ohne die Arabische Halbinsel und den Indischen Subkontinent.

PCB
Abkürzung für Polychlorierte Biphenyle. Hochgiftige Chlorverbindungen, die als Weichmacher Kunststoffen, Isoliermitteln und Lacken beigemischt und in Kondensatoren und Hydraulikanlagen verwendet wurden. Sie wurden 2001 durch die Stockholmer Konvention verboten.

Population
Tier- und Pflanzenarten, die unter anderem einen fast identischen Genpool besitzen und sich gleichzeitig in einem bestimmten Gebiet aufhalten und dort mischen.

Rote Liste
Eine von der IUCN seit 1963 veröffentlichte Liste bedrohter Tier- und Pflanzenarten mit einer Unterteilung in verschiedene Kategorien, die von einer Vorwarnung bis zu ausgerotteten Arten reichen (siehe Gefährdungsstufen). Sie wird alle ein bis zwei Jahre modifiziert und umfasste 2007 fast 17 000 Tier- und Pflanzenarten – mit stark zunehmender Tendenz.

Rezent
In der Biologie Pflanzen- und Tierarten, die heute noch existieren oder erst vor kurzem ausgestorben sind. Von Lateinisch „recens“ für „jung, neu, frisch“.

Selektion
Natürliche, künstliche und/oder sexuelle Selektion hat immer zur Folge, dass die Gene eines Individuums mit jenen eines anderen verschmelzen und neue Individuen entstehen. Durch gezielte Selektion können die negativen Elemente vermindert oder ausgemerzt werden, während die positiven verstärkt und hervorgehoben werden. Von Lateinisch „selectio“ für „Auswahl, Auslese“.

Washingtoner Artenschutzabkommen (WA)
1973 gegründete Organisation und gleichermaßen ein Abkommen. Ziel ist, durch Verbote und Einschränkungen den Handel mit bedrohten Tieren und Pflanzen sowie Produkten derselben zur Arterhaltung beizutragen.

WWF
World Wide Fund for Nature, eine weltumspannende, privatrechtliche Naturschutzorganisation, die 1961 in der Schweiz gegründet wurde. Heute betreuen lokale WWF Agenturen weltweit etwa 3000 Natur- und Umweltschutzprojekte. Das WWF-Logo, der Große Panda, das von Sir Peter Scott entworfen wurde, ist weltbekannt geworden.

Zirkumpolar bzw. circumpolar
In der Biogeografie Ausbreitung einer Art über mehrere Klimazonen (circumpolar). Allgemein bezeichnet der Begriff die Gebiete um den Nord- und den Südpol.

QUELLENNACHWEIS

Nachfolgende Quellen standen den Autoren in digitaler oder Printform für das vorliegende Buch zur Verfügung, wobei die Aufzählung nur die Hauptquellen wiedergibt. Der Dank gilt allen staatlichen Stellen und nichtstaatlichen Organisationen (NGOs) für die Unterstützung.

Aktionsgemeinschaft Artenschutz e.V.
Alpenforum
American Bird Conservancy
Bat Conservation Trust London
BirdLife International
Biomedical Primat Research Centre
BNA (Bundesverband für fachgerechten Natur- und Artenschutz)
BUND (Bund für Umwelt und Naturschutz Deutschland)
Bundesamt für Naturschutz (BfN)
Bundesamt für Veterinärwesen Bern/Schweiz
CITES (Convention on International Trade in Endangered Species of Wild)
Conservation International Washington D.C.
Deutsche Gesellschaft für Herpetologie und Terrarienkunde e.V.
Deutsche Ornithologische Gesellschaft
Deutsche Tierpark Gesellschaft e.V.
EEP (Europäisches Erhaltungszucht-Programm)
Gesellschaft zum Schutz der Meeressäugetiere
Gesellschaft zur Rettung der Delphine e.V.
Global Biodiversity Information
Greenpeace International und Deutschland
GTO (Gesellschaft für Tropenornithologie)
Institut für Zoo- und Wildtierforschung
IPCC Intergovernmental Panel on Climate Change (Weltklimarat)
IUCN (The Word Conservation Union)
Jane Goodall Institut
Klima-Allianz
KORA Schweiz
KWS Kenya Wildlife Services
Marine Conservation Society
Max-Planck-Gesellschaft
NABU Deutschland
National Audubon Society USA
Nationale Naturschutzbehörden verschiedener Länder
National Geographic Society, USA und Deutschland
Nature Serve Explorer
Naturfreunde International
Ocean Futures Society
Oro verde Tropenwaldstiftung
Partners in Flight – U.S.
PETA
Pro Natura Schweiz
Quantum Conservation e.V.
Ramsar Convention on Wetlands
Regenwaldschutz
Sea Watch Concervation
Senckenberg Museum
Sharkprojekt
Sierra Club USA
Smithonian National Institution
Specialist Groups of the IUCN
Species 2000 ITIS
Terra Human
The Nature Conservancy
The Wildlife Trust
The World Parrot Trust
UK Nature and Wildlife
UNEP World Conservation Monitoring Centre
UNEP United Nations Environment Programme
U.S. Shorebird Conservation
Verein Jordsand zum Schutze der Seevögel und der Natur e.V.
Vogelwarte Sempach
Vista Verde
WCMC Species Database
Weltarbeitsgruppe für Greifvögel und Eulen e.V.
Western Hemisphere Shorebird Reserve Network
Whale and Dolphin Conservation Society
Wildfowl & Wetlands Trust Slimbridge
World Association of Zoos and Aquariums
World Database on Protected Areas
Worldwildlife Wildfinder
WWF World Wide Fund for Nature
Yaqu Pacha e.V.
Zentralverband Zoologischer Fachbetriebe Deutschlands e.V.
Zoo-AG Bielefeld
Zoodatenbank Deutschland
Zoodatenbank Frankreich
Zoodatenbank Schweiz
Zoologische Gesellschaft Frankfurt
Zoologische Gesellschaft für Arten- und Populationsschutz e.V

BILDNACHWEIS

Arco
NPL 13 u., NPL 15 o.l., NPL 20 u.r., NPL 22 r., Delpho 23 u., Schneider 27 o.M., NPL 27 o.r., Frei 28 u.r., Frei 29 o., u.r., Sutter 30 o.r., Henry 31 o., NPL 32 o., NPL 32 u., Philips 33 o., Schneider 34 o.r., Discherl 34 u., Frei 34 M., NPL 35, NPL 65 u., Bahr 105 u.l., NPL 119 M.l., NPL 128 u.r., Weyers 152 groß, NPL 166, NPL 170 o.M., Denne 182 o.l., Frei 183 l., NPL 183 M.r., u.l., NPL 184, NPL 189 M.r., 189 u., Tuns 202 u., Tuns 219 o.r., Therin-Weise 229 o.r., Wegner 229 u., NPL 232 o.r., 233 o.r., Weimann 231 u.

Arndt, Ingo
38 u., 53 o., 53 u., 78, 87 o.l., 91 u.r., 113, 114, 115 groß, 118, 126 u., 127 o., 132, 136 o.l., 138,141, 195, 199 u.r., 210 o.

Brehm, Hermann
79 o.l., 142 u.r.

Corbis
NASA 9 o.r., Louie Psihoyos 16 o., Kevin Schafer 18 u., Kevin Schafer 19 o., John Carnemolla 21 u., Martin Harvey 22 l., Richard Wear/Design Pics 24, Anders Ryman 51, Jonathan Blair 64, Arthur Morris 99 u.r., Karl Ammann 126 M.r., Jeffrey L. Rotman 145 u.r., Anthony Bannister 147 M.r., David Turnley 158 u.l., Sharna Balfour 181 l.M., Theo Allofs 198, Theo Allofs/zefa 201, Paul Darrow/Reuters 214, Tom Brakefield 225 u.l., Gavriel Jecan 225

ditter.bild
Stempell 33 u.

Dolder, Willi
4 o., 4 M., 4 u., 5 o., 5 M., 6, 8, 9 o.l., 9 M.l., 9 u., 10, 12 u., 13 o., 14 o.l., 14 o.M., 14 o.r., 15 o.M., 15 groß, 17 u.l., 17 r, 19 M., 19 u., 20 u.l., 21 o., 23 o., 25 o., 25 M., 26 o.l., 26 o.r., 27 o.l., 27 groß, 31 u., 36 o.M., 37 o.M., 37 o.r., 37 groß, 40 u.r., 41 o., 41 M.r., 42 u., 43 o.l., 43 o.r., 43 u., 44 o.l., 44 o.M., 44 o.r., 45 o.l., 45 o.M., 45 o.r., 45 groß, 46/47 groß, 47 o.r., 48 o., 48 u., 49, 50 u.M., 50 u.r., 52 o.r., 53 M.r., 54 o., 54 u., 55 o., 55 u.l., 55 u.r., 56 o.l., 56 o.M., 56 o.r., 57 o.M., 57 groß, 59 M., 59 u., 60 o.r., 60 u., 61 o., 62 o.r., 62 M.r., 62 u., 63 o.r., 63 u., 65 o., 66 u.l., 68 o.l., 68 u.l., 69 o.r., 69 u.r., 70, 73 o., 73 M., 74 u.l., 75 u.l., 75 o.r., 76 u.l., 76/77, 77 o.r., 79 groß, 80 M.l., 82 o.l., 83 M.l., 83 M.r., 85 o.r., 85 M.r., 86 o.r., 87 groß, 87 u.r., 88 u.r., 89 o., 90/91 o., 91 o.r., 94, 95 o., 97 u.r., 102 u.l., 102 u.r., 106 o.l., 106 o.r., 107 o.l., 107 o.r., 111 M.r., 117 o.r., 121 o.r., 121 u.r., 134, 135 u.l., 140 o.r., 140 u., 143 o., 144 o.r., 144 u., 145 o., 146 o.r., 146 M.r., 146 u.r., 147 groß, 148 M.r., 149 u.r., 150 u.l., 150 u.r., 151 o.r., 152 klein, 153, 156 o.l., 157 u., 158 o.l., 158 u.r., 160 o.l., 160 u., 161 u., 165 o.l., 165 u., 167 o.M., 167 mM., 168 o.l., 168 u.l., 168 u.M., 168 u.r., 170 u., 171, 172/173, 173 o.l., 174 o., 175 u., 176 u., 177 o.r., 178, 179, 180, 181 o.r., 181 M.r., 183 M., 184, 185 o.l., 185 o.r., 186, 187 o.l., 187 o.r., 187 M.r., 192 l, 192 r, 193 o., 193 u.r., 196 o., 196 u., 199 u.l., 202 o.l., 203, 209 u.l., 213 o.r., 213 M.l., 213 u., 214/215, 216, 217 o., 220 o.r., 220 u., 221, 222, 223 l., 224, 225 o., 226 u.l., 226 o.M., 226 o.r., 226 groß, 227, 228, 231 o.r., 230, 232 o.l., 232 o.M., 233 o.l., 233 o.M., 234 o.M., 234 o.r., 235 o.l., 236 o.l., 236 o.M., 236 o.r., 237 o.l., 237 o.M., 237 o.r., 238 o.r., 239 o.M., 241 o.r., 242 o.l., 242 o.M., 242 o.r., 243 o.r.

Dossenbach, Hans
37 o.l., 38 M.l., 39 o.r., 47 o.M., 86 u., 116/117, 117 M.r., 172 o.r., 177 o.l., 210 u.

Friedhuber, Sepp
106 o.M., 205 o.r., 212 klein

Gerth, Stefan
169

Getty Images
Keren Su/China Span RM 73 u., Tui De Roy/Minden Pictures RM 95 u.l., Timothy G. Laman/National Geographic 95 u.r., James L. Stanfield/National Geographic 143

Grunwald, Harald
93 o.r., 93 3. von oben r., 197 o., 208, 209 M.l.

Güttinger, René
115 u.l., 115 u.r., 238 o.r.

Held, Andreas
42 o.r., 65 M., 75 u.r., 104 u., 110 o.r., 110 u., 149 o.r., 150 o., 151 groß, 152 o., 163, 173 o.r., 174 u.r., 239 o.l., 200 o.

Hoogervorst, Fred
148 m.l.

Kaphahn
Ladygin 89 u., Medvedev 93 2. von oben r., Chernyavski 194 M., Gudkov 123, 124 u., Gudkov 130 o., Medvedev 167 u., Kochnev 193 u.r., Gudkov 240 o.r.

Kreinz, Robert
99 l., 194 u.

Layer, Werner und Kerstin
71 M., 111 o.r., 119 groß, 120, 121 o.l., 128, 128/129, 130 u.l., 135 M.l., 135 r, 156 u., 159, 162, 187 u.r., 199 groß, 240 o.M.

Marent, Thomas
5 u., 11 u., 40 o., 50 u.l., 71 o., 84/85, 90 u.r., 107 groß, 112, 122 o.r., 127 u., 131, 136 groß, 200 u., 219 u.r., 235 o.M., 240 o.l., 243 o.l.

Pohl, Gernot
52 u., 111 groß, 165 o.r., 175 o.r.

Pölking, Fritz
67 o., 80 M.r., 80 groß, 88 l, 126 o.r., 128 u.l., 203 M.r., 205 2 v.o., 205 groß, 207 o.l., 207 o.M., 207 o.r., 207 groß, 215 u.r., 231 o.r., 243 o.M.

Pum, Eva und Helmut
57 o.r., 58 o.r., 59 o., 67 u., 96 u.l., 154, 161 o.r., 164/165, 205 groß, 218, 234 o.l., 235 o.r.

Rogl, Manfred
92/93, 100 M. groß

Sailer, Alexandra und Steffen
77 M.r., 100 u., 103, 133 o., 137, 155 o., 241 o.l.

Schulz, Gerhard
30 u., 130 u.r., 194 o.M.

Skorski, Dirk
96 u.r., 217 u.

Stefan, Josef
66 o.r., 98 u.r.

Sutter
Wendler 20 o., Lacz 26 o.M., Heulcin 90 l., Lacz 109 u.r., Jeske 139, Dragesco 172/173, Rao 173 o.M., Lacz 188, Gohier 189 o.r., Lacz 190 o., Heulcin 191 o.M., Walker 217 o.r., Lacz 219 M.r., Heulcin 238 o.M.

Trunk, Alfred und Annaliese
197 u.

Volz, Andreas
96/97, 98 l, 108 M.r., 108 u.

Wothe, Konrad
2, 11 o., 28 l, 28 M.r., 36 o.l., 36 o.r., 39 groß, 41 u.r., 47 o.l., 50/51, 57 o.l., 58 groß, 61 u., 67 o., 68/69, 72, 74 u.r., 79 o.r., 80 mM., 82 u., 83 u., 86 o.l., 93 u.r., 101 groß, 104 o.l., 105 u.r., 109 groß, 111 o., 117 u.r., 122 o.M., 124 o.l., 125 u.l., 125 r, 133 u.r., 142 o.l., 148 u., 155 u.r., 167 o.r., 181 u.r., 191 o.l., 204 u., 205 3.v.o., 212/213, 238 o.l., 241 o.M.

Ziesler, Günter
119 m.l.

REGISTER

T

U

V

W

X

Y

Z